U0089635

古代歷史文化研究輯刊

二一編

王 明 蓀 主編

第5冊

中古胡姓家族研究（下）

龍 成 松 著

國家圖書館出版品預行編目資料

中古胡姓家族研究（下）／龍成松 著 — 初版 — 新北市：花木蘭文化事業有限公司，2019〔民 108〕

目 6+184 面；19×26 公分

（古代歷史文化研究輯刊 二一編；第 5 冊）

ISBN 978-986-485-723-4（精裝）

1. 胡氏 2. 家族史

618 108001496

古代歷史文化研究輯刊

二一編 第五冊 ISBN：978-986-485-723-4

中古胡姓家族研究（下）

作　　者　龍成松

主　　編　王明蓀

總 編 輯　杜潔祥

副總編輯　楊嘉樂

編　　輯　許郁翎、王筑　美術編輯　陳逸婷

出　　版　花木蘭文化事業有限公司

發 行 人　高小娟

聯絡地址　235 新北市中和區中安街七二號十三樓

電話：02-2923-1455／傳真：02-2923-1452

網　　址　http://www.huamulan.tw 信箱 hml 810518@gmail.com

印　　刷　普羅文化出版廣告事業

初　　版　2019 年 3 月

全書字數　407742 字

定　　價　二一編 49 冊（精裝）台幣 122,000 元

中古胡姓家族研究（下）

龍成松　著

目次

上冊

下　冊

下編　胡姓家族個案研究

圖表目錄

下編　胡姓家族個案研究

第五章　河南竇氏與獨孤氏譜系建構研究

第一節　河南竇氏譜系建構與文本層累

一、河南竇氏譜系僞冒的文本層累過程

漢靈帝時竇武家族爲宦官所逐自殺（公元 168 年），「宗親、賓客、姻屬，悉誅之」，「徙武家屬日南」，僅「武孫輔，時年二歲，逃竄得全」〔註 1〕，漢人竇氏遭此一劫，漸漸從歷史舞臺中淡出。稍後，高車沒鹿回部紇豆陵氏在草原上崛起〔註 2〕，其早期人物竇賓（其鮮卑名已不可考），幫助拓拔部首領拓拔力微（北魏始祖神元皇帝）重新恢復勢力，並將女兒嫁給力微。但在始祖二十九年（魏正始九年，248 年），竇賓卒，子速侯、回題等欲謀害力微，反爲力微所破，竇氏部眾亦爲所併，此爲鮮卑竇氏之一劫。這兩個事件是影響竇氏世系書寫的重要節點。自鮮卑竇氏入中原以來，竇氏世系文本系列中，可以看到如下一些版本。

（一）《元和姓纂》以前的竇氏世系文本

漢魏以來產生了大量的人物雜傳。其中家狀、家傳一類文本，是記錄家

〔註 1〕《後漢書》卷六十九，中華書局，1965 年，第 2244 頁。

〔註 2〕紇突陵部，本爲高車部族，見《魏書．高車傳》，其後歸附鮮卑。姚薇元先生考紇突鄰爲紇豆陵同名異譯。紇突鄰部在意辛山（大同縣北塞外），是此族原居地。參見《北朝胡姓考》，中華書局，2007 年，第 191 頁。

族世系的重要文本。唐初歐陽詢等編《藝文類聚》曾引用《竇氏家傳》中竇攸事。其書著年不詳〔註3〕，可將之視爲竇氏世系文本早期系列之一。

史傳竇氏人物中有，鮮卑竇氏世系發育較晚。北朝以來至唐初的竇氏世系文本，一般只是攀附竇氏個別顯宦，而未有將漢人竇氏與鮮卑竇氏世系整合在一起的世系鏈條。如《竇瑾傳》:「字道瑜，頓丘衛國人也。自云漢司空融之後。」〔註4〕此爲鮮卑竇氏攀附漢人竇氏較早者，但魏收以「自云」質疑之。又《竇瑗傳》:「字世珍，遼西遼陽人。自言本扶風平陵人，漢大將軍竇武之曾孫崇爲遼西太守，子孫遂家焉。」〔註5〕此處開闢出另一個世系參照點——竇崇，但「自云」之說見其僞。又《竇泰傳》:「字世寧，太安捍殊人也。本出清河觀津冑。祖羅，魏統萬鎮將，因居北邊。」〔註6〕

史傳之外的竇氏世系文本，如庾信《周趙國公夫人紇豆陵氏墓誌銘》:

> 夫人諱含生，本姓竇，扶風平陵人。魏其朝議，列侯則莫能抗禮；安豐奉圖，功臣則咸推上席。外戚列傳，即聞建武之書；仲山古鼎，或表單于之獻。祖略，少保、建昌郡公；父織（《周書》作熾），柱國大將軍、大宗伯、鄧國公。〔註7〕

「魏其」指竇嬰，「安豐」指竇融，這些皆爲族源的攀附，並未直接形成完整世系。又大業十一年《竇儼墓誌》:

> 君諱儼，字福曾，扶風郡平陵人也。章武勞謙，疏爵西漢；安豐知廢，奉國東夏。瓜瓞綿綿，朱紫相及。晉鍾彝鼎，可覆視焉。〔註8〕

〔註3〕《藝文類聚》卷九十五引竇攸事云出《竇氏家傳》，但李善注《文選》同引竇攸事云出《三輔決錄》，張澍輯本注引《玉海》又以爲出晉摯虞《決錄注》。其中史源關係已不詳。要之，《家傳》當出在魏晉以後。

〔註4〕《魏書》卷四十六，中華書局，1974年，第1035頁。竇瑾雖非漢人竇融之後，但是否鮮卑竇氏亦存疑。傳云「瑾以文學知名」，其子竇遵「善楷篆，北京諸碑及臺殿樓觀、宮門題署，多遵書」。爲一漢文化特徵明顯之家族。

〔註5〕《魏書》卷六十七，中華書局，1974年，第1907頁。

〔註6〕《北史》卷五十四，中華書局，1974年，第1951～1952頁。《竇泰墓誌》（北齊天保六年）亦出土，云:「公諱泰，字寧世，清河灌津人。昔章武以退讓爲名，司空以恂恂著稱。仍與王室，迭爲甥舅，故已德隆兩漢，任重二京。雖將相無種，而公侯必復。世載有歸，名賢間起。」（毛遠明《漢魏六朝碑刻校注》第8冊，綫裝書局，2009年，第351頁。）「章武」指竇廣國，「司空」指竇融。

〔註7〕庾信撰，倪璠注:《庾子山集注》卷十六，中華書局，1980年，第1035頁。又同卷《周大將軍隴東郡公侯莫陳君夫人竇氏墓誌銘》:「夫人諱某，扶風平陵人也。章武開國，名高外戚之右；安豐入朝，位在功臣之上。」同前，第1047頁。

〔註8〕王其禕、周曉薇著:《隋代墓誌銘匯考》第5冊，綫裝書局，2007年，第326頁。

這裡也沒有譜系。到唐初始見竇氏世系斷層文本。李百藥撰《竇軌碑》（貞觀四年）云：

公諱軌字士則，扶風平陵人。受終若帝之初，大啓鴻業；中興復禹之績，因生命氏。廣國追讓之風，聲高外戚；安豐功烈之美，義正中臺。……十二葉祖統，太守，大將軍武之從子也。武以大功不遂，爲閹官所誅。統避難，亡奔出塞。代爲南部大人，威振華夏。七葉祖羽，爲魏太尉、遼東京公，屬魏氏中微，總攝朝政。竭忠貞以安社稷，挾幼主而令奸雄。〔註 9〕

李百藥之文本在庾信等人之基礎上，又出現「十二葉」、「七葉」兩次斷層，不知有所根據還是出於自己推算。按從竇武卒（168 年），至貞觀四年（630 年）竇軌卒，其間 460 餘年，以 30 年爲一代，約 15 代，若不計竇軌本身（按兩代六十歲算），則爲 13 葉，大致符合「十二葉」之推算。但在竇統與竇羽之間、竇羽與竇略之間的世系闕，不由得讓人質疑。李百藥的世系斷層影響了當時史傳的敘事。《周書．竇熾傳》：

竇熾字光成，扶風平陵人。漢大鴻臚章十一世孫。章子統，靈帝時爲雁門太守，避竇武之難，亡奔匈奴，遂爲部落大人。後魏南徙，子孫因家於代，賜姓紇豆陵氏。〔註 10〕

李百藥並未參與《周書》的編撰，二者誰爲源誰爲流，不好分清，或共同源於更早之文本？但《周書》貞觀三年詔修，貞觀十年始成，李百藥影響《周書》或較合理。竇軌爲竇熾孫，《周書》「十一世」孫的世系統計，與李百藥之文相似。但兩種文本在竇統之後，都是一種「虛接」，亦未形成世系鏈條。

到盛唐時期，竇氏世系亦未超越之前的範圍。史傳中的文本已進入當代敘事，自然沒有了早期族源、世系的問題。只是在竇氏墓誌、碑刻中還能見到延續北朝以來至唐初的世系文本。如徐堅撰《竇思仁墓誌》（開元十一年）：

公諱思仁，字思仁，扶風平陵人也。昔軒轅提象，至德爲五帝之先；夏禹乘時，大功列三王之首。後緡方娠，初得姓於少康；鳴犢稱賢，幾流歎於宣父。魏其散金於廊廡，車騎刻石於燕然。鴻勳懿感，世濟不泯。及漢靈帝有閹豎之亂，車騎裔孫統北入於鮮卑；

〔註 9〕 羅國威整理：《日藏弘仁本文館詞林校證》，中華書局，2001 年，第 197 頁。
〔註 10〕 《周書》卷三十，中華書局，1971 年，第 517 頁。

魏道武膺受命之符，統之遠緒南遷於河南。人物世載，公侯必復。煥然史策，可略而言。

銘曰：

少康復夏，竇祚重光。鳴犢佐趙，洪源克荅。避漢北徙，翊魏南翔。〔註 11〕

其中基本的世系點，還是前人的東西。這一時期墓誌中還有出現了竇氏世系衍生品，如《豆善富誌》（開元二十九年）：

十八世祖統，漢雁門太守，避族父之難，亡於朔野，子孫世居焉，至後魏南遷，賜紇豆陵氏。六世祖步蕃，西魏將，鎮河曲，爲北齊神武所破，遂出奔遼海，後裔因家焉，爲豆氏。〔註 12〕

按豆氏本鮮卑赤小豆氏所改〔註 13〕，與紇豆陵氏所改之竇氏非同部族。此爲鮮卑豆氏冒認鮮卑竇氏，再攀附漢人竇氏之有趣案例。其「十八世」之說，或在李百藥「十二葉」、「七葉」之基礎上推算而出。總之，在整個唐代前中期，尚未見一種完整之世系將漢人、鮮卑兩個竇氏整合在一起。這與北朝以來興起的鮮卑竇氏之漢化過程或者說「成爲漢人」的進程一致。

這裡不得不提唐代前期三次大姓官修《氏族志》〔註 14〕。這種氏族志所持入譜標準爲最嚴，從而極大壓縮了世系僞冒的空間，但因爲《氏族志》卷帙浩繁，束之禁苑，流傳不廣，不能排除一些家族反而據之以作爲「誇耀」門第之資源〔註 15〕，甚至波及後世，如崇禎五年修《休寧戴氏族譜》中所載《戴氏開源表序》，亦引高士廉編《氏族志》之品第爲其家耀榮祖先作證：

〔註 11〕胡戟、榮新江編：《大唐西市博物館藏墓誌》北京大學出版社，2012 年，第 425～426 頁。

〔註 12〕吳鋼主編：《全唐文補遺》第四輯，三秦出版社，1997 年，第 441 頁。

〔註 13〕《古今姓氏書辯證》卷三九：「赤小豆氏改爲豆氏」；《氏族略》五「代北三字姓」：「赤小豆氏改爲豆氏」。《魏書》卷三十有豆代田。

〔註 14〕第一次爲高士廉主修之《氏族志》，貞觀十二年書成一百卷，但因爲以博陵崔民幹列第一等，遭太宗否定而重修，降崔民幹爲第三等；第二次是高宗顯慶四年許敬宗修改貞觀《氏族志》爲《姓氏錄》，第三次是神龍、先天中柳沖等人修《姓系錄》，開元二年成，二百卷；

〔註 15〕如《唐故譙郡永城縣令趙郡李府君墓誌銘》，《全唐文》卷四二八，墓誌石刻亦出土，參見吳鋼主編《全唐文補遺》第五輯，三秦出版社，1998 年，第 427～428 頁。）《明琰及夫人劉氏墓誌》，參見胡戟、榮新江編《大唐西市博物館藏墓誌》北京大學出版社，2012 年，第 503 頁。皆引用《氏族志》。

> 謹考戴氏，實始於宋，開源不二，計代無差，至德所言，誠有所據，本朝至德世系，父胄仕至中書僕射，至德亦授門下三品，今臣等按知戴之爲宗，舊門世錄，素號儒雅，本朝名宦，亦著忠清，實爲丙姓，可謂胄族者矣。〔註 16〕

其文出於僞託，極爲明顯，但從傳播接受的意義上來看，卻不失爲一種重新闡釋的文本。這三次官修氏族志早已亡佚，其收錄家族世系如何不詳。但敦煌出土有相關之《氏族志》殘卷，或許可以窺見當時竇氏世系建構文本中的側面信息。其中《唐貞觀八年條舉氏族事件》，王仲犖先生以爲是高士廉等修《氏族志》之前所呈上擬稿之批文，其中「多少還能反映出貞觀初年郡姓的一些面貌」〔註 17〕。殘卷中存四十七郡二百五十三姓，其中河南郡七姓有竇氏，爲王仲犖先生據《太平寰宇記》河南郡姓補〔註 18〕。可見鮮卑竇氏（河南竇氏）在唐初期，並未完全褪去胡姓色彩。敦煌所出文書 P.3191 號殘卷，「洛州河南郡」下九姓亦有竇氏〔註 19〕。敦煌所出另一件《新集天下姓望氏族譜》，王仲犖考爲大曆十四年後至元和以前間作品（毛漢光先生認爲撰於元和十五年至咸通十三年），而其中「洛州河南郡廿三姓」已無竇氏〔註 20〕。總之，北朝以來竇氏多出自鮮卑竇氏之後，扶風竇氏雖一直爲漢人竇氏顯望，但魏晉以後已鮮見。諸《氏族志》中胡、漢竇氏之世系收錄如何雖不得而知，但從郡望變遷而言，至少在唐前期，鮮卑竇氏似乎未完成世系嫁接到漢人之過程。

（二）《元和姓纂》及之後的竇氏世系文本

《元和姓纂》（元和七年）似爲唐代中前期竇氏世系一次總結。今本《姓纂》竇氏條非完璧，但其中一些線索非常重要。《姓纂》竇氏下列扶風、河南兩望。扶風竇氏望始自竇嬰，終於竇武，文末特別標出此系「魏晉以後，竇氏史傳無聞」。河南洛陽竇氏之文是據家狀而得：

〔註 16〕轉引自王鶴鳴：《中國家譜通論》，上海古籍出版社，2011 年，第 88 頁。

〔註 17〕王仲犖《〈唐貞觀八年條舉氏族事件〉殘卷考釋》，《山館叢稿》，中華書局，1987 年，第 329 頁。

〔註 18〕王仲犖《〈唐貞觀八年條舉氏族事件〉殘卷考釋》，《山館叢稿》，中華書局，1987 年，第 334 頁。

〔註 19〕王仲犖《敦煌石室出殘卷姓氏書五種考釋》，《山館叢稿》，中華書局，1987 年，第 452 頁。

〔註 20〕王仲犖《〈新集天下姓望氏族譜〉考釋》，《山館叢稿》，中華書局，1987 年，第 411 頁。

狀稱本扶風人。竇武被誅，後人雁門太守統北奔鮮卑拓拔部，爲沒鹿回部大人，賜姓紇豆陵氏，魏孝文改爲竇氏。女爲元帝后。六代孫漏頭，遼東王。孫略，生岳。處、毅。岳處。後周大司馬、杞公；女高祖太穆皇后，生太宗。〔註21〕

此世系雖爲殘本，但竇武與竇統之關係非父子，且其中有「六代孫」之說，則絕非連續世系可知。在《元和姓纂》相當或其後的時間，並未發現一個竇氏家族連續不斷的世系文本，直至《宰相世系表》始將胡漢竇氏整合成爲一條無縫、連續世系。《表》中竇章以後之文如下：

（竇武子）章，大鴻臚卿。三子：陶、唐、統。統字敬道，雁門太守，以竇武之難，亡入鮮卑拓拔部，使居南境代郡平城，以間窺中國，號沒鹿回部落大人。後得匈奴舊境，又徙居之。生賓，字力延，襲部落大人。二子：異、他。他字建侯，亦襲部落大人，爲後魏神元皇帝所殺，並其部落。他生勤，字羽德，穆帝復使領舊部落，命爲紇豆陵氏。晉冊穆帝爲代王，亦封勤忠義侯，徙居五原。生子眞，字玄道，率眾入魏，爲征西大將軍。生朗，字明遠，復領父眾。二子：滔、祐。祐，遼東公，亦領部落。三子：提、拓、岩。自拓不領部落，爲魏侍中、遼東宣王。岩，安西大將軍、遼東穆公，從孝武徙洛陽，自是遂爲河南洛陽人。三子：那、敦、略。略字六頭，征北大將軍、建昌孝公。孝文帝之世，復爲竇氏。五子：興、拔、岳、善、熾。〔註22〕

竇氏世系中的諸多斷層在此得以「修復」：竇統與竇賓成爲父子關係〔註23〕；竇賓至竇漏頭間世系亦塡充完成，由此形成一條「漢人祖先」的「胡人後裔」這一獨特的世系鏈條。竇賓之後塡充之世系爲首次出現，其中尙有可申言者。《姓纂》之文有闕，「女爲元帝后」當指竇賓，則竇賓六代孫爲竇漏頭，而據《表》中竇賓後六世有竇祐（連本身計）。又《姓纂》竇漏頭孫竇略，而《表》

〔註21〕林寶撰，岑仲勉校記，郁賢皓、陶敏整理，孫望審訂：《元和姓纂》卷九，中華書局，1994年，第1364頁。

〔註22〕《新唐書》卷七十一下，中華書局，1975年，第2289頁。

〔註23〕有學者沒有注意到竇氏家族世系中的「斷層」以及「建構」，徑信《新表》竇賓爲竇統子之說，遂以竇氏爲漢人，認爲竇賓女嫁神元皇帝，故鮮卑有漢人血統，參見溫海清《北魏、北周、唐時期追祖李陵現象述論——以「拓跋鮮卑係李陵之後」爲中心》，《民族研究》2007年第3期。

竇略祖爲竇祐。這兩個對應關係皆證明竇漏頭與竇祐爲同一人。漏頭或爲竇祐之胡名，或竇祐爲竇漏頭之漢譯。從這個角度看，《表》當是淵源於《姓纂》的。

二、竇氏世系縫合完成的背景

近年新出《竇希瓘碑》，在爲我們提供了唐初至《元和姓纂》之間竇氏世系系列的一個重要文本。碑額題「大唐贈司徒畢國公扶風竇府君神道碑」，大曆七年（772 年）立。2009 年 8 月，陝西省考古研究院發現於西安咸陽國際機場二期擴建工程新徵地。由於施工破壞，造成碑中一些文字損泐，據文物保護工作人員修復拼接，尚可見其重要信息：

> 公諱瑰，字希瓘，扶風平陵人。夏后之裔，少康以艱難得姓；孔公之盛，鳴犢以道義齊名。洎西□□□□□□□□□□□□□□□章武二列侯，皆見□史，其族始□矣。逮東京司空融，克全五郡，入朝兩闕，與伯度、遊平二大將軍，累參朝政，其家益昌矣。後□□□□□戚□□□□□□□□葉至征東大將軍、遼東王，朱輪繼軌，北土之袁、楊焉；自遼東王六葉至驃騎大將軍、永富公，烏衣成巷，南朝之王、謝焉。三代五公，四朝□□。雖帝王□□，□□或移，而將相之家，吾門不改。海內冠族，莫之與京。〔註 24〕

竇希瓘爲昭成皇后母弟，竇孝諶中子。祖竇誕，曾祖竇抗。據《北史》竇熾傳附竇善傳（《周書》卷三十本傳略同）：「仕至太僕、衛尉卿、汾北華瀛三州刺史、驃騎大將軍、開府儀同三司、永富縣公，謚曰忠。子榮定嗣。……（榮定）子抗。」〔註 25〕《碑》中「征東大將軍、遼東王」當爲竇漏頭，而「驃騎大將軍、永富公」則爲竇善。而據《表》和《姓纂》，竇善爲漏頭之曾孫。又碑文中「後□□□□□戚□□□□□□□□葉至征東大將軍、遼東王」，其中還包含一個世系斷層，只是碑文殘損不詳其中所指。

《竇希瓘碑》中「六葉」的世系斷層設計在漏頭之後，《姓纂》「六代孫」之世系斷層則在漏頭之前，而《表》則從竇賓之後連續不斷。《碑》、《姓纂》、《表》三者，究竟孰眞孰僞，或皆爲僞？《魏書》中有世祖保母竇氏：

〔註 24〕 李明、劉呆運《唐竇希瓘神道碑研究》，《考古與文物》2014 年第 5 期，第 95～101 頁。
〔註 25〕 《北史》卷六十一，中華書局，1974 年，第 2176 頁。

> 先是，世祖保母竇氏，初以夫家坐事誅，與二女俱入宮。操行純備，進退以禮。太宗命爲世祖保母。性仁慈，勤撫導。世祖感其恩訓，奉養不異所生。及即位，尊爲保太后，後尊爲皇太后，封其弟漏頭爲遼東王。〔註26〕

同書卷四下《世祖紀》下，太平眞君六年（445 年）十一月：「庚申，遼東王竇漏頭薨。」〔註27〕而竇善「以中軍大都督、南城公從魏孝武西遷」，時東魏肇始（533 年）。漏頭至竇善，相距不過九十年，絕無「六葉」之可能，《碑》中所言明顯有誤。頗疑《姓纂》淵源於《竇希瓘碑》，或竇希瓘之家狀。《竇希瓘碑》作者不詳，而書丹者誌主再從侄竇㬚。從上引文中「吾門不改」及其他語氣而言，極有可能出自竇氏家族人物之手，否則沿用了家狀內容。神道碑樹立於地面，易於傳播。裴耀卿所撰竇希瓘兄《太子賓客贈太子太師竇希球神道碑》，與竇希瓘碑同日立，皆爲竇希瓘子竇鍔妻昌樂長公主受命所建。建碑者既有此顯赫之背景，其碑之形制、規模又特爲恢弘顯著〔註 28〕，而書丹者竇㬚爲唐代著名書法家。種種因緣促成此碑（文）傳播的可能。從側面看，裴耀卿文既能流傳後世，則同時之竇希瓘碑雖後世仆倒，其文何嘗不能流傳當時？《姓纂》所引竇氏家狀中「漏頭」、「遼東王」、「六代」之說，或正取自《竇希瓘碑》（或家狀），而加以改易，使之更符合歷史情境：蓋由「世祖保母竇氏，以夫家坐事誅，與二女俱入宮」，遂聯想及竇賓家族被誅事；而竇賓之卒至竇漏頭之卒，近二百年，正符「六代」之數，遂「改正」《碑》之誤。

《表》在《姓纂》基礎上後出轉精，更將其中斷層世系補齊。《表》中對於世系斷層的磨合上亦十分合理：其一，竇統與竇賓的關係，從時間前後而言是連續的、無縫的；其二，竇武之亂造成的歷史情境，使得其一分支遷徙的歷史成爲可能，這是一種結構性的歷史敘事；其三，竇賓至竇祐（竇漏頭），正爲標準「六代」之數。

〔註26〕《魏書》卷十三，中華書局，1974年，第326頁。

〔註27〕《魏書》卷四下，中華書局，1974年，第99頁。

〔註28〕詳《唐竇希瓘神道碑研究》一文中所提供之碑石形制資料：碑爲青石質，螭首龜趺，通高3.66米。碑首高0.98、寬1.06、厚0.28米，刻六龍。碑額圭形。碑身高3.06、寬1.02～1.06、厚0.28～0.3米。龜趺頭頸部殘佚，殘長1.35米。龜背線刻六角形龜甲紋，龜身中部爲倒梯形碑座，頂面鑿卯，以承接碑身下端的榫，卯長0.53、寬0.21、深0.2米。這一體制放到唐代眾多墓碑中，亦屬宏大者。

對比李百藥《竇軌碑》，《表》中的世系亦相契合：其一，從竇統至竇軌的世系是：統—（中闕）—賓—他—勤—眞—朗—祐—岩—略—熾—恭—軌，正符合李百藥所設計的「十二葉」；其二，李百藥《竇軌碑》所云「七葉祖羽，爲魏太尉、遼東京公。屬魏氏中微，總攝朝政，竭忠貞以安社稷，挾幼主而令奸雄。」這一情節正對應《表》中「勤，字羽德，穆帝復使領舊部落，命爲紇豆陵氏」。竇軌至竇勤（除去本身計），正好「七葉」。這些看似「巧合」的設計，暴露了《宰相世系表》竇氏世系依託李百藥文而建構的性質。

然而《表》中這一完整世系，可能並不是其編者呂夏卿等人的成果，在此之前的文本或已完成。《新唐書·藝文志》著錄《竇氏家譜》一卷，注云：「懿宗時國子博士竇澄之。」〔註 29〕《竇希瓘碑》以及《元和姓纂》所引竇氏家狀，皆未將竇氏世系整合一起。今日所出唐代竇氏墓誌，亦無《宰相世系表》之世系線索，晚唐時期有此竇氏家譜一份，或即《表》之淵源耶？

三、竇氏家族世系建構原型考辨

前文只是對中古時期竇氏家族的世系文本做了一番梳理，至於其中人物眞僞並未詳加辨析，而這也是一個困難的工作。自乾嘉學者以來，對於竇氏人物（主要是《宰相世系表》中涉及人物）之考證層出不窮，尤其是邙洛冢墓遺文新出，地上與地下兩重證據法之考察。但是我們首先應該注意這樣一個文本關係：出土墓誌可能是依據家傳、家狀類文獻書寫，而這類文獻又往往參考史傳，而史傳又是在家狀、譜牒等基礎上修編，於是形成一個循環。所以，無論是地下、地上之史料，都不見得完全可信。前引《周書》以及李百藥《竇軌碑》就是這樣。那麼究竟什麼是最接近眞實的資料呢？或許陳寅恪先生關於「通性之眞實」與「個性之眞實」的觀點可以給我們提示〔註 30〕：

〔註 29〕《新唐書》卷五十八，中華書局，1975 年，第 1502 頁。《宰相世系表》河南竇氏世系中有兩「竇澄」，一爲竇毅七世孫，一爲八世孫，不知是此竇澄之否。又作竇登之。《崇文總目輯釋》卷二注：「《唐志》澄之作登之」。《宋史》卷二百四《藝文志》：「竇澄之《扶風竇氏血脈家譜》一卷。」清劉文淇《青溪舊屋集》卷七《長樂李氏族譜序代》：「至若陸景獻所撰《陸氏宗系譜》，竇登之所撰《竇氏家譜》以及《趙郡東祖李氏家譜》二卷，《李氏房從譜》一卷，則皆以一家之私譜而列於國史，亦可見譜牒之足重矣。」

〔註 30〕陳寅恪多次提到對於史料的兩種眞實態度。比如關於小說的使用：「《劇談錄》所紀多所疏誤，自不待論。但據此故事之造成，可推見當時社會重進士輕明經之情狀，故以通性之眞實言之，仍不失爲珍貴之社會史料也。」（《唐代政

世系構擬之人物不一定爲眞實家族世系中的人物，但卻往往有眞實的「原型」人物。從這個角度看，就算全爲僞冒的世系，也有其眞實的地方。

前節我們引用的竇氏世系文本中，有一個現象：漢魏以來至於唐初，竇氏人物碑碣、墓誌的材料非常少，無論傳世文獻還是出土文獻皆如此，而竇氏人物傳記亦是到唐初修南北朝史書才漸成譜系。這一文本現象對應的正是竇氏家族興起的過程，也間接反映了竇氏世系僞冒的問題。

竇氏世系之「信史」時代自竇略始，史傳記載延綿不斷。其中人物之眞僞問題，集中在竇賓與竇略之間。竇漏頭其人當無疑問，但世祖保母竇氏傳中並未言及與竇賓家族之關係，亦未言及其子嗣之情況。竇漏頭貴爲遼東王，爲早期竇氏人物最爲顯貴者，自然是後世攀之首選。其「遼東王」之封爵亦爲原型而被複製。

史載竇賓二子速侯、回題。《表》中竇賓二子，「異、他，他字建侯。」速侯與建侯，形訛可通；他與題，音轉可通。但竇賓家族因爲謀反皆被誅殺，連其女神元皇后亦不放過，竇賓家族爲何還會有後代？

《表》又云：「他生勤，字羽德，穆帝復使領舊部落，命爲紇豆陵氏。晉冊穆帝爲代王，亦封勤忠義侯，徙居五原。」即對應前引李百藥《竇軌碑》「七葉祖羽，爲魏太尉、遼東京公。屬魏氏中微，總攝朝政，竭忠貞以安社稷，挾幼主而令奸雄」。李百藥雖爲隋唐間人，且家世長於史學〔註31〕，但在竇羽其人，他卻表現得毫無史識。有鑒於此，《表》對李百藥文中之人、之時、之事皆作了「修正」。李百藥文中竇羽之事發生在魏氏中微、幼主之時，當指北魏孝明帝元詡、少帝（幼主）元釗時期。元詡六歲登基，靈太后胡氏垂簾聽政，武泰元年（528）二月癸丑崩，靈太后遂擁立年僅三歲之元釗，半月後尒朱榮入洛，殺靈太后及幼主，立元子攸。當時「總攝朝政，竭忠貞以安社稷，挾幼主而令奸雄」之人，絕非竇氏之選。從絕對時間而言，竇軌卒在貞觀四年（630），距「幼主」之時（以武泰元年爲準），僅百年，絕無可能有「七葉」（如連本身則九葉）。《表》正是察覺到了這一問題，故將竇勤（對應竇羽）

治史述論稿》，三聯書店，2001年，第273頁。）其爲學生授課，亦指出：「小說亦可作參考，因其雖無個性的眞實，但有通性的眞實。」（《講義及雜稿》附錄石泉、李涵聽唐史課筆記，三聯書店，2001年，第492頁。）

〔註31〕李百藥父李德林，撰《齊史》，李百藥繼之成《北齊書》；李百藥子李安期預修《晉書》。

往前推到晉冊穆帝爲代王時，時爲穆帝八年（311 年），相距三百餘年。除去本身計，可符「七葉」之數。除此之外，《表》中此段史源可能還參考《魏書·序紀》：

> 昭皇帝諱祿官立，始祖之子也。分國爲三部：帝自以一部居東，在上谷北，濡源之西，東接宇文部；以文帝之長子桓皇帝諱猗㐌統一部，居代郡之參合陂北；以桓帝之弟穆皇帝諱猗盧統一部，居定襄之盛樂故城。自始祖以來，與晉和好，百姓乂安，財畜富實，控弦騎士四十餘萬。是歲，穆帝始出并州，遷雜胡北徙雲中、五原、朔方。又西渡河擊匈奴、烏桓諸部。自杏城以北八十里，迄長城原，夾道立碣，與晉分界。〔註 32〕

《表》中所謂「晉冊穆帝爲代王，亦封勤忠義侯，徙居五原」之事，即「穆帝始出并州，遷雜胡北徙雲中、五原、朔方」之附會。穆帝所遷之雜胡，據《序紀》後文：

> （穆帝七年）帝復與劉琨約期，會於平陽。會石勒擒王濬，國有匈奴雜胡萬餘家，多勒種類，聞勒破幽州，乃謀爲亂，欲以應勒，發覺，伏誅。〔註 33〕

此徙五原之雜胡爲匈奴種，顯然非竇勤所領舊部落，穆宗也不可能命之爲紇豆陵氏。

《表》又云：「（勤）生子眞，字玄道，率眾入魏，爲征西大將軍。生朗，字明遠，復領父眾。」竇眞，字玄道；竇朗，子明遠，名字互訓，當出自漢化極深之後，斷不至在部眾未分的鮮卑族人中出現。就算確有其人，亦後人構擬之人名。據《魏書·太祖紀》：（登國五年）「十有二月，紇突鄰大人屈地鞬舉部內屬。」〔註 34〕姚薇元考屈地鞬或就是《唐表》中之竇眞。按屈地鞬爲紇突陵部落大人，竇賓亦之前的首領，但塞外部族之酋首，並非如中原帝王諸侯一樣子孫相襲。竇賓、屈地鞬、竇眞，就算同領部落，亦不可斷爲同一家族。屈地鞬當爲《表》中竇勤、竇朗原型之一。

〔註 32〕《魏書》卷一，中華書局，1974 年，第 5～6 頁。

〔註 33〕《魏書》卷一，中華書局，1974 年，第 8 頁。

〔註 34〕《魏書》卷二，中華書局，1974 年，第 23 頁。又卷一百〇三：「又有紇突鄰，與紇奚世同部落，而各有大人長帥，擁集種類，常爲寇於意辛山。登國五年，太祖勒眾親討焉，慕容驎率師來會，大破之。紇突鄰大人屋地鞬、紇奚大人庫寒等皆舉部歸降。」（第 2312 頁。）

《表》又云：「（朗）二子：滔、祐。祐，遼東公，亦領部落。」前文說過，這個竇祐對應竇漏頭。這個情節當爲整個《表》中前後世系串聯的重要節點。換言之，整個《表》中世系是以此爲基點來「設計」的。但《表》作了一些「遮掩」：將漏頭之遼東王改爲遼東公；將漏頭之名或字改爲「祐」，漏頭或六頭成爲竇略之字；讓漏頭亦領部落。但這種「遮掩」反而暴露出竇祐與漏頭之關係。

竇祐之後，「三子：提、拓、岩。自拓不領部落，爲魏侍中、遼東宣王。岩，安西大將軍、遼東穆公，從孝武徙洛陽，自是遂爲河南洛陽人。三子：那、敦、略。」信史中竇略之後，竇氏家族的封爵，皆與遼東無關，竇岩諸人爲「僞造」的可能極大。竇拓、竇岩的官爵設計，完全沿襲漏頭，或者說承自李百藥竇羽爲「魏太尉、遼東京公」的情節。其中徙洛陽的情節，亦爲結構化敘事，非常缺乏想像力。

在文本層累的過程中，往往越後出者越精確。但我們亦不能貿然認爲這些「建構的」世系全爲僞造。無論是李百藥文中確實「齟齬不合」之竇羽，還是《表》中看似「精確無誤」之竇勤等諸人，其存在皆有一定的歷史語境，我們對這些世系文本應該從「通性的眞實」來理解。世系建構中「構擬」出來的人物，尤其是作爲世系參考點的人（一般出現在世系斷層上，如竇氏世系中之竇統、漏頭、竇羽），其背後一般隱藏著一個原型人物，是歷史上確實出現過的，只是因爲文獻闕疑我們已無法得知。這些原型被「改造」或「變型」而成爲各種世系節點人物。另外，一些世系文本中的情節，可能確有其事（比如竇氏世系中領部落、徙洛陽），但這些情節往往是模式化的（如領部眾、率眾入魏、徙洛陽之事），並不代表確實與世系人物相關。這是世系文本創作過程中的一個有趣現象，也是「歷史眞實」與「構造眞實」之間令人著迷之處。總之，《表》中竇氏世系是在延續前人文本層累的基礎上，通過對世系絕對時間的推算，世系重要節點的控制，比附歷史眞實而逐步構擬出來的。竇氏家族世系建構過程的文本層累過程，較之其他家族略爲清晰，從中可以窺見胡姓家族世系建構的一般規律。

第二節　獨孤及家族譜系建構與文化心態

一、獨孤氏家族譜系的版本

在胡姓家族世系文本中，有少數是其自己家族人物或者同族屬人物創作的，帶有「自我宣稱」性質的作品。前引元行沖撰《後魏典略》爲祖先正名，即是一經典案例。族內話語的存在，爲我們考察胡姓家族族群自我意識方面的問題提供了絕佳的資料，但也要承認：他們並未能超越漢人的書寫傳統和文化知識。從某種角度而言，只能在一定程度上發揮這種自我指向的話語的功能。比如獨孤乘爲其父所作《獨孤炫墓誌》（開元廿四）：

> 其先漢之裔胄。及大盜亂常，神器中絕，全身避地，保姓□山。□□□殊方，而代有貴位。……銘曰：明明我祖，國自於漢。百六之極。狂童叛换。裔胄超然，□飛朔邊。〔註35〕

墓誌以「避地」型族源敘事規避了自己家族族屬的問題，這與漢人的敘事相同。但胡姓家族依據漢人的資料或者「知識」建構起來的家族世系，其中蘊含的家族觀念、種族觀念，卻不容我們忽視。天寶十三年（754）獨孤洧撰其父《獨孤挺墓誌》：

> 獨孤氏漢皇孝景之後，中山靖王之子。北征玁狁，便寄單于，保於崇丘，因以命氏。後與魏帝並驅中原，遷居河南，時謂虜姓也。先人諱挺，字挺。五代祖信，仕魏至大司馬，輔周拜尚書令，隋封趙國，唐贈梁王。八子列侯，三女爲后，功業備彰於國史，勳榮盡載於家牒。梁王生高祖藏，隋室武平公。武平生曾祖機，皇朝滕國公。滕公生大父修本，終徐州長史。長史生列考訥，仕至金紫光祿大夫、桂府都督。皆以□純繼美，忠讜垂裕。小子不敏，□能奉揚休烈。〔註36〕

令人不可思議的是，在這一「自我宣稱」族源世系文本中，獨孤洧自稱家族所承之獨孤氏爲「虜姓」。這一「新鮮」的知識，究竟屬於獨孤洧從當時的譜學中習得而來，還是該碑刻有僞託之可能，尙需要考索。

〔註35〕吳鋼主編：《全唐文補遺》第一輯，三秦出版社，1994年，第137頁。

〔註36〕趙力光主編：《西安碑林博物館新藏墓誌續編》，陝西師範大學出版社，2014年，第344～346頁。陳財經、楊芝昉《咸陽新出土唐獨孤大惠與獨孤挺墓誌考略》，《碑林集刊》第十五輯，三秦出版社，2009年，第137～146頁。陳、楊之文釋「虜姓」爲「盧姓」，而碑刻原字作「虜」。

北朝隋唐時期，有三支突出的獨孤氏，其一爲獨孤信家族；其二爲獨孤永業家族（即獨孤及系）；其三爲獨孤屯系（這一系本姓李，依附獨孤信而賜姓獨孤，此後反覆改姓）。在兩系獨孤氏中，各自傳承著一個淵源有序的族源文本，其中獨孤信一系承漢景帝子中山靖王劉勝；獨孤永業一系承漢光武帝子沛獻王劉輔。上述兩個獨孤氏家族「自我宣稱」的族群文本，皆爲獨孤信一系。

獨孤永業一系的世系建構，以獨孤及所撰其父《獨孤通理靈表》爲集大成。該誌記錄了家族自漢光武帝以來的完整譜系。前人或信以爲眞，或駁之爲僞。信其眞者固不待言，糾繆者如王昶云：「且其間尤有錯誤足以自累其世系而並以累人之世系者，則《通理碑》中所言以去卑爲烏和之長子，劉猛之兄者。」〔註 37〕王氏以乾嘉考據疏通獨孤、劉氏之關係，但也過分拘泥於文本客觀歷史層面，與歷史眞實尚隔一間。而且在具體考證中王昶自己也難免「錯上加錯」，犯上夾纏的問題。此後姚薇元先生在《北朝胡姓考》中，正本清源，去僞存眞，對獨孤及家族世系作了辨正。對於獨孤及家族的早期世系：首先，我們要申明一點，它是獨孤及「構擬」出來的，其中歷史眞實和獨孤及的「創造」羼雜一起；其次，我們無意去駁斥這一世系文本中的「錯誤」，考證「史實」，而希望從獨孤及的「知識範圍」和「閱讀視野」所及，還原獨孤及構擬這個世系文本時的「情境」和「心態」〔註 38〕。

《獨孤通理靈表》作於大曆四年七月，在稍前的大曆三年十一月，他撰其姊墓版文云：

> 夫人河南洛陽人也，其先劉氏，出自沛獻王輔，其裔孫因山命氏，中復姓劉。自獻王十九世至齊行臺尚書令永業，始復爲獨孤氏。〔註 39〕

這個版本已具雛形：世系起點定爲沛獻王輔；世系起點以來的世系數固定。但這個版本稍微不同的是，關於獨孤氏得姓之由和改姓之由。早於大曆三年

〔註 37〕《金石萃編》卷六十九《獨孤仁政碑》，對獨孤及所敍世系以及《新唐書・宰相世系表》河南劉氏世系有近兩千字的詳細辯證，並且據碑對獨孤及家族世系中人物信息有補遺。《歷代碑誌叢書》據嘉慶十年經訓堂刊本影印，江蘇古籍出版社，1998 年，第 402～403 頁。

〔註 38〕金晶《獨孤及研究》第一節「獨孤及的家世」中，指出了獨孤及所撰世系中的歷史事實錯誤，同時提出了獨孤及的「敍述心態」問題，但並未就獨孤及創作過程加以聯繫說明。（黑龍江大學 2014 年古代文學博士學位論文第 41～49 頁。）

〔註 39〕《全唐文》卷三百九十三，中華書局，1983 年，第 3992 頁。

這個版本，獨孤及或已在構思家族族源和譜系問題，否則不會推算出或者設想出十九世的數據來。所以，我們要強調這些版本的淵源，以及其中蘊藏的世系原則。據《獨孤思貞墓誌》（神功二年）云：「本姓劉氏，其先出自漢沛獻王。」〔註40〕《獨孤思敬墓誌》（景龍三年）云「漢光武之後。」〔註41〕二人皆獨孤及之祖輩，獨孤及無疑繼承了家族的族源敘事傳統。按光武帝立國在公元25年，獨孤及生於公元725年，相距700年，按30年一世算，正好23世，這是獨孤及《靈表》中「二十三葉之德善，鍾其人於公」所出。爲何獨孤及贊成家族以光武帝子沛獻王爲世系點呢？據《後漢書》本傳亦云：

> 輔矜嚴有法度，好經書，善說《京氏易》《孝經》《論語傳》及圖讖。作《五經論》，時號之曰《沛王通論》。在國謹節，終始如一，稱爲賢王。顯宗敬重，數加賞賜。〔註42〕

這是一個典型的儒者形象。《易》《論語》爲唐代儒士的基本學問，而《孝經》在開元時期被納入官方儒學知識體系，唐玄宗親加訓注。劉輔在這些知識中的建樹，無疑契合獨孤及「當代」之文化語境。對比同卷中楚王英「少時好遊俠，交通賓客，晚節更喜黃老，學爲浮屠齋戒祭祀」；濟南安王康「在國不循法度，交通賓客」；廣陵思王荊「性刻急隱害，有才能而喜文法」；阜陵質王延「性驕奢而遇下嚴烈」，沛獻王劉輔更適合獨孤及家族以儒學命世的特點〔註43〕。

二、獨孤及家族譜系建構的史料淵源

（一）

世祖生沛獻王輔，輔生釐王定，定生節王正。正（本作「丐」，《英華》同，誤。據《後漢書沛獻王傳》改）生長子廣，嗣王位；次（《英華》作「少」）子廙，仕漢為洛陽令。

據《後漢書》劉輔本傳，自劉輔至劉廣的世系歷歷可查，並無劉廙此人，疑爲獨孤及所僞託。按當時封爵慣例，若劉廙爲孝王劉廣弟，應實封鄉侯或

〔註40〕吳鋼主編：《全唐文補遺》第二輯，三秦出版社，1995年，第351頁。
〔註41〕吳鋼主編：《全唐文補遺》第二輯，三秦出版社，1995年，第404頁。
〔註42〕《後漢書》卷四十二，中華書局，1965年，第1427頁。
〔註43〕光武帝諸子中，東平憲王蒼「少好經書，雅有智思。……與公卿共議定南北郊冠冕車服制度，及光武廟登歌八佾舞數。」又琅邪孝王京「性恭孝，好經學，顯宗尤愛幸」。未如劉輔之形象鮮明。

縣侯，而不會仕洛陽令，這是漢代封爵不同於唐代的地方。而兄弟命名有排行，最早起於東漢末年。顧炎武云：

> 兄弟二名而用其一字者，世謂之「排行」，如「德宗、德文」，「義符、義眞」之類。起自晉末，漢人所未有也。《水經注》：「昔北平侯王譚不同王莽之政，子興，生五子，並避亂隱居。」「光武即帝位，封爲五侯。元才北平侯，益才安喜侯，顯才蒲陰侯，仲才新市侯，季才唐侯。」是後人追撰妄說，東漢人二名者亦少。單名以偏旁爲排行，始見於「劉琦、劉琮」，此後「應璩、應瑒」，「衛瓘、衛玠」之流，踵而出之矣。〔註 44〕

劉廣爲漢順帝時人，若其有弟名「廙」，同用「廣」字偏旁爲名字排行，似較顧炎武所說爲早，疑獨孤及或者其家族傳承的族譜僞託此人。獨孤及當然不會不知道上述情況，但是他故意用唐代現實「附會」漢代的情況，反而透露了其族譜僞造的痕跡。

（二）

廙生穆，穆生進伯，為度遼將軍擊匈奴，兵少援不至，戰敗，為單于所獲，遷居獨孤山下。

此節參考了劉待價《獨孤仁政碑》（景雲二年）：

> 公諱仁政，字仁政，河南洛陽人也，本姓劉氏。導擾龍之巨源，長河不竭；疏斷蛇之曾岫，連嶽無窮。屬逐鹿於中原，乃避時於北漠，因山易姓，以氣雄邊。〔註 45〕

將「避時北漠」轉換成戰敗匈奴；將「因山易姓」具體化爲獨孤山，獨孤部，這可能參考了胡姓受氏中「以山爲氏」的慣例，北朝胡姓中，以山爲氏者。《太平御覽》卷四十四「賀蘭山」條引《涇陽圖經》云：「鮮卑等類多依山谷爲氏族，今賀蘭姓者，皆因此山名。」其他以山爲氏者，又如万紐于氏（改于氏）、紇干氏（改干氏）、阿伏干氏（改阿氏）、乞伏氏（改扶氏）、綦連氏（綦氏）、渴侯氏（改緱氏）、賀遂氏、白氏。按「度遼將軍」西漢昭帝時臨時設置過，東漢孝明帝永平八年復置，以中郎將吳常行度遼將軍。當時著名的度遼將軍，多見《後漢書》，但未見有劉進伯爲度遼將軍事。關於度遼將軍的有關事蹟中，

〔註 44〕顧炎武著，張京華注解：《日知錄校釋》卷二十四，嶽麓書社，2011 年，第 942 頁。

〔註 45〕《全唐文》卷二百七十八，中華書局，1983 年，第 2823 頁。

最值得注意的是耿弇家族。度遼將軍的重置，源於耿弇弟耿國建武二十七年之建言。耿國二子：秉，夔，相繼拜度遼將軍。耿國弟耿廣之後耿曄，順帝時爲遷度遼將軍。耿氏一門出三位度遼將軍。獨孤及「進伯，爲度遼將軍擊匈奴」之事，或正是受耿夔北擊匈奴「出塞五千餘里而還」、「追虜出塞而還」之啓發〔註 46〕，而變爲「一去不還」的「沒蕃」型敘事。

（三）

生戶（《英華》作「尸」是，下同）利，單于加以谷蠡王之位，號獨孤部。戶利生烏和，和生二子，長曰去卑，為右賢王。建安中，獻帝自長安東歸，有李傕、郭汜之亂，右（《英華》作「左」）賢王率其部衛車駕還洛（《英華》有「陽」字），遂徙許，復（《英華》作後）歸國。卒，次弟猛代立。

這一段世系，牽涉的人、事更多，更爲複雜。去卑、劉猛等諸人爲眞實歷史人物，李、郭之亂爲眞實歷史事件，正史俱載。獨孤及對此應當有所規避。《後漢書·南匈奴傳》：

> 建安元年，獻帝自長安東歸，右賢王去卑與白波賊帥韓暹等侍衛天子，拒擊李傕、郭汜。及車駕還洛陽，又徙遷許，然後歸國。二十一年，單于（按：即呼廚泉）來朝，曹操因留於鄴，而遣去卑歸監其國焉。〔註 47〕

獨孤及之語多據《後漢書》。關於去卑之淵源，史書未詳言。據《魏書·鐵弗劉虎傳》：「鐵弗劉虎，南單于之苗裔，左賢王去卑之孫，北部帥劉猛之從子。」〔註 48〕則去卑、劉猛爲兩代人。又據《北史·破六韓常傳》：

> 破六韓常，匈奴單于之裔也。初呼廚泉入朝漢，爲魏武所留，遣其叔父右賢王去卑，監本國户。魏氏方興，率部南轉，去卑遣弟右谷蠡王潘六奚率軍北禦，軍敗，奚及五子俱沒於魏，其子孫遂以潘六奚爲氏，後人訛誤，以爲破六韓。世領部落。〔註 49〕

則去卑爲呼廚泉叔父。而呼廚泉之父爲羌渠，是羌渠與去卑爲兄弟。獨孤及「祖先」烏和對應羌渠之父，尸利對應羌渠之祖，但史書未詳羌渠以上之世

〔註 46〕《後漢書》卷十九，中華書局，1965 年，第 718～719 頁。
〔註 47〕《後漢書》卷八十九，中華書局，1965 年，第 2965 頁。
〔註 48〕《魏書》卷九十五，中華書局，1974 年，第 2054 頁。
〔註 49〕《北史》卷五十三，中華書局，1974 年，第 1902～1903 頁。

系。獨孤及正是看到了這個「歷史漏洞」，才敢冒風險虛構出尸利生烏和，烏和生去卑、猛一段情節〔註50〕。據《南匈奴傳》：

其大臣貴者左賢王，次左谷蠡王，次右賢王，次右谷蠡王，謂之四角；次左右日逐王，次左右溫禺鞮王，次左右斬將王，是爲六角：皆單于子弟，次第當爲單于者也。異姓大臣左右骨都侯，次左右尸逐骨都侯，其餘日逐、且渠、當户諸官號，各以權勢優劣、部眾多少爲高下次第焉。單于姓虛連題，異姓有呼衍氏、須卜氏、丘林氏、蘭氏四姓，爲國中名族，常與單于婚姻。〔註51〕

谷蠡王、賢王爲匈奴單于儲君之選，獨孤及之「祖先」以沒蕃漢人而任此王，未免想當然。但獨孤氏之眞實族源，確實爲匈奴屠各王之裔，獨孤及用一種「虛構」的外表鑲嵌了家族族源的歷史眞實，同時也構成了祖先「榮耀歷史」的敘事。

那麼尸利和烏和這兩個人物，獨孤及是從何處得到靈感的呢？〔註52〕據《南匈奴傳》中，谷蠡王有右谷蠡王伊屠知牙師、左谷蠡王師子、右谷蠡王於除鞬，這些似乎沒有啓發獨孤及之創作。同傳中所載南匈奴單于譜系最詳細，諸單于名號最明顯的一個特點是帶有「尸逐侯鞮」〔註53〕之王號，或即獨孤及「尸利」一詞之語源耶？按「尸利」爲梵語〔註54〕，多見於比丘及天竺、東南亞佛國王名。獨孤及諳熟佛典，在掃描家族史文獻時，如此成語自然會浮現在他的心頭，於是在歷史的縫隙中，在獨孤及的知識背景下，一個谷蠡王「尸利」被構擬出來。

至於「烏和」二字，在孤獨及的「知識範圍」內，合用二字，很難找到一種合理的解釋，但中古時期這二字常用作反切字，其所切者如渦、涹、猧、

〔註50〕還有一種情況，獨孤及當時所見的史料與我們現在所見者不同，其說法或有其淵源，但從後面我們的分析來看，這種情況並不太可能。

〔註51〕《後漢書》卷八十九，中華書局，1965年，第2944～2945頁。

〔註52〕《宰相世系表》以尸利生烏利，後一「利」字當涉前而訛。獨孤及既然以自己家族出自漢人貴種，爲禮法之家，斷不至於使得父子名犯諱。

〔註53〕如醢落尸逐鞮單于比、醢僮尸逐侯鞮單于適、胡邪尸逐侯鞮單于長、休蘭尸逐侯鞮單于屯屠何、亭獨尸逐侯鞮單于師子、萬氏尸逐鞮單于檀、烏稽侯尸逐鞮單于拔、去特若尸逐就單于休利、呼蘭若尸逐就單于兜樓、伊陵尸逐就單于、屠特若尸逐就單于某、持至尸逐侯單于於扶羅。

〔註54〕《一切經音義》卷第八：「尸利沙：梵語也，此翻爲吉祥。即合昏樹也，俗名爲夜合樹也。」卷第二十一：「尸利：此名殊勝，亦曰吉祥。」

倭等。而諸單于中有呼廚泉兄於扶羅。而「於」與「烏」同音；「羅」與「和」，同韻，這或許是獨孤及構擬的原型。根據史實，於扶羅爲去卑之侄，而獨孤及將之轉換成去卑之父。

（四）

生嗣（《英華》作「富」，下同）論。嗣論生路孤，路孤生眷，眷生羅辰，從魏文帝遷都洛陽，遂為司州洛陽人。始以其（「其」字《英華》作「獨孤」）部為氏，用勳伐錫爵永安公，位征東將軍、定州刺史。

歷史上，「於扶羅--劉豹--劉淵」一系爲「顯性世系」〔註 55〕，獨孤及將於扶羅轉換爲烏和生去卑、劉猛，規避了劉元海這一條顯性世系。另外，「去卑--誥升爰一劉虎--務桓一衛辰---赫連勃勃--赫連昌」，這一條世系亦史書中明確記載的「顯性世系」，必須規避之。而劉猛之後除副侖之外不見於文獻，這個世系斷點成爲「歷史漏洞」，爲獨孤及所利用，從而開闢出家族中去卑、劉猛一條「隱性世系」。但上面兩條「顯性世系」，無疑作爲關聯想像的資料。據前引《魏書・鐵弗劉虎傳》：

> 鐵弗劉虎，南單于之苗裔，左賢王去卑之孫，北部帥劉猛之從子，居於新興慮虒之北。北人謂胡父鮮卑母爲「鐵弗」，因以爲號。猛死，子副侖來奔。虎父誥升爰，代領部落。誥升爰一名訓兜。誥升爰死，虎代焉。虎一名烏路孤。……虎死，子務桓代領部落。……務桓，一名豹子。……務桓死，弟閼陋頭代立。……後務桓子悉勿祈逐閼陋頭而自立。悉勿祈死，弟衛辰代立。……衛辰，務桓之第三子也〔註 56〕。

〔註 55〕《晉書》卷一百一《劉元海載記》所載「於扶羅--劉豹--劉淵」這一世系可能也是僞託的。唐長孺先生提出了三條質疑：其一，《載記》稱其父劉豹之死在樹機能起兵反晉（太始十年 274）之後，而其爲左賢王在呼廚泉始立之時（漢興平二年 195），有八十餘年，而劉淵生於魏嘉平中（249～253），時間不合；其二，劉豹卒後，劉淵繼承左部帥，但另外的記錄中，二人間有李恪；其三，《載記》稱劉淵爲新興匈奴人，其他證據也顯示其家族世居新興，但劉淵既然爲北部人，卻爲左部帥。其結論認爲：劉淵之世系可能出於前趙史官和苞《趙記》，是劉曜自己所述記下來，且爲之修飾，內容大多靠不住；劉淵的假託世系必須要取得匈奴貴族如劉宣等人的承認，劉宣等憑藉屠各勢力而假以南單于世嫡之空名，企圖恢復匈奴舊業，劉淵需要與之合作。參見《魏晉雜胡考》，《魏晉南北朝史論叢》，中華書局，2011 年，第 388～389 頁。

〔註 56〕《魏書》卷九十五，中華書局，1974 年，第 2054～2055 頁。

獨孤及依據「去卑—誥升爰—劉虎—務桓—衛辰」這一段眞實的世系，構擬出「劉猛—副論—路孤—眷—羅辰」這一段家族世系。其構擬的家族人物中：副論（有的版本作富）即副侖之省寫；路孤即劉虎之別名烏路孤之省；「眷」相當於「務桓」；「羅辰」對應「衛辰」。而現實中，劉虎爲劉猛從子，獨孤及冒了一定風險，將之設爲劉猛孫。劉眷、劉羅辰，歷史上確有其人，而且跟獨孤及家族屬有關係密切。據《劉庫仁傳》：

> 劉庫仁，本字沒根，劉虎之宗也，一名洛垂。少豪爽，有智略。母平文皇帝之女。昭成皇帝復以宗女妻之，爲南部大人。建國三十九年，昭成暴崩，太祖未立，苻堅以庫仁爲陵江將軍、關內侯，令與衛辰分國部衆而統之。自河以西屬衛辰，自河以東屬庫仁。於是獻明皇后攜太祖及衛秦二王自賀蘭部來居焉。……庫仁弟眷，繼攝國事。……眷第二子羅辰。〔註57〕

又《劉羅辰傳》：

> 劉羅辰，代人，宣穆皇后之兄也。父眷，爲北部大人，帥部落歸國。……（太祖）拜南部大人。從平中原，以前後勳賜爵永安公，以軍功除征東將軍、定州刺史。卒，謚曰敬。子殊暉，襲爵，位并州刺史。卒。子求引，位武衛將軍。卒，謚曰貞。子爾頭，位魏昌、廮陶二縣令，贈鉅鹿太守。子仁之，自有《傳》〔註58〕。

獨孤及筆下的羅辰「用勳伐錫爵永安公，位征東將軍、定州刺史」正是引用《魏書》劉羅辰傳的原文，但獨孤及文中之「羅辰」卻非史傳中之「羅辰」。沈炳震已發現了這段世系中的問題，他說：

> 《魏書·外戚傳》，羅辰歸國，賜爵永安公。自太祖開國至孝文帝遷都洛陽爲太和十八年，相去已一百二十年，不應羅辰尚在，猶得從徙也。《魏書·劉庫仁》及《外戚·劉羅辰傳》云：庫仁，劉虎之宗也。庫仁之弟眷本北部大人，爲劉顯所殺。眷子羅辰歸魏，不言劉之改氏獨孤也。《周書·獨孤信傳》：魏之初有三十六部。其先伏留屯者爲部落大人，與魏俱起，又不言獨孤氏之即劉氏也。〔註59〕

〔註57〕《魏書》卷二十三，中華書局，1974年，第604～606頁。
〔註58〕《魏書》卷八十三上，中華書局，1974年，第1813～1814頁。
〔註59〕趙超：《新唐書宰相世系表集校》，中華書局，1998年，第914頁。

劉氏與獨孤氏之間的關係錯綜複雜，但《北史・劉庫仁傳》明言其爲「獨孤部人，劉武（虎）之宗也」，獨孤及不會沒有察覺。獨孤及自己應該很清楚劉羅辰家族不是自己家族的祖先，但與其族源爲獨孤氏，與自己家族眞實的族屬相同。但歷史上之劉羅辰家族，胡族特徵過於明顯，獨孤及當然也不願意攀附這樣的一個胡人家族爲祖先。而且劉羅辰家族的族源，已經在《周書》就定性了，其得姓非獨孤及所設計的從漢沛獻王輔〔註 60〕。在這些獨孤、劉氏的羈絆之下，獨孤及雖然參考了劉羅辰家族的資料，又必須辦法規避混同爲一個家族的風險。獨孤及不直接攀附劉虎的世系，也是出於這樣的想法。在衛辰、劉羅辰、獨孤羅辰之間，存在下面三種世系：

（1）獨孤……劉：劉虎……劉眷—劉羅辰；

（2）　　　　　　劉虎（烏路孤）—務桓—衛辰；

（3）劉……獨孤：劉路孤—劉眷—獨孤羅辰；

前兩條世系是眞實的，是後世河南劉氏的世系，帶有鮮明的胡族特徵；第三條世系是獨孤及構擬的家族世系，爲典型的「漢人」特徵。獨孤及的世系中，將路孤（對應劉虎）作爲劉眷之父，是對眞實歷史中世系 1、2 的構擬，卻不是歷史眞實。在這一構擬的世系中，還出現了一個歷史時間的錯誤：羅辰「從魏文帝遷都洛陽」，而其孫稽「魏世祖初，從平滑臺」，兩個事件發生的時間順序顚倒，且相差百餘年。究竟是獨孤及沒有意識到，還是因爲「從魏文帝遷都洛陽，遂爲司州洛陽人，始以其部爲氏」一段爲衍文，或者錯簡？在沒有確鑿的版本證據之前，我們傾向於認爲這是獨孤及「不得已」情況下之所爲。約言之，這樣一個「缺乏想像」的情節，是因爲北朝胡姓大多經歷過孝

〔註 60〕《元和姓纂》在獨孤氏下載：「其先本姓劉氏。當後漢北蕃右賢王劉去卑之先，尚漢公主，因從母姓改劉氏。後魏代北三十六部有伏留屯，爲（《通志》有『部落』兩字）大人，居於雲中，和平中以貴人子弟鎭武川，因家焉。伏留屯之後有俟尼；生庫者，後魏司空；生信，河南洛陽人。」這一文字有闕，岑仲勉從《古今姓氏書辯證》中輯出。姚薇元先生已考「從母姓說」來源於《晉書・赫連勃勃載記》；而三十六部之說則源於《周書》（《北史》亦同）。羅振玉引用《漢州刺史獨孤炫墓誌》：六代祖俟尼，與後魏西遷洛陽，封東平王。認爲從徙洛陽者乃俟尼，非羅辰。趙超引萬光泰《魏氏補正》卷二：「《西秦錄》：乞伏國仁以獨孤匹蹄爲左輔。」魏氏按語：「《唐書表》《鄭誌》（《通志氏族略》）俱以獨孤爲氏，始於孝文。不知獨孤匹蹄已見乞伏之世，並不始於魏也。其云出沛獻王輔，尤屬於附會。」趙超亦引獨孤思貞、獨孤思敬二誌，證唐代前期已有將獨孤氏附會爲漢帝劉姓之後的說法。參見《新唐書宰相世系表集解》「獨孤氏」條，第 915～916 頁。

文帝改姓、改郡望的過程，《魏書．官氏志》「獨孤氏後改爲劉氏」之文具在，獨孤及無法繞開。同時，獨孤及又希望避開與劉羅辰家族之「同化」，所以設計了羅辰姓獨孤而不姓劉，以示區別。獨孤及關於家族「獨孤氏」來源的設計本來就有多個版本。前引大曆三年撰其姊墓版時的世系版本，其中獨孤氏本姓劉，因山命獨孤氏，後復姓劉氏，至獨孤永業又複姓獨孤。這個早期的版本透露出獨孤及對於劉氏與獨孤氏關係的了然，同時透露出他在此二者之間的「羈絆」，可見其初期構思時想法之多端。後一版本中，因山爲獨孤部，因遷洛陽改姓獨孤氏，算是比較合理：既照顧了《官氏志》等獨孤氏源出之文，又劃清了與河南劉氏的糾纏。但因爲獨孤及機械地參考了劉羅辰家族的世系（人名、職官都沿用），所以他被迫將獨孤氏得姓的過程提到劉羅辰時代以避免誤會，從而造成前後巨大的矛盾。拋開這些表面的粗糙設計，其核心觀念是：自己家族本姓劉，不同於劉羅辰家族本姓獨孤；自己家族本爲彭城劉氏，不同於孝文帝遷洛之獨孤氏所改之河南劉氏；獨孤氏的得姓，是因爲祖先據獨孤山，領部落，孝文帝改姓時遂改。總之：自己家族爲漢人，不是胡人。

（五）

征東生萬齡，官至廷尉，謚號曰貞。廷尉生稽，字延平，善左右射，學究（一作「究」）金匱之奧。魏世祖初，從平滑臺，以功授散騎常侍，歷守冀、定、相三州。時新定律令，慎選廷尉，徵公拜焉。再世為法官，俱以廉平不苛顯名，當時榮之。加鎮東將軍，薨謚曰文。鎮東生歸，辯聰而才，又為鎮東，薨贈太尉。太尉生冀，字希顏，以博學侍講東宮，歷安南將軍、定州刺史，贈司徒。司徒生永業。

在獨孤永業之前的獨孤及家族世系，都屬於「構造」或者「想像」；而獨孤永業以後的家族歷史，始爲「信史」。據《北齊書》本傳：

> 獨孤永業，字世基，本姓劉，中山人。母改適獨孤氏，永業幼孤，隨母爲獨孤家所育養，遂從其姓焉。〔註61〕

沈炳震認爲：

> 《北齊書》本傳，永業本姓劉，隨母姓改適獨孤氏，因冒姓焉。

〔註61〕《北齊書》卷四十一，中華書局，1972年，第544頁。

據此，則獨孤固與劉氏無與；而自永業以上諸獨孤又與永業無與。〔註62〕

史書關於獨孤及永業族源的記載，有兩種可能。其一，史家採信獨孤永業家族的家狀或者相關文獻，故意迴避獨孤永業出身胡族獨孤氏，而認其爲漢人劉氏，倘如此，獨孤及完全沒有必要花費大力氣構擬先世與獨孤之種族聯繫，還閃爍其詞。其二，獨孤永業隨母改姓的說法，其實是胡姓家族族源的一種結構性敘事，史書有意要暗示獨孤永業的胡族出身。姚薇元先生曾指出《姓纂》中「當後漢北蕃右賢王劉去卑之先尚漢公主，因從母姓劉氏」之說，源於《晉書・赫連勃勃載記》。而「隨母姓」在《劉元海載記》中也有記載，這已成爲一種胡族「暗示」。在獨孤及看來，前者爲「不光彩」的家族歷史，後者爲「胡化」的族源敘事，當然不符合獨孤及家族的想像，所以獨孤及重新構擬了一個獨孤家族的起源（劉氏）及傳承的世系。

從獨孤萬齡至獨孤永業的世系，時間上越來越靠「近代」，獨孤及所需要規避的歷史越多。獨孤及參考劉虎、劉羅辰家族建構了自己家族的世系結構，但其中人物的信息不能再過多援引，否則就「露出馬腳」。而添加情節的來源也不會遠離那個時代。獨孤及在尋找家族史料的時候，很自然會參考當時的史傳中本姓族人的資料，在這個範圍內，我們還可以發現一些線索。當北朝至唐期間，獨孤氏家族顯要者，還有外戚世家獨孤信家族。《周書・獨孤信傳》：

> 獨孤信，雲中人也，本名如願。魏氏之初，有三十六部，其先伏留屯者，爲部落大人，與魏俱起。祖俟尼，和平中，以良家子自雲中鎮武川，因家焉。父庫者，爲領民酋長，少雄豪有節義，北州咸敬服之。信美容儀，善騎射。……及尒朱氏破葛榮，以信爲別將。從征韓婁，信匹馬挑戰，擒賊漁陽王袁肆周，以功拜員外散騎侍郎。尋轉驍騎將軍，因鎮滏口。元顥入洛，榮以信爲前驅，與顥黨戰於河北，破之。拜安南將軍，賜爵爰德縣侯。
>
> 子羅，先在東魏，乃以次子善爲嗣。及齊平，羅至。善卒，又以羅爲嗣。羅字羅仁。大象元年，除楚安郡守，授儀同大將軍。
>
> 善字伏陀，幼聰慧，善騎射，以父勳，封魏寧縣公。……（卒）贈使持節、柱國、定趙恒滄瀛五州諸軍事、定州刺史。

〔註62〕趙超：《新唐書宰相世系表集校》，中華書局，1998年，第917頁。

信長女，周明敬后；第四女，元貞皇后；第七女，隋文獻后。周隋及皇家，三代皆爲外戚，自古以來，未之有也。……（隋文帝）贈（獨孤信）太師、上柱國、冀定相滄瀛趙恒洺貝十州諸軍事、冀州刺史，封趙國公，邑一萬户。謚曰景。追贈信父庫者使持節、太尉、上柱國、定恒滄瀛平燕六州諸軍事、定州刺史，封趙國公，邑一萬户。謚曰恭〔註63〕。

又《北史》獨孤信傳附獨孤羅事：

羅，字羅仁。父信隨魏孝武入關中，羅遂爲高氏所囚。及信爲宇文護誅，羅始見釋。寓居中山，孤貧無以自給。齊將獨孤永業以宗族故，哀之，爲買田宅，遺以資畜〔註64〕。

獨孤永業曾以宗族之故資助過獨孤羅，這是聯繫二者之重要線索。獨孤及在翻檢家族史料的時候，自然能從中得到「啓發」，遂將獨孤羅家族的歷史「摹寫」到自己家族。據獨孤羅家族事蹟，我們可以知道獨孤及家族人物身上的一些情節是如何豐滿起來的：

（1）獨孤稽「善左右射」，當以獨孤信「信美容儀，善騎射」，獨孤善「善騎射」爲依託〔註65〕；

（2）獨孤稽「授散騎常侍，歷守冀、定、相三州」，與獨孤信「拜員外散騎侍郎」，「贈太師、上柱國、冀定相滄瀛趙恒洺貝十州諸軍事、冀州刺史」，無疑是一脈相承的情節；

（3）獨孤歸「薨贈太尉」與獨孤信父庫者「贈太尉」爲同一情節；

（4）獨孤冀「歷安南將軍、定州刺史，贈司徒」，與獨孤信「拜安南將軍」，獨孤善「贈定州刺史」爲同一情節；

（5）獨孤稽、獨孤歸父子再爲鎮東將軍，或淵源於獨孤庫者贈定恒滄瀛平燕六州諸軍事、定州刺史，子獨孤信贈冀定相滄瀛趙恒洺貝十州諸軍事、冀州刺史，孫獨孤善贈定趙滄瀛五州諸軍事、定州刺史。

〔註63〕《周書》卷十六，中華書局，1971年，第263～268頁。

〔註64〕《北史》卷六十一，中華書局，1974年，第2170頁。

〔註65〕另外，在《魏書》卷九十五《鐵弗劉虎傳》之前爲《石虎傳》，云其「遊獵無度，能左右射」，這或許是一個啓發。而較遠的淵源，則有曹丕《典論自序》荀彧語曹丕：「聞君善左右射」（《三國志》卷二《魏文帝紀》引）及《拾遺記》卷七所謂任城王曹彰「善左右射」事。

但獨孤及構擬的家族人物，尚有獨孤信家族情節不能解釋者〔註 66〕。這或出於獨孤及的刻意規避，否則即爲同一家族。在獨孤信家族淵源之外，獨孤萬齡、獨孤稽，兩代爲廷尉這一情節非常值得注意。獨孤稽爲廷尉在「從平滑臺」、「新定律令」之北魏世祖初。翻檢獨孤及可能見到的獨孤氏家族史料，未見有獨孤氏人物爲廷尉的記載。獨孤及當然不可能憑空構造出這一情節，此處當另有淵源。在《靈表》的後文，獨孤及記錄了自己母親的家族的情況：「夫人河南洛陽人也，薛國長孫覽之元孫，咸陽縣丞諱頓府君之女，左金吾將軍諱子哲府君之妹。」獨孤及在追述本家族的世系時，自然會想到母族對應的人事，所以在翻檢史料時候，自然會涉獵相關家族史的資料。按長孫覽家族世系爲「長孫道生—抗--觀--稚--子裕--紹遠--覽」。據《魏書・長孫嵩傳》：

長孫嵩，代人也，太祖賜名焉。父仁，昭成時爲南部大人。嵩寬雅有器度，年十四，代父統軍。昭成末年，諸部乖亂，苻堅使劉庫仁攝國事，嵩與元他等率部眾歸之。……

長孫道生，嵩從子也。忠厚廉謹，太祖愛其慎重，使掌幾密，與賀毗等四人内侍左右，出入詔命。太宗即位，除南統將軍、冀州刺史。……世祖即位，進爵汝陰公，遷廷尉卿。……世祖征赫連昌，道生與司徒長孫翰、宗正娥青爲前驅，遂平其國。昌弟定走保平涼，劉義隆遣將到彥之、王仲德寇河南以救定。詔道生與丹陽王太之屯河上以禦之。遂誘義隆將檀道濟，邀其前後，追至歷城而還。除司空，加侍中，進封上黨王。薨，年八十二。贈太尉，謚曰靖。道生廉約，身爲三司，而衣不華飾，食不兼味。……其恭慎如此。世祖世，所在著績，每建大議，多合時機。爲將有權略，善待士眾。帝命歌工歷頌群臣，曰：「智如崔浩，廉如道生。」

子抗，位少卿，早卒。抗子觀，少以壯勇知名，後襲祖爵上黨王。……子冀歸，六歲襲爵，降爲公。高祖以其幼承家業，賜名稚，字承業。稚聰敏有才藝，虛心愛士。……前廢帝立，遷太尉公，錄尚書事。……出帝初，轉太傅，錄尚書事。以定策功，更封開國子。

〔註 66〕尚可以補充一點：《獨孤信傳》載信子獨孤陀，二子延福、延壽，或爲獨孤稽，字延平之淵源？

稚表請回授其姨兄廷尉卿元洪超次子惲。初，稚生而母亡，爲洪超母所撫養，是以求讓，許之。〔註67〕

不論一些枝蔓的情節，上文與獨孤及文有一些關鍵的對應關係：

（1）長孫嵩附劉庫仁，而長孫氏與獨孤氏此後爲「通家之好」；

（2）長孫道生世祖神䴥中參與平滑臺之役，而獨孤稽「魏世祖初，從平滑臺」〔註68〕；

（3）長孫道生世祖即位後遷廷尉卿，獨孤稽世祖初選爲廷尉；

（4）長孫道生曾孫長孫稚之姨兄元洪超亦爲廷尉卿，而獨孤萬齡父子再爲廷尉（疑長孫抗「位少卿」，爲廷尉少卿，則正好父子相配）；

（5）長孫道生「忠厚廉謹」、「廉約」，歌工曰「廉如道生」，獨孤萬齡父子「廉平不苛」。

僅就如上五點而言，獨孤及構擬的資料極有可能來自其母族長孫氏家族史。此外尚有可論者：

（6）《北堂書鈔》卷第九十一「禮儀部」有「山呼萬歲」之典，既後世「嵩呼萬歲」成語，長孫嵩即與獨孤萬齡名字之關係，讀者自可會心。《北堂書鈔》爲唐人諳熟之類書，獨孤及文中「廉平不苛」之語，即《北堂書鈔》卷第七十九「設官部」所引漢循吏朱邑之典，又爲一明證。

（7）長孫稚初名冀歸，而獨孤及祖先有獨孤歸、獨孤冀。據此讀者不難猜想獨孤及的構擬祖先人名的原型。

當然，還有一些情節無法得到合理解釋，比如「冀，字希顏，以博學侍講東宮」一事。獨孤氏、長孫氏人物皆未見有此故實，不知是獨孤及所本爲

〔註67〕《魏書》卷二十五，中華書局，1974年，第643～648。

〔註68〕《魏書》卷四上《世祖紀》上略云：「（神䴥三年八月）劉義隆將到彥之，自清水入河，溯流西行。帝以河南兵少，詔攝四鎮。乃治兵，將西討。丙寅，到彥之遣將渡河攻冶阪，冠軍將軍安頡督諸軍擊破之。戊寅，詔征西大將軍長孫道生屯於河上。（十一月）甲午，壽光侯叔孫建、汝陰公長孫道生濟河，到彥之、王仲德從清入濟，東走青州。（四年正月）丙申，劉義隆將檀道濟、王仲德從清水救滑臺，丹陽王叔孫建、汝陰公長孫道生拒之，道濟等不敢進。二月辛酉，安頡、司馬楚之平滑臺，擒義隆將朱修之、李元德及東郡太守申謨。（九月）庚申，加太尉長孫嵩柱國大將軍，特進、左光祿大夫崔浩爲司徒，征西大將軍長孫道生爲司空。冬十月戊寅，詔司徒崔浩改定律令。」可見「平滑臺」「新定律令」諸情節，可能都是因長孫道生而來。

何，或則本為眞實史實？但獨孤永業傳明言永業幼孤，其父當不顯，其情節為僞託當無疑。

獨孤永業、子獨孤子佳見於劉待價《獨孤仁政碑》，但獨孤及之版本不同，或是否參考了國史傳。相關之獨孤及家族人物墓誌還有其他版本，多可以補正。獨孤及作創造的家族世系文本，在此後得到傳承。其後梁肅撰獨孤及兄《獨孤正墓誌》（大曆十二年）：

> 君之先出自劉氏，漢世祖之裔有進伯者，北征以師敗績，降匈奴，因部易姓，其後有永公羅辰、臨川王永業。〔註 69〕

傳播了獨孤及的世系文本。咸通二年獨孤霖作《獨孤驤墓誌》，亦完全遵照了獨孤及的文本：

> 光武皇帝之子曰沛獻王，傳三世，至洛陽令。其孫渡遼將軍，居獨孤山，因而命氏，以河南洛陽為望。歷魏晉，始大拓拔氏之世，繼有令人，名載國史。北齊司徒尚書令、封臨川郡望獨孤永業。由是以臨川為房首。〔註 70〕

三、獨孤及家族譜系建構的構思過程與文化心態

（一）構思過程

從現在所見資料來看，《獨孤通理靈表》中的獨孤氏家族譜系，雖然有一些信息來自獨孤氏傳承的族譜，但更多情節出自獨孤及的建構。獨孤及構思其家族世系文本的過程頗為複雜，可以說是帶著鐐銬跳舞。獨孤及家族「信史」時代近祖先只能追溯到獨孤永業，而遠祖光武帝子劉輔則為現成的文本。獨孤及按照「標準」時間推算出其中存在十九代，而如何填補其中的空白就成為問題。獨孤及的世系建構不是「憑空想像」，而是一個精心構思的過程。其構思有幾種可能：順敘（從源往流）、倒敘（從流溯源）、插敘（中間開花），獨孤及選擇的那種方式呢？我們以為他最有可能參考了劉羅辰家族世系而向兩頭延生，逐步完成家族譜系「填空」。劉羅辰家族很可能是獨孤及最先想到的「家族人物」，獨孤眷、獨孤羅辰之名及封爵的設計完全按照劉眷、劉羅辰父子，這是最明顯的證據。根據劉羅辰家族的史料，獨孤及獲得了一些重要的世系參照點。參考了其他相關聯的資料，獨孤及又獲得家族人物的多個原

〔註 69〕《全唐文》卷五二一，中華書局，1983 年，第 5296 頁。
〔註 70〕吳鋼主編：《全唐文補遺》第三輯，三秦出版社，1996 年，第 240 頁。

型，逐漸繪成完整的家族世系鏈條，豐滿世系人物的形象。從時間先後來看，他所參考的家族世系文本有劉輔、劉淵、劉虎、劉羅辰、獨孤信、長孫道生等六家。這些家族的確定世系如下：

1. 劉輔--定--正--廣--榮--琮--曜--契（魏受禪，以為崇德侯）

這條世系以劉廣爲世系分支，對應獨孤及所構擬家族世系中國「廙--穆--進伯--尸利--烏和--去卑」一段。就代際而言，獨孤及「祖先」進伯，對應劉廣之孫劉琮，在漢靈帝時；烏和對應劉契，當魏受禪時。獨孤及對於諸人之設計，大致按照歷史時間敘事。可見獨孤及之譜系建構，並不是隨意所爲，而是有精心的構思。

2. 呼徵……呼廚泉、於扶羅--劉豹（始姓劉）--劉淵（前趙）

3. 去卑--誥升爰一劉虎--務桓一衛辰---赫連勃勃（夏）

--劉猛

4. 劉虎……眷--羅辰--殊暉--求引--爾頭--仁之

上面三條世系，對應獨孤及世系中「去卑、猛--嗣論--路孤--眷--羅辰」一段。劉猛爲一個世系斷點，是獨孤及發揮想像的地方。獨孤及幾乎是直接援引了這些家族的內容。

5. 伏留屯……俟尼--庫者--信--羅（外戚世家）

6. 長孫嵩……長孫道生--抗--觀--冀歸（稚）

這一世系其對應的獨孤及家族世系中「萬齡--稽--歸--冀--永業」一段，是獨孤及「引用」信息頗多的兩個家族，從中可以看到獨孤及構擬的家族人物是如何「豐滿」起來的。

獨孤及本人在世系建構中所調動的知識儲備和想像力表現得比較匱乏。從某種意義上而言，獨孤及並非一個好的歷史學者。從前文所引資料來看，其主要參考之家族史料並未超出兩《漢書》、《魏書》、唐初五史等基本史籍範圍。其構擬家族人物的方法一般即是就地取材、改頭換面，所以他構擬的家族人物在歷史場景中有時齟齬不入，顧此失彼，歷史敘事時間亦缺乏準確性。對於「客觀眞實」、「主觀眞實」和「構造眞實」，獨孤及並未處理得天衣無縫。這或許與獨孤及的知識背景有密切的關係：獨孤及家族並沒有史學方面的文化傳統；獨孤及父以「文可以經邦國」制舉出身，而其本人以「洞曉玄經」對策上第，其知識背景主要是儒學、佛學以及道學。

（二）文化心態

儘管獨孤及的世系建構缺乏想像力，但我們不能忽略這樣的問題：他爲什麼要這樣設計，或者說他這樣做的指導思想、理念是什麼；爲什麼他「想像」的祖先是世系中那樣，而不是其他形象。前面我們鉅細無遺地說明獨孤及的世系文中的史料淵源，只是指出了其中「契合」的一面，但還有更多的資料供獨孤及選擇，而他選擇了我們看到的情節；或者說還有更多原型可供他發揮想像，而他創造出了我們看到的形象。當然可以說這是獨孤及建構家族世系時有意「規避」，或「無意」選擇的結果，但這似乎不能解釋這樣一個文本的複雜性。其族源沛獻王輔之設定，具體家族人物構擬原型的選擇，以及諸人文化形象的賦予，都蘊含著獨孤特殊的文化心態。下面以獨孤萬齡、獨孤稽父子二世廷尉爲例來說明。

從事實層面而言，獨孤及家族沒有爲廷尉的記錄，此情節淵源長孫道生或其子爲廷尉之事。但從觀念層面而言，獨孤及以「再世爲法官，俱以廉平不苛顯名，當時榮之」作爲一種家世傳統和榮耀歷史，這種代表了他自己對於祖先的「想像」。廷尉一般爲律學世家擔任，正如陳寅恪所說：「當日士族最重禮法。禮律古代本爲混通之學，而當時之學術多是家世遺傳。」〔註 71〕獨孤及之禮法思想可以從其撰《靈表》之前的有關活動看出。據梁肅所撰《獨孤及行狀》，大曆元年爲太常博士，「時大盜之後，百度草創，而太常典故，尤所壞缺。公爲博士，祗考古道，酌沿革之中，凡有損益，莫不悉當」。期間議定以呂諲、盧弈、郭知運等謚，「皆參用典禮，約夫子之旨。其事核，其文高，學者傳示以爲式」〔註 72〕。又定郊廟之禮。二年，自太常博士前禮部員外郎，遷吏部。三年五月，除濠州刺史。四年，六月夫人韋氏卒；七月，自濠州歸葬洛陽，並遷父、母、兄弟葬河南府壽安縣甘泉鄉，遂撰《靈表》。總之，大曆初期爲獨孤及禮樂思想實踐最爲充分之時期，施於國、行於家、旁及友朋。大曆四年撰父《靈表》，實爲其禮樂思想的一次總結。《靈表》中所在父親獨孤通理之事蹟云：

> 公剛方廉清，貞信宏寬，德厚性和，與四時氣侔。非天下之直道不行，非先王之法言未嘗言。當出處去就之間，非抑與不苟求；與朋友交，非同道不苟合。至守王事，臨大節，非其正，雖臨大兵

〔註 71〕陳寅恪：《隋唐制度淵源略論稿》，三聯書店，2001 年，第 115～116 頁。
〔註 72〕《全唐文》卷五二二，中華書局，1983 年，第 5303 頁。

不懼。恪德危行，居易中立，不可得而親，不可得而疏。讀書觀忠孝大略，不索隱賾；屬詞止乎禮義，不止詠情性而已。……益州刺史張敬忠以狀聞，詔授監察御史，轉殿中侍御史。會權臣惡直，斥去不附己者，貶公盧州長史。……初公爲御史，嘗以直忤吏部侍郎李林甫。是時林甫當國，常欲騁憾於我，而五府三署，每有高選，群公皆昌言，稱公全才，且各以臧文竊位自引，由是得免於咎。然十年再遷，而位不離郡佐。或勸公卑其道，可以取容於世。公曰：「可卑非吾道也。屈伸天也，非人也。人其如予何？」

獨孤及對獨孤通理的描寫，不僅僅是「諛墓」，而是寄託了他自己的某種「理想」。其中「剛方廉清，貞信宏寬，德厚性和」之說，以及爲御史期間之所作所爲，不正是獨孤萬齡、獨孤稽「廉平不苛」的另一種原型嗎？

此外，獨孤及對於家族世系的建構，以及祖先榮耀的「想像」，還與他所濡染的時代風習緊密相關。葛曉音研究天寶文儒群體在復古思潮中分化時指出：

在這分化的趨勢中，有一種倒退的傾向尤其值得注意，這就是以蕭穎士、顏眞卿、柳芳等人爲代表的士族觀念的回潮。初盛唐社會強烈的門第觀念使中下層士人總想在家世譜系中找出顯赫的遠祖來。這雖是一般風氣，但天寶文儒中的部分文人卻將衣冠與禮樂相聯繫，提出了恢復士族制的理論。過分強調禮樂，必然走向推崇衣冠，因爲世代衣冠最講究禮樂。〔註 73〕

獨孤及作爲天寶文儒的代表人物，雖然沒有柳芳等人士族理論之建樹，但我們不要忽略其所撰爲數眾多的人物墓誌。這一文體往往是傳達士族理論最活躍的文本，而獨孤及自己家族的譜系敘事，正是在這一框架之內的。另外可附論者，葛曉音以爲盛唐文儒的一個特徵是「精通儒義和擅長辭賦」，另一特徵是「與史家的接近和溝通」。但這似乎只局限於盛唐前期開元文儒群體，至於天寶時期後起者對史學的熱情已漸趨冷淡，獨孤及本人正是一個顯著的例子。

獨孤及的家族譜系建構也傳達了他對於家族種族問題的認識。獨孤及非常清楚自己家族的族屬、起源，所以在他構擬家族世系時，參考的諸家世系

〔註 73〕葛曉音《盛唐「文儒」的形成和復古思潮的濫觴》，《文學遺產》1998 年第 6 期。

如劉虎、劉猛、劉羅辰、獨孤信、長孫道生等，都是胡姓家族。儘管如此，他卻極力規避自己家族的種族、文化身份。一方面他對歷史上自己家族眞實記載作了修正，比如獨孤永業；另一方面，他極力撇開自己家族與世系構擬中所參考的家族發生關係的嫌疑，突出自己家族「本爲漢人」的本質，甚至不惜造成對「歷史眞實」的衝突。但獨孤及又將種族文化融入構擬或者想像的祖先形象中，比如獨孤稽「善左右射，學究金匱之奧」等情節。從這個角度而言，儘管獨孤及已從文化方面達到甚至超越了漢人，卻無法磨滅種族意識之深層烙痕。他本人僞冒漢人貴族劉氏、構擬家族世系的行爲本身已說明問題。而其友人梁肅等，亦爲其漢人身份作鼓吹，如出一轍。唐代中後期，北朝以來入華的胡姓家所面臨的種族問題或者民族融合問題，已轉向深層的、微觀的認同層面。那種長線條、無斷層譜系的建構，即認同深化和定型之表徵。譜系建構是維繫民族共同體之重要環節，獨孤及家族譜系的建構爲我們提供了一個剖析這種現象的經典案例。

第六章　會稽康氏家族研究

第一節　康氏籍貫的發育與會稽望的形成

一、康氏主要籍貫概述

籍貫是家族的地域標記，由籍貫而上升成為郡望，是一般姓氏都會經歷的過程。康氏雖然為中國古姓，但並沒有形成譜系。比較活躍的康氏人物，是從漢魏時期入華西域胡人開始，因此康氏郡望的發育很晚。唐以前的傳世文獻中所見康氏，或徑稱胡人，或稱「康居國」人，如《高僧傳・康僧會傳》，稱籍貫的例子如《梁書》稱康絢「華山藍田人」，但是很少。在出土康氏人物墓誌中也大致如此，比如北魏正光三年《康健墓誌》〔註1〕，不書籍貫；如北周天和六年《康業墓誌》云「其先康居國王之苗裔」〔註2〕；北齊清河三年《康僧慶墓誌》，不書籍貫〔註3〕。

到唐代以後，隨著墓誌書寫體例的成熟，大量康氏的籍貫被記錄下來，其中一些已漸漸上升為郡望，這從《唐代墓誌中所見康氏籍貫（郡望）表》中可以看出。在唐代前期，墓誌所書康氏籍貫，多與現實中康氏人物的占籍

〔註1〕毛遠明：《漢魏六朝碑刻校注》第5冊，線裝書局，2009年，第273頁。

〔註2〕毛遠明：《漢魏六朝碑刻校注》第10冊，線裝書局，2009年，第247頁。

〔註3〕葉煒、劉秀峰主編：《墨香閣藏北朝墓誌》，上海古籍出版社，2016年，第128頁。《康僧慶墓誌》顯示其家著籍地方的痕跡，墓誌云：「唯大齊清河三年歲在甲申三月癸未朔十五日癸酉，西河太守康道周孫息康僧慶，下歸蒿里，今寄居上黨東峪，埋葬在村東南五里覆尹南卅步，南北行道西十二步。急急如律令。」

是相應的。比如甘州（張掖），是粟特胡人入華的重要前站，據《康敬本墓誌》，其祖康默北周時曾爲甘州大中正，可見其家族爲當地豪酋〔註 4〕；《隋書》卷五《恭帝紀》，義寧元年十一月，「乙亥，張掖康老和舉兵反」，也說明張掖康氏勢力不小。又比如河南（包括河南、洛陽、伊闕、鞏縣）、京兆（長安、萬年），從歷史上看，這兩個地區就是粟特胡人最爲集中的地方。另外，這兩個的地區的周邊，比如河南周邊的潁川（襄城）、衛州汲郡、相州安陽、陳留開封等地，也是康氏的活躍區，尤其是衛州汲郡，還多被用於封爵，似乎已形成了一個康氏郡望。下文將要論述的會稽康氏追溯的始祖，所居正在汲郡，云：「漢有東郡太守超，始居汲郡。」倘若眞是如此，則康氏入居汲郡尤爲早。但康姓之源，一般以爲出自衛康叔，康氏稱衛人，可能是攀附衛康叔之封國。

又如河北地區，在安史之亂以前已有康氏家族占籍。比如魏郡康氏，長安二年《康郎墓誌》稱「魏州貴鄉人」；天寶八年《康仙昂墓誌》稱「魏郡昌樂人」，而據《康固墓誌》：「開元八年十月廿一日，寢疾終於魏州館陶縣之別業。……開元九年歲次辛酉十月乙亥十一日乙酉，合葬於河南府河南縣平樂鄉之北原。」〔註 5〕康固在魏州館陶縣有別業，正說明其家已占籍於此；但又返葬河南，說明其家族根基尙未全部移至館陶。據榮新江先生考證，安史之亂前，粟特胡人已陸續進入河北地區；安史之亂後，河北地區更成爲粟特胡人的新家園。魏博鎭節帥史憲誠、何進滔父子孫，皆粟特胡人，其統治在當地當有粟特族群作爲社會基礎。〔註 6〕粟特康氏在河北地區的活躍正有此背景。

表 12：唐代碑誌中所見康氏籍貫（郡望）表

時間	籍貫	出處
貞觀四年 630	甘州張掖	《史訶耽墓誌》（夫人康氏）
貞觀廿一年 647	博陵	《康婆墓誌》
顯慶二年 657	河南洛陽	《康子相墓誌》
麟德二年 665	河南伊闕	《康勝墓誌》（安君夫人）
總章二年 669	河南伊闕	《康達墓誌》
咸亨元年 670	張掖	《康敬本墓誌》

〔註 4〕榮新江《北朝隋唐粟特人之遷徙及其聚落》，收入《中古中國與外來文明》（修訂版），三聯書店，2014 年，第 61 頁。

〔註 5〕吳鋼主編：《全唐文補遺》第八輯，三秦出版社，2005 年，第 359 頁。

〔註 6〕榮新江《安史之亂後粟特胡人的動向》，《暨南史學》第二輯，暨南大學出版社，2003 年，第 111～113 頁。

咸亨三年 672	太原祁	《康武通墓誌》
咸亨四年 673	相州安陽，遷洛陽	《康元敬墓誌》
儀鳳二年 677	京兆萬年	《王君夫人康氏墓誌》
調露元年 679	河南	《康續墓誌》
永隆二年 681	河南鞏縣	《康杴墓誌》
永淳元年 682	河南	《康留買墓誌》、《康磨伽墓誌》
垂拱二年 686	其先康居國人，後為河南洛陽人	《安公夫人康敦墓誌》
萬歲通天元年 696	青州高密郡	《康文通墓誌》
長安三年 702	魏州貴鄉	《康郎墓誌》
神龍元年 705	燉煌，卜居於鄴	《康哲墓誌》
開元四年 716	會稽	《康希銑碑》（碑立於大曆十一年）
開元九年 721	汲郡衛人	《康思敬墓誌》
開元十一年 723	其先衛人，今河南人	《康威墓誌》
開元十四年 726	吳郡會稽	《康淑墓誌》（獨孤公夫人）
天寶四年 745	其先汲人，家於長安	《康令惲墓誌》
天寶八年 749	魏郡昌樂	《康仙昂墓誌》
天寶十一 752	陳留開封	《康昭妻趙氏墓誌》
乾元元年 758	會稽	《康夫人墓誌》（康景雲母）
上元二年 761	其先潁川，徙長安	《康暉墓誌》
廣德二年 764	柳城	《康阿義屈達干碑》
大曆十四年 779	敦煌	《曹惠琳墓誌》（本姓康）
建中三年 782	會稽	《康氏墓誌》（安文光妻）
貞元十三年 797	汲郡	《李宗卿墓誌》（妻康氏）〔註 7〕
長慶元年 821	其先會稽，徙京兆	《康志達墓誌》
長慶四年 824	襄城	《如信大師功德幢記》（本姓康）
大和二年 828	會稽	《何文哲墓誌》（夫人康氏封會稽郡夫人）
大和三年 829	會稽	《史夫人墓誌》（康某夫人）〔註 8〕
大中四年 850	會稽	《張汶墓誌》（妻康氏）〔註 9〕

〔註 7〕《全唐文》卷六百八十三，李藝《唐故寧遠將軍守左金吾衛大將軍隴西李公墓誌銘（並序）》。

〔註 8〕《唐會稽故康氏夫人墓誌銘並序》，載《河北邢臺市唐墓的清理》，《考古》2004 年第 5 期。

〔註 9〕《張汶墓誌》，見吳鋼主編《全唐文補遺》第一輯，三秦出版社，1994 年，第 345 頁。

大中十年 856	衛人	《康叔卿墓誌》
開成二年 837	會稽	《李少贊與夫人康氏合祔誌》〔註 10〕
開成三年 838	會稽	《張亮墓誌》(後娶會稽康氏)〔註 11〕
咸通十三年 872	會稽	《康僚墓誌》〔註 12〕
大順三年 894	會稽	《陳簡墓誌》(母康氏)〔註 13〕
顯德元 954	東平	《劉彥融墓誌》(妻康氏)

注：未注出處的墓誌來自筆者整理《唐代胡姓家族墓誌目錄》。

二、康氏會稽望形成的時間

從前面的概述中我們注意到一個問題，在開元以前，康氏的籍貫分佈很廣，只有河南比較穩定。康氏稱河南人，有現實的原因，但也可能是「參考」了北朝鮮卑系胡姓的慣例。大和十九年改姓，恒代南遷洛陽之鮮卑系族人統一以河南洛陽爲望。入華粟特胡人，雖未參與到改姓改望過程，但在沒有發育出一個足以「統領」眾多康氏的郡望背景下，按照類推原則，稱河南人，可能也是不少康氏的一種選擇。而到開元以後，康氏的籍貫開始走向統一，最明顯的例子就是會稽望的出現。與會稽望大致同期用得比較多的郡望還有「衛州」(汲郡)，但這可能是粟特康氏嫁接漢人衛康叔爲族源的結果，並非實際的占籍上升爲郡望。

唐以前未見康氏會稽望，《貞觀氏族志》敦煌殘卷中，會稽郡(越州)七姓爲虞、孔、賀、榮、盛、鍾離、謝〔註 14〕，皆爲舊望。至《新集天下姓望氏族譜》會稽郡姓十四種：夏、謝、賀、康、孔、虞、盛、資、鍾離、駱、

〔註 10〕《唐故潮州刺史上柱國李少贊夫人會稽縣君康夫人合祔墓誌銘》，吳鋼主編《全唐文補遺》第九輯，三秦出版社，2007 年，第 402 頁。

〔註 11〕《張亮墓誌》，見齊運通編《洛陽新獲七朝墓誌》，中華書局，2012 年，第 337 頁。

〔註 12〕《全唐文》卷七百九十五有孫樵《唐故倉部郎郎中康公墓誌銘(並序)》:「公諱某，字某，會稽人。曾祖諱某，贈某官。祖諱某，贈某官。父諱某，贈某官。」勞格《唐尚書省郎官石柱題名考》卷十七「倉部郎中」考康璙即孫樵文中之康某，璙又作僚、鐐。陳尚君先生《〈登科記考〉正補》亦引之，載《唐代文學研究》第四輯，廣西師範大學出版，1993 年，第 342 頁。

〔註 13〕《全唐文》卷三三，黃璞《唐故福建觀察使檢校司徒兼御史大夫潁川郡陳府君墓誌銘(並序)》:「太夫人會稽郡□氏□□□□□知詩祀，鳳鳴葉兆，□子挺生，追贈會稽郡太君，又贈衛國太夫人。」闕字當爲康。

〔註 14〕謝姓原脫，王仲犖先生據《太平寰宇》補，見《〈唐貞觀八年條舉氏族事件〉殘卷考釋》，收入《峼華山館叢稿》，中華書局，1987 年，第 344 頁。

茲、俞、榮、汎〔註15〕，康氏始出現。

墓誌中康氏稱會稽望者，早期有乾元三年史恒撰《大唐故康夫人墓誌》〔註16〕。在這之後有：大曆四年《康孝義墓誌》〔註17〕；大曆十一年之《康希銑神道碑》，顏眞卿撰，下節會申論；建中三年《安公夫人康氏墓誌》〔註18〕。在乾元以後以後至建中年間，康氏會稽望似乎已經得到普遍的認同。只是《新集天下姓望氏族譜》這樣的官方（或者準官方）氏族志和私人書寫（如墓誌）所反映的情況，孰爲源孰爲流，還值得推敲。從唐代康氏墓誌來看，康氏郡望數目遠遠大於歷代氏族志、牒譜一類文獻中所載數目。除了占籍、郡望並書的情況使這個數目擴大，當還有其他原因。唐長孺先生討論南朝士籍之繁多，曾說：「在法律上被承認爲士族，卻並不能獲得社會的承認，也不能完全反應到姓氏書中。事實上現實中法律所承認爲士族的總比姓氏書中所記載的多得多。」〔註19〕以敦煌殘卷《貞觀氏族志》爲例，「其三百九十八姓之外又二千一百雜姓」，皆未入錄。可見姓氏書所持的是最爲嚴格的標準，也是最能反映實際士族界限。康氏會稽郡望在這一時期得到官方和民間的認同，至少說明經過整合，會稽望已經漸趨穩定。這同時意味著會稽望將成爲眾多康氏家族攀附的對象。這從建中年間以後，康氏墓誌中多稱會稽望可證。

三、康氏會稽望的所指

程越先生曾指出康氏是唐代會稽一大望族，即以康希銑家族爲例〔註20〕。但榮新江先生在其論著中指出，會稽康氏之會稽，實爲瓜州之會稽。晉元康五年立會稽縣，苻堅立郡，後改縣，治所即晉昌郡。會稽、晉昌，即唐代瓜州常樂。榮新江先生說：

> 安史亂後，與之同姓同源的康姓人，一定要有所掩蓋，就像武威安氏改姓李姓一樣，他們用唐人已經不熟悉的會稽來作爲自己的郡

〔註15〕王仲犖《〈新集天下姓望氏族譜〉考釋》，《㟱華山館叢稿》，中華書局，1987年，第438頁。

〔註16〕周紹良、趙超主編《唐代墓誌彙編續集》，上海古籍出版社，2001年，第680～681。

〔註17〕陝西歷史博物館編：《鳳引雛歌：陝西歷史博物館藏墓誌萃編》，陝西師範大學出版社，2017年，第96頁。

〔註18〕吳鋼主編《全唐文補遺》第六輯，三秦出版社，1999年，第466頁。

〔註19〕唐長孺：《魏晉南北朝隋唐史三論》，中華書局，2011年，第370頁。

〔註20〕程越《從石刻史料看入華粟特人的漢化》，《史學月刊》1994年第1期。

> 望，使人一望就以爲他們出自江南高門。這種做法十分成功，顏眞卿撰《康希銑神道碑銘》時，詳細敘述了這個家族從周武王以來的譜系，而且這個漢化極重的康氏家族也確實從很早起就著籍山陰會稽，成爲地地道道的會稽人了。不過，這應當是個特例，大多數康姓粟特人應當和安祿山的祖上一樣，是從常樂的會稽遷到中原的。〔註21〕

在《安史之亂後粟特胡人的動向》一文中，他重提到：

> 大多數康姓粟特人應當是從河西的會稽遷到中原的，而安史之亂後，一部分康氏巧妙地用地理概念的轉換，改頭換面變成了江南的會稽人了。這種改換郡望的做法顯然是當時較爲普遍的做法。〔註22〕

榮新江先生的說法十分新穎，但筆者以爲，康氏會稽望的形成，或不至於如此「巧妙」。首先，榮新江先生所引《大唐博陵郡北嶽恒山封安天王之銘》中安祿山「常樂安公」之常樂，精於地理沿革的錢竹汀尙且失考，晉昌之會稽則尤爲生僻，一般人不會聯想到這個地名，這似乎不合乎封爵地理的一般規律。唐長孺先生也說：「常樂爲郡的時間較短，又非漢魏舊郡，祿山祖先和他自己似乎都沒有和這個常樂郡發生關係，以常樂爲祿山族望是很難解釋的。」〔註23〕其次，安祿山雖傳本姓康，但既已冒安氏，稱郡望自然依安氏。唐長孺先生也認爲常樂爲安波主、安思順的族望。另外，榮新江先生以爲，康日知稱會稽，是因爲康日知從常樂遷靈州之故。但康日知並非第一家稱會稽望者，而我們看到大量稱會稽望的康氏族人，無法用此遷徙模式解釋。

王睿在其論著中也對榮新江先生以康氏會稽指瓜州常樂的觀點提出了質疑，但他以會稽康氏爲漢人，爲衛康叔之正源後裔，則又走向了另一個誤區，而且其論述中自相矛盾之處〔註24〕。事實上，康氏儘管爲漢人舊姓，但並沒有見流傳。中古時期康氏出自粟特，古人已有定論（詳後），亦中古史學界之共識。王文一反常見，筆者不敢苟同。

〔註21〕榮新江《北朝隋唐粟特人之遷徙及其聚落》，收入《中古中國與外來文明》（修訂版），三聯書店，2014年，第58頁。

〔註22〕榮新江《安史之亂後粟特胡人的動向》，《暨南史學》第二輯，暨南大學出版社，2003年，第110頁。

〔註23〕唐長孺：《山居存稿》，中華書局，2011年，第296頁。

〔註24〕王睿：《唐代粟特人華華問題述論》，社會科學文獻出版社，2016年，第65～72頁。按：王文舉漢族康氏案例康遂誠和康叔卿，據後者墓誌銘「其先衛人」之記載，云：「然前已述及，衛康叔的正源後裔皆爲漢人，故其亦當爲粟特人。」這種明顯矛盾的說法，不知是作者未曾修改原稿造成文意不明還是其他印刷原因。

其實，會稽康氏望的形成，直接原因正是粟特族裔會稽康希銑家族地方士族的形成和家族影響的擴大，會稽所指正是越州會稽郡：這是占籍和郡望相合的例子，也是郡望最原始的意義，而且符合郡望地理通例。在開元中至建中年之間，出現墓誌、姓氏書中同時並舉康氏會稽望的情形，這絕非偶然。隨著武后朝至開元初占籍會稽的康希銑家族在文化聲望和影響上的擴大（詳後文），秉持最嚴標準的氏族志一類文獻如《新集天下姓望氏族譜》開始將康氏納入會稽郡姓，康氏會稽望的地位由此得以確立。在沒有另外一個更富「包容」或者更「顯赫」的郡望足以挑戰會稽望的情況下，其他康氏自然就歸依到會稽望名下，經過私人墓誌、官方封爵等書寫的進一步強化，會稽遂成爲康氏最著之望。我們看到的稱會稽望的康氏人物，如康日知等，皆在康希銑家族之後，而且越往後，這一傾向越明顯。從這一角度來看，榮新江先生關於安史之亂對粟特胡姓改望的影響，就康氏家族而言，是值得商榷的，因爲會稽康希銑家族的活躍時間，主要是在安史之亂前。

此外，即康氏有稱東平望者。《通志・氏族略》「康氏」云：「望出會稽、東平、京兆。」〔註25〕《會稽志》卷三「姓氏」條，康氏云：「望出會稽、東平。」〔註26〕《萬姓統譜》亦云康氏「望出東平、會稽」〔註27〕。《太平寰宇記》鄆州東平郡姓有康氏，岑仲勉先生對此存疑。筆者以爲其態度是非常謹慎的，《氏族略》《會稽志》所載東平或爲會稽之東平，而非鄆州之東平，斷句以會稽東平連稱爲是。按漢代會稽郡所轄面積頗大，含今浙江、福建省大部。據洪亮吉《補三國疆域志》載：「建安郡。吳永安三年以會稽南部置。領縣九。建安，漢建安初吳桓王分東候官地立，即以年號爲名。有故會稽都尉府。」〔註28〕其所轄九縣有東平。唐末五代墓誌中有康氏望稱東平者，王德成撰《劉彥融墓誌》〔註29〕，夫人東平康氏，墓主顯德元年卒。康氏東平望出現很晚，或後來康氏宗支遷徙而出，或爲附會會稽而別出。

〔註25〕鄭樵撰，王樹民點校：《通志二十略》，中華書局，1995年，第162頁。
〔註26〕施宿，張淏等撰，李能成點校：《（南宋）會稽二志點校》，安徽文藝出版社，2012年，第69頁。
〔註27〕凌迪知：《萬姓統譜》卷五十二，巴蜀書社，1995年，第791頁。
〔註28〕洪亮吉：《補三國疆域志》卷下，叢書集成初編本，中華書局，1985年，第84～85頁。
〔註29〕吳鋼主編：《全唐文補遺》第一輯，三秦出版社，1994年，第449頁。

第二節　會稽康氏家族的族源及族屬問題

一、《康希銑碑》中會稽康氏家族族源

顏眞卿所作《銀青光祿大夫海濮饒房睦臺六州刺史上杜國汲郡開國公康使君神道碑銘》，是一份非常重要的康氏家族文獻。顏眞卿所撰文，當參考了康希銑家人所提供的家狀，其中記錄會稽康氏早期世系。程越先生認爲這一譜系氏康希銑族人僞造；榮新江先生也認爲其中譜系或爲康氏僞造。筆者以爲尚需進一步探究。文中敘康氏源流和康希銑曾祖以前世系如下：

> 其先出於周，武王同母少弟衛康叔封之後也。《史記》云：「成王長，用事，舉康叔爲周司寇，賜衛寶祭器，以彰有德。」封子康伯，支庶有食邑於康者，遂以爲氏。周代爲衛大夫，至漢有東郡太守超，始居汲郡。超之裔孫魏強弩將軍權，權生晉虎賁中郎將泰，泰生（闕）太守威，威生蘭陵令、奮節將軍翼，隨晉元帝過江，爲吳興郡丞，因居烏程，事見山謙之《吳興記》。翼生豫章太守鎭，鎭生征虜司馬、建武將軍欽信，欽信生宋晉熙王兵曹參軍黯，黯生南臺郎高，高生齊驃騎大將軍孟眞，孟眞生梁散騎侍郎僧朗，僧朗生陳給事中、五兵尚書宗諤，爲山陰令，子孫始居會稽，遂爲郡人焉。〔註 30〕

康氏本爲西域胡姓，衛康叔云云，爲姓源攀附，毋庸贅言。惟康希銑家族自漢東郡太守超至陳五兵尚書諤，其間十一世不絕，令人懷疑。按魏初黃初元年（220）至陳初永定元年（557）計之，至少三百三十餘年，以三十年爲一世，則正好十一世。胡姓家族世系嫁接爲通例，筆者初疑此世系是否僞託他氏，但多方尋證未果，後發現前人亦有同筆者疑誤者。清人嵇曾筠等編纂《（雍正）浙江通志》卷一百九十四《寓賢》上篇列晉代人物庾翼，云：

> 《吳興掌故》：汲郡人，仕晉爲蘭陵令、奮節將軍。隨元帝過江，爲吳興郡丞，因居烏程。翼生豫章太守鎭。鎭生征南司馬、建武將軍欽信。欽信生宋晉熙王兵曹參軍黯。黯生南臺御史高。高生齊驃騎大將軍孟眞。孟眞生梁散騎侍郎僧朗。僧朗生陳給事中五兵尚書宗。〔註 31〕

〔註 30〕《顏魯公文集》卷十，黃本驥編訂《三長物齋叢書》本，下引顏眞卿詩文皆出此版本。

〔註 31〕《（雍正）浙江通志》第五冊，收入《中國地方志集成．省志輯．浙江省》，鳳凰出版社，2010 年，第 124 頁。

所述世系文字全合顏文。但查《元和姓纂》《晉書・庾亮傳》，庾翼家族世系與官曆皆不合顏文，且庾亮、庾翼等人，爲過江冠冕，典故所習，康氏人物斷不至冒此風險附會其世系。蓋庾與康，字形易訛誤，而顏眞卿文頗多版本，修《志》者不查之過。康氏後世不顯，顏文中又引《吳興志》，故徑引康氏人物爲庾氏，遂有上誤。

然顏眞卿所敘世系中康氏人物，文獻中確有線索。《顏魯公文集》卷五有《湖州石柱記》一文，其中記烏程縣有「梁司空康絢縝墓」，「陳五兵尚書康宗墓」。〔註32〕《石柱記》中「陳五兵尚書康宗」，當即是《康希銑碑》中「陳給事中、五兵尚書宗諤」。清人鄭元慶箋《石柱記》曾疑康絢爲康翼之後康宗之支族，但據史《梁書・康絢傳》載：

> 康絢字長明，華山藍田人也。其先出自康居。初，漢置都護，盡臣西域，康居亦遣侍子待詔於河西，因留爲黔首，其後即以康爲姓。晉時隴右亂，康氏遷於藍田。絢曾祖因爲苻堅太子詹事，生穆，穆爲姚萇河南尹。宋永初中，穆舉鄉族三千餘家，入襄陽之峴南，宋爲置華山郡藍田縣，寄居於襄陽，以穆爲秦、梁二州刺史，未拜，卒。絢世父元隆，父元撫，並爲流人所推，相繼爲華山太守。〔註33〕

康穆宋永初年中入襄陽，而康翼隨晉元帝過江，爲吳興郡丞，居烏程。時間先後有錯，居地非一。康絢（顏眞卿文作「康絢縝」，「縝」字疑衍），未仕吳會地區，但其墓卻在湖州，此可疑者一。又《（嘉泰）吳興志》卷十二僅載「陳五兵尚書康宗墓（在烏程縣西北十四里）」，「黃門侍郎康旦墓（在烏程縣北十八里）」，不載康絢墓而多出康旦墓，此可疑者二。據此，康絢家族與康希銑先世關係還有待考索。湖州地區有康氏人物，還有其他證據。《兩浙金石志》卷三所載唐天寧寺經幢，唐大中二年八月廿一日建，在歸安縣天寧寺山門外。幢下截「助緣人名」題名中有「康包元」、「康興德」、「康昌」、「康端」等人〔註34〕，由此可見湖州有康氏宗族，會稽康氏或從此處遷出。此外，三國吳時有康泰，據《梁書・諸夷傳》：

〔註32〕《湖州石柱記》，四部叢刊本《顏魯公文集》作《吳興地記》，「康宗」作「唐宗」。歐陽修《集古錄》卷七有《唐湖州石記》云：「右湖州石記，文字殘缺，其存者僅可識讀，考其所記不可詳也，惟其筆劃奇偉，非顏魯公不能書。」

〔註33〕《梁書》卷十八，中華書局，1973年，第290頁。

〔註34〕《石刻史料新編》第一輯，第14冊，臺灣新文豐出版公司，1977年，第10240～10241頁。

吳時，遣中郎康泰、宣化從事朱應使於尋國。……海南諸國，大抵在交州南及西南大海洲上，相去近者三五千里，遠者二三萬里，其西與西域諸國接。……及吳孫權時，遣宣化從事朱應、中郎康泰通焉。〔註 35〕

康氏爲粟特後裔，以擅長經商、通使著稱。康泰所通南海諸國，與西域諸國接，爲中古時期胡商中轉貿易的海上通道。康希銑家族世系中之康泰，西晉時虎賁中郎將，其父康權爲魏強弩將軍，與《梁書》中之康泰或爲一人。但是顏眞卿所撰譜系中諸多人物尚難找到對應，該譜是否有嫁接或者僞冒，還有待更多證據。

康希銑家族，自漢魏入華，由北而南，自西而東，轉徙中華，不僅是中古時期人口遷移之一個縮影，亦是外來族群歸化之經典案例。

二、會稽康氏的族屬申論

康氏本爲粟特胡姓毋庸置疑，但會稽康氏入華既久，漢化頗深，著郡會稽又使人誤解，所以此處附論關於會稽康氏的族屬，以資補證。

古人對會稽康氏的族屬已有論定。《姓氏急就篇》卷上康氏云：「唐有康子元、國安、康軿、希銑亦西胡姓」。又《（嘉泰）會稽志》卷三「姓氏」云：「康、莊、闞、留、搖、黃、裘，皆望出會稽，而舊經不載。」對「康氏」的描述說：「周文王子衛康叔之後。又梁有康絢，其先出自康居。」〔註 36〕《太平廣記》卷二十七「司命君」條引《仙傳拾遺》云：

司命君者，常生於民間。幼小之時，與御史康元瑰同學。……寶應二年，元瑰爲御史，充河南道採訪使。……後十年，元瑰奉使江嶺……贈元瑰一飲器，如玉非玉，不言其名。自此敘別，不復再見。亦不知司命所主何事，所修何道，品位仙秩，定何高卑，復何姓字耳。一日，有胡商詣東都所居，謂元瑰曰：「宅中有奇寶之氣，願得一見。」元瑰以家物示之，皆非也。乃出司命所贈飲器與商。起敬而後跪接之，捧而頓首曰：「此天帝流華寶爵耳。致於日中，則白氣連天；承以玉盤，則紅光照宜。」〔註 37〕

〔註 35〕《梁書》卷五十四，中華書局，1973 年，第 783 頁，789 頁。

〔註 36〕施宿，張淏等撰，李能成點校：《（南宋）會稽二志點校》，安徽文藝出版社，2012 年，第 66～69 頁。

〔註 37〕《太平廣記》卷二十七，中華書局，1961 年，第 178～179 頁。

「康」原誤作「唐」，正統道藏本《三洞群仙錄》卷六中「司命寶爵」條引《仙傳拾遺》正作康元瑰〔註 38〕。康元瑰爲康希銑之子，《康希銑碑》云其母殷氏卒於「東都章善坊私第」，則其家族於東都有居所。引文雖然爲仙家荒誕之說，但應有所本，或與康希銑家族崇信道教有關。《(淳熙）嚴州圖經》卷一「坊市」目「陵仙坊」下載：「在右廂子城北，相傳爲康希仙飛昇處，今創名。」又「古蹟」目「陵仙角」條下載：「在子城西，《耆舊傳》云：唐永徽三年，睦州刺史康希仙登升之處，因以名其地。事既不經，又無所考據，姑存之。」〔註 39〕康希仙即康希銑，浙西地區流傳的康希銑升仙傳說，或淵源於康希銑家族之道教信仰。與康希銑家族關係密切的會稽名人徐浩，大曆八年時曾爲天柱山《司命眞君碑》題額〔註 40〕，而《仙傳拾遺》中又以司命君、康元瑰爲「同學」，其中定有微妙之關係。入華粟特胡人多信祆教或佛教，而康希銑家族奉道教，可見華化之深。但商胡在唐代多爲粟特胡人，關於他們擅長鑒寶的故事也很多，文中說「有商胡詣東都所居謁元瑰」，而康元瑰家又有此奇寶，還是透露了康元瑰家族之粟特淵源。

據《康希銑碑》，康希銑和夫人殷氏同年卒，而夫人卒於東都章善坊私第，康希銑遘疾薨於會稽覺允里第。不知東都之第是否爲康希銑所有或夫人殷氏家族所有。徐松《兩京城坊考》徑以《康希銑碑》錄殷子恩宅於東京章善坊，云：「洛州錄事參軍殷子恩宅。顏魯公《康希銑碑》云：夫人陳郡殷氏，太子中舍人聞禮之曾孫，右清道率令德之孫，洛州錄事參軍子恩第五女，公薨之年，歿於東都章善坊私第。按康公爲會稽人，是年卒於會稽，夫人蓋依母家也。」〔註 41〕但考殷氏家族宅第，未見有居此坊者〔註 42〕，徐松此說

〔註 38〕按顏眞卿爲康希銑作碑銘在大曆十一年，其中兩次提到康元瑰的官銜「議郎前獲嘉丞」「秀州長史」，而《仙傳拾遺》所引康元瑰，寶應二年爲御史，河南道採訪使。又《唐會要》卷七六，康元瑰神龍二年與張九齡同才堪經邦科登第顏眞卿所記或非見官，亦有可能。

〔註 39〕《(淳熙）嚴州圖經》卷一，《宋元方志叢刊》第五冊，中華書局，1990 年，第 4291、4296 頁。

〔註 40〕《輿地碑記目》卷二「安慶府碑記」下載大曆八年《唐天柱山司命眞君廟碑》。《寶刻類編》卷三載《天柱山司命眞君廟碑》，云：「楊琳撰並行書，分書題額，大曆八年十二月，舒（州)。」《金石錄》卷八目錄第一千四百八十九《唐司命眞君碑》，云：「楊琡撰並行書，徐浩八分書題額，大曆八年十二月。」鄭樵《通志》卷七十三《金石略》徐浩書碑中亦有《唐司命眞君碑》。

〔註 41〕李健超：《增訂唐兩京城坊考》(修訂本)，三秦出版社，2006 年，第 352 頁。

〔註 42〕按，據《增訂唐兩京城坊考》所載殷氏家族宅第：通化坊有殷開山、殷踐猷

失之武斷。其實洛陽章善坊及其周邊爲粟特胡人聚居區，而康氏居此者亦多，詳下圖：

圖 4：洛陽章善坊及周邊里坊西域胡姓人物分佈

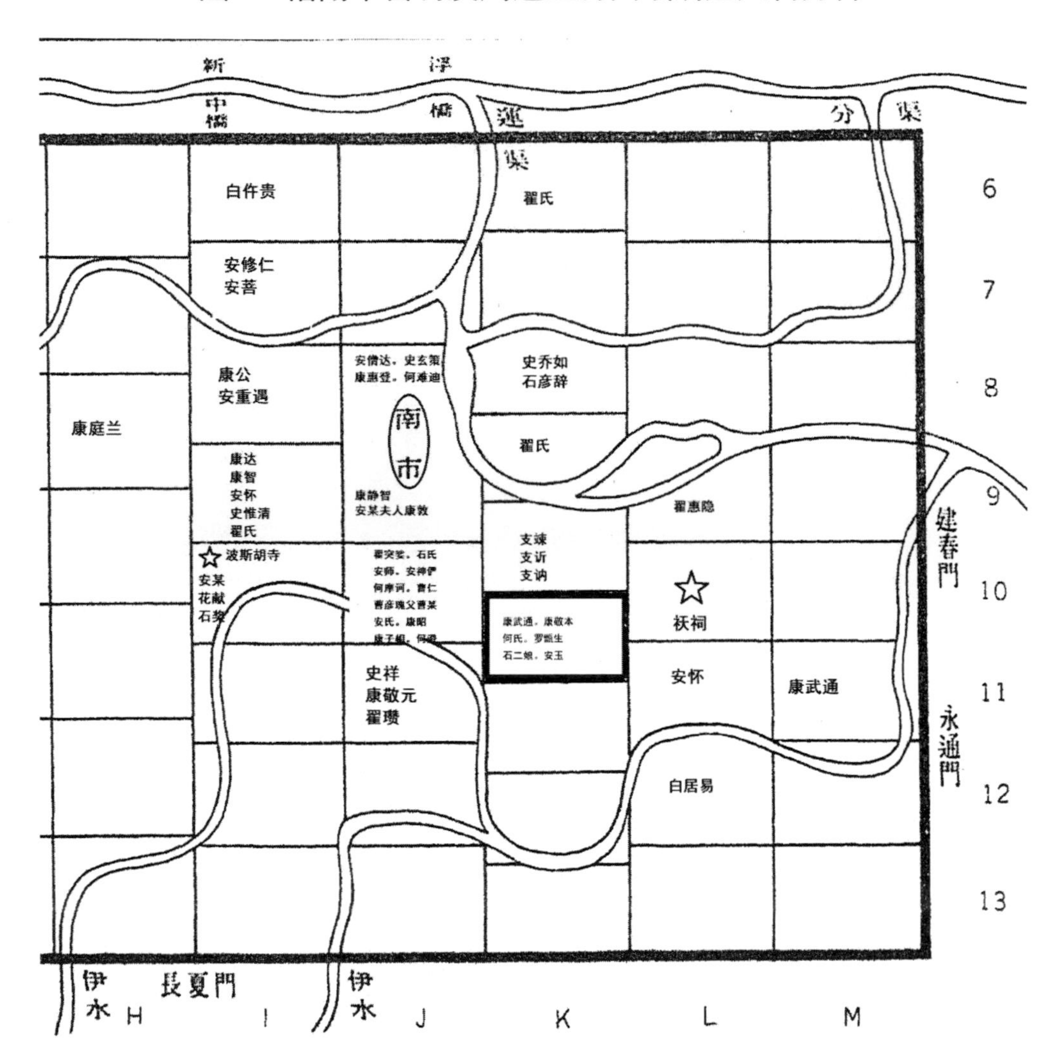

備註：

本圖根據平崗武夫《長安與洛陽．地圖》所引徐松《唐兩京城坊考》洛陽城圖進行了處理（參見附錄圖 5）；

邊框加黑處爲康希銑家宅第所在之章善坊，周邊里坊中人物表示有宅第在此坊者。

宅；安興坊有殷踐猷宅。而據新出殷仲容及妻顏氏墓誌，皆云有通化坊宅第，由此可見殷氏家族祖業在長安。

章善坊爲南市中心區，其東西鄰坊有波斯寺和祆祠，所以粟特胡人多聚居在這一片區。康希銑家族有宅第在此，絕非偶然。這也從側面證明了其家世出於粟特胡人之說。另外一方面，章善坊也是粟特胡姓文化漸露之所，有唐初儒者、漢化極深的康敬本（詳後文）。康敬本傳習蓋蕃之王《易》，而「巧合」的是，康希銑家族中康子元亦精於《易》學，有《周易異義》二十卷；康敬本之同門李大師爲史學家，而康希銑家學中亦有史學一源。康敬本家族與康希銑家族之種種聯繫，頗值得深思，而其地方依託皆爲章善坊。

三、康希銑家族與會稽之聯繫

上文已經說過，會稽康氏在唐代形成地方郡望，這根源於會稽康氏地方士族的形成。在中古社會，形成地方士族（區別於高門，所謂全國性的士族），必須依賴宗族、鄉里資源以及朝野網絡關係。這些資源可以分爲兩大類：一是實體經濟方面的，比如宗族的莊田、傭奴、佃戶等；二是文化方面的，比如婚、宦等社會網絡。

（一）康希銑家族在會稽的遺跡

會稽康氏家族規模頗大，僅據《康希銑碑》和《（嘉泰）會稽志》統計，自康希銑曾祖至其侄孫，可考者有二十九人之多。這樣一個龐大的家族，在地方社會中是如何運轉的，又如何以地方相聯繫，正是我們所關心的問題。《會稽志》卷十六「碑刻」條中，詳細記錄了康希銑家族在會稽的遺跡：

《周密州司馬康遂誠墓誌》，行書，小字，無書撰人姓名。則天長壽三年三月，窆於離渚。〔註43〕

〔註43〕據《金石錄》卷四目錄第七百七十一：「周密州司馬康遂城墓誌，行書，無撰人姓名」。又卷五目錄第九百五十五：「唐遂城令康府君碑，沈淮南撰，徐浩正書，開元九年十月。」《寶刻叢編》卷四引《金石錄》，在河南府清河縣。《寶刻類編》卷三引，亦在洛陽。《通志》卷七十三《金石略》載徐浩所書碑銘有：「前易州遂城縣令康正碑，西京。」又：「遂城令康府君碑，未詳。」而據《大唐故左監門校尉上柱國康君墓誌銘並序》：「君諱遠，字遷迪，其先衛康叔之門華。……春秋六十有二，忽以長壽元年十二月八日，歸歿於雲陽縣界之私第。……夫人隴西縣太君曹氏，春秋七十九。……以神龍三年四月二十五日，卒於洛陽縣毓財里之私第。……嗣子貞固，正議大夫、上柱國、行易州遂城縣令。……開元九年歲次辛酉十月乙亥朔十一日乙酉，開鑿塋域，遷召魂骸。西□三秦，東遷九洛。」（吳鋼主編《全唐文補遺》千唐誌齋專輯，三秦出版社，2006年，第136頁）又《大唐故正議大夫易州遂城縣令上柱國康公墓誌

《香嚴寺碑》，康希銑撰，徐嶠之正書、篆額，開元十一年六月建。碑在諸暨薦嚴寺。

康珽告，徐浩行書，天寶十二載三月。石不存。

《太子率更令康君碑》（按：這一行疑爲衍文。）

《大理少卿康公夫人河間郡許氏墓誌》，王壽撰，褚庭誨正書。夫人蓋康珽之妻。祖敬宗，以天寶六載葬於蘭亭。

《玄儼律師戒壇碑》，萬齊融撰，徐浩正書篆額。天寶十五載六月建，在天衣寺。（萬齊融文存，其中提到康希銑）

康希銑殘碑　大曆十二年，顏眞卿撰並正書，舊在山陰離渚，今在府治廳壁。通判府事施宿又得二十餘字於民間，並陷置焉。

《康府君碑》并陰，皆不存。碑陰上列伯顯貞、伯遂誠、父德言、叔希銑、叔（闕）五人，各有官位。中列堂兄四人，堂弟九人。下列男泚、液、令初、令望、泳五人。德言即率更令，有徐浩所書墓碑，嗣子珽。又有《大理少卿康公夫人許氏墓誌》云：有子泚、液、令初、令望、泳。則此碑蓋康珽碑也。夫人碑載珽正爲少卿，不及送葬，府君正碑既亡，所終官不復可考。碑陰拓本猶有存者，王順伯錄其碑，始得具載本末。然遂誠有墓誌，希銑有顏魯公書碑，康氏在一時亦盛矣。

《太子率更令康君碑》，徐浩正書篆額九字，云「大唐故康府君墓誌銘」，環以十二相屬。石在山陰之離渚。紹興間，里正病官司拓本之煩，斷仆田間。〔註44〕

據《康希銑碑》「窆於山陰縣籬渚村之先塋」；康遂誠亦窆於離渚山；康德言碑石在山陰之離渚，可見離渚有康希銑家族祖塋所在。康珽碑不言葬所，而康珽之妻許氏，天寶六載葬於蘭亭。《會稽志》卷六「冢墓」亦云康希銑墓「在

銘並序》：「君諱固，字義感，春秋七十有二，……以開元八年十月廿一日寢疾終於魏州館陶縣之別業。……以開元九年歲次辛酉十月乙亥十一日乙酉合葬河南府河南縣平樂鄉之北原。」（吳鋼主編《全唐文補遺》第八輯，三秦出版社，2005年，第359頁，拓片見《邙洛碑誌三百種》第135頁）據此，宋人金石目錄中所載康遂城即康遠之子康貞固（康固），其家族祖塋在河南，與康希銑家族之康遂誠非同一人。據趙君平先生之說，康固墓誌1996年出土於河南孟津平樂鄉，墓誌不載書撰人。

〔註44〕施宿，張淏等撰，李能成點校：《（南宋）會稽二志點校》，安徽文藝出版社，2012年，第313～315。

山陰蘭亭」,「蘭亭」即離渚之通名。據《(萬曆)紹興府志》卷八「康德言墓，在離渚羸石湖傍，湖之得名以其墓碑石羸」〔註 45〕。湖名至今猶存，是康氏家族在會稽地方留下的痕跡之一。

康希銑卒於會稽允覺里，可知其家在會稽城中有宅第。《會稽志》卷十八「拾遺」:「離渚，唐康使君所居。」〔註 46〕康使君不詳。但離渚既爲康希銑家族祖塋所在，只有一種解釋，即康使君爲康希銑家族人物。離渚的「康使君所居」或爲康希銑家族祖業，即別墅、莊園之類，這是會稽康氏據以發展成地方士族的根基。康希銑家族在會稽縣城有私第，在離渚有別墅，這是典型的「雙家制」生活。按照「雙家制」的生活特點，會稽縣城中的宅第可能爲其家族生活起居、運籌交遊之根基，而離渚則爲莊田、莊園，爲經濟中心所在。

(二)康希銑家族的社會關係

地方士族的兩個重要標記是婚和宦，即使到了門閥社會業已衰落的唐代，追求婚宦的清望依然是社會普遍的風俗。據《康希銑碑》,「夫人陳郡殷氏，太子中舍人聞禮之曾孫，右清道率令德之孫，洛州錄事參軍子恩之第五女。」據《元和姓纂》:殷聞禮生殷令名、殷令德、殷令言、殷令威。殷令言孫殷踐猷。顏眞卿母爲殷踐猷之妹。康希銑夫人殷氏，與殷踐猷爲同曾祖行，爲顏眞卿姨母行。顏眞卿曾祖、父、兄皆婚殷氏。正如岑仲勉先生所說:「顏、殷世結朱陳。」而康希銑又與殷氏聯姻，其關係之親密自不待言。

康氏家族的婚姻資料還有其他一些。康希銑碑文云女曰辨惠，盩厔縣令陝郡長史部象銭之妻。又據《寶刻叢編》卷十三敘錄《周密州司馬康遂成墓誌》云:「君諱遂成，字筠，會稽山陰人，仕至密州司馬。長壽二年四月二十日卒，以三年正月二十四日與夫人柳氏同歸窆於離渚山之舊塋。」康遂誠妻柳氏，雖未詳所出，但唐代柳氏爲全國性望族，其聯姻的文化含義自不待言。又《會稽志》卷十六「碑刻」篇有《大理少卿康公夫人河間郡許氏墓誌》云:「王壽撰，褚庭誨正書。夫人蓋康珽之妻。祖敬宗，以天寶六載葬於蘭亭。」許氏誌稱河間，當爲郡望，實爲杭州新城人。許敬宗高宗時入相，亦爲當時

〔註 45〕蕭良幹修，張元忭、孫鑛纂，李能成點校:《(萬曆)紹興府志》,寧波出版社，2012 年，第 423 頁。

〔註 46〕施宿，張淏等撰，李能成點校:《(南宋)會稽二志點校》,安徽文藝出版社，2012 年，第 349 頁。

文章鉅子。會稽康氏與許敬宗家族地理相鄰，所以通婚亦屬地方士族之連帶關係。又據洛陽新出《唐故陪戎校尉康君墓誌》：

> 君諱子相，河南洛陽人也。其先出自康居，仕於後魏，爲頡利發，陪從孝文，粵自恒安入都瀍洛。積德重胤，著於州閭。祖翻，以累葉魏臣，恥於齊霸，既遇周師入洛，擁眾先降，蒙授上儀同、右驍衛中郎將。昔由余入秦，名傳簡冊；日磾歸漢，譽重縉紳。望古爲曹，異時同績。父清，隋左勳衛晉王府、屈咥眞，以舊左右加建節尉，守屯衛鷹揚郎將。……以顯慶二年二月十八日卒於洛州洛陽縣嘉善坊，春秋六十六。粵以其年三月十有四日壬寅窆於河南縣之平樂鄉。……有子文朗，蒙遺一經，升袟積勞，佐斯百里，寒泉傷骨，尤結終身，敬撰德徽。……金紫光祿大夫禮部尚書弘文館學士上柱國高陽縣開國男許敬宗制文。〔註47〕

趙振華、王素兩位先生懷疑此誌文許敬宗官銜有問題〔註48〕，但似乎尚不能完全否認許敬宗撰此誌的事實。按許敬宗爲康子相撰誌，或因爲其家族與康氏家族有聯姻，而康子相之宅第所在之嘉善坊與康希銑家族之章善坊相鄰；而康子相之子康文朗也以經學出身。許敬宗家族與康氏之聯繫值得深思，姑附此待考。

〔註47〕齊運通編：《洛陽新獲七朝墓誌》，中華書局，2012年，第78頁。

〔註48〕據王素先生之說：2015年1月24日，我給趙振華先生打電話，詢問中田裕子文中提到康子相墓誌尾行許敬宗署官的眞僞問題。趙振華先生說：自己並未寫過關於康子相墓誌的論文，只是在與日本朋友的通信中，談過自己對康子相墓誌尾行許敬宗署官的看法。除了中田裕子談到的兩點外，自己還認爲其他許敬宗撰文的墓誌，許敬宗的署官都比較簡單，譬如昭陵博物館藏《唐故開府儀同三司特進户部尚書上柱國莒國公唐君（儉）墓誌銘》在首題之後第一行僅署「禮部尚書高陽郡開國公許敬宗撰」。而康子相是低秩的軍官，退伍後成爲商人，社會地位很低，墓誌中許敬宗的署官過於繁複了。唐儉卒於顯慶元年（656）十月三日，葬於當年十一月廿四日。康子相卒於顯慶二年二月十八日，葬於三月十四日。許敬宗在短短的三四個月内撰作了兩方墓誌，其爵位卻由「高陽郡開國公」倒退爲「高陽縣開國男」，也顯然不合情理。《舊唐書·許敬宗傳》說他「龍朔二年（662），從新令改爲右相，加光祿大夫」，時間比較康子相墓誌的階官「金紫光祿大夫」，晚了五年。利用文學家許敬宗的名氣造假墓誌由來已久，如《唐代墓誌彙編》武德002《唐故臥龍寺黃葉和尚墓誌銘》爲「守黃門侍郎許敬宗制，弘文館學士歐陽詢書」，周紹良在書的《編輯說明》中說得很清楚。按：趙振華先生的懷疑極有道理，本文遵從，不再討論許敬宗署官問題。參見王素先生《唐康子相和成公崇墓誌中有關高昌與西州的資料——近年新刊墓誌所見隋唐西域史事考釋之三》，《故宮博物院院刊》2016年第1期，第92頁腳註。

康希銑女適郜象錢。據《元和姓纂》安定郜氏下云：「唐殿中御史、陝州刺史郜弘基；生貞鉉，虞部員外郎。鉉即中書令張柬之之甥也。」岑仲勉先生校引拓本久視元年《吳續志》：「夫人郜氏，唐陝州桃林縣令師之長女，侍御史弘基之歸妹。」又《萬姓統譜》：郜貞鉉，光宅登科。〔註 49〕張柬之神龍初卒，康希銑開元初卒，爲同一時代之人。康希銑婿郜象錢與張柬之甥郜貞鉉，亦當在同一時期。錢、鉉，偏旁相同，爲命名通則，或同爲族人，亦未可知。倘若此，則康希銑家族跟張柬之家族有聯繫。康希銑與張柬之在相當一段時期內同朝爲官，其聯繫本屬可能。

康希銑家族的仕宦經歷了由武入文的過程。上文所引康氏早期世系，自魏強弩將軍康權至陳給事中、五兵尚書康宗諤，幾乎皆爲武官。至其曾祖以下：

> 曾祖孝範，江夏王府法曹、臨海縣令。祖英，隋齊王府騎曹、江寧縣令，皇朝隨郡王行軍倉曹。父國安，明經高第，以碩學掌國子監，領三館進士教之，策授右典戎衛錄事參軍，直崇文館太學助教，遷博士白獸門內供奉、崇文館學士，贈杭州長史。

康孝範、康英官曆未有純文官性質者。康國安明經高第，始歷文官。由武入文，伴隨著康氏家族在社會上文化地位的提升和文化身份的轉型，這是士族形成的重要一個環節。據《康希銑碑》云：「君之四代祖至於大父，爲諸王掾屬者七人，歷尚書郎、給事中、侍御史者二人。……君之先君至南華，四代進士，登甲科者七人，舉明經者一十三人，時君（闕五字）門頗盛美矣。」其中提到的康氏家族人物，皆備列官位，無論大小。康氏雖然談不上名門大族，且「歷尚書郎、給事中、侍御史」者方二人，在唐代只屬中層文官，但在當時康氏家族而言，無疑是最爲出類拔萃的。

地方士族，通常在當地社會共同體中具有相當的文化影響力。在會稽當地，康氏家族文化活動亦十分活躍，可以看出其作爲地方士族的文化身份。《康希銑碑》云：「及君告老，鄒自然、陳光璧、閭邱景、陽陶暹送至越州，邑子謝務遷、僧陸鑒、校書郎陳齊卿恒爲文酒之會，論者休焉。」康氏與當地衣冠人物的往還也歷歷可考。《會稽志》卷十六「碑刻」中敘錄：《大理少卿康公夫人河間郡許氏墓誌》，王壽撰，褚庭誨正書；《太子率更令康君（德言）碑》，徐浩正書篆額。又萬齊融《法華寺戒壇院碑》中說到，「故洺州刺史徐

〔註 49〕林寶撰，岑仲勉校記，郁賢皓、陶敏整理，孫望審訂：《元和姓纂》卷九，中華書局，1994 年，第 1310 頁。按其《志》文今見吳鋼主編《全唐文補遺》第三輯，三秦出版社，1995 年，第 31～33 頁。

嶠之、工部尚書徐安貞，咸以宗室設道友之敬；國子司業康希銑、太子賓客賀知章、朝散大夫杭州臨安縣令朱元慎，亦以鄉曲具法朋之禮」。〔註 50〕徐嶠之，徐浩，褚庭誨、賀知章等人，皆為會稽士族。

康希銑的後代選擇顏眞卿撰碑文並書，其中一定有某種契機在。試查顏眞卿的婚宦網絡，其中確實有一些線索。顏眞卿大曆七年除湖州刺史，十一月發東京，八年正月至任，十一年作《康希銑碑》，十二年四月內召入京。《顏魯公文集》卷十二《竹山連句》有康造，注云：「會稽人，推官。」《（嘉泰）吳興志》卷十八「碑碣篇」載《乞御書題額恩敕批答碑陰記》有「錄事參軍路惟衡、曹友諶、康造。……攝丞楊齊光、康造。」康造兩見。又《晝上人集》中有《康造錄事宅送太祝侄之虔吉訪兄弟》《康錄事宅送僧聯句》《遙和康錄事李侍御萼小寒食夜重集康氏園林》等詩，而《年譜》大曆九年顏眞卿有《贈僧皎然》詩，當時三人都在湖州，互有唱和。可見康造正官銜當為湖州錄事參軍。皎然又有《桃花石枕歌贈康從事》、《桃花石枕歌送安吉康丞》等詩，其中康從事、康丞，皆為康造〔註 51〕。康造攝安吉丞，不過為虛職而已。康造為會稽人，今可考的康希銑家族中無此人，或為其旁系族人〔註 52〕。顏眞卿為康希銑撰碑文並書，可能有康造這一層聯繫。

《康希銑碑》文云大曆十一年，康希銑子康元瑰，「乞顧言刊勒，懼沒徽猷，求無愧之詞，垂不朽之事」。此時距康希銑葬年（天寶四載）已三十年，距其卒年（開元三年）則又遠矣。康希銑如此晚方立碑，或子孫財力有限，抑或其他，其中當另有隱情。神道碑是立於地上的，直面讀者，不像墓誌埋於地下，其傳播效果可見。而且康氏家族的碑，雄偉異常，尤其是康德言碑，其碑之石贔竟成一泓湖水之命名所由，可見一斑。會稽康氏家族也確實因顏眞卿、徐浩等所書之碑而揚輝後世，但同時家族的遺跡也遭到毀滅性破壞。宋人貴顏眞卿字，廣泛收羅傳拓。《（嘉泰）會稽志》卷一《府廨》「設廳」條載：「廳西壁有顏魯公書康希銑斷碑。《王荊公集》《吳長文新得顏魯公壞碑詩》

〔註 50〕《全唐文》三百三十五，中華書局，1983 年，第 3393 頁。

〔註 51〕後詩中云「君吏桃州尚奇蹟」，桃州，唐武德三年置，治綏安，後廢屬宣州。安吉與綏安相接，故云「吏桃州」。

〔註 52〕據下文：康造稱會稽人，是後人所注，或會稽康希銑家族人物。會稽康希銑家族之祖業在會稽離渚，但皎然詩中多次出現的康造宅、園林，卻在湖州而不在會稽，或家族遷徙形成的不同支系。又據皎然《夜過康錄事造會兄弟》詩，康造還有一兄弟。

云『魯公之書既絕倫，歲久更爲時所珍』，王平甫詩云『吳卿獲此喜驚座，朝昏把玩過明珠』是也。」〔註 53〕北宋時康希銑碑已殘，但文人間流傳片段，奉爲珍寶。康德言碑在宋代也遭遇了康希銑碑之「待遇」。上引《太子率更令康君碑》，「紹興間，里正病官司拓本之煩，斷仆田間。」〔註 54〕但儘管如此，康氏家族在會稽的文化記憶被傳承下來。王十朋《會稽三賦》云「希銑遺四州之愛」；歷代《會稽志》也不吝筆墨著錄會稽康氏家族，使千載之下，後人依然有案可查。無怪乎《會稽志》發出感歎：「然遂誠有墓誌，希銑有顏魯公書碑，康氏在一時亦盛矣。」〔註 55〕

第三節　會稽康氏家學

會稽康希銑家族能以異族入華而超邁唐代東南一隅，形成地方士族，發展爲地方郡望，甚至直接成爲其他康氏家族攀附的對象，主要原因還在於其家族在文化領域的勃興，即顏眞卿在《康希銑碑》銘中所說：「濟濟多士，東南有筠。緝熙代業，詞章發身。」康希銑家族以文學、詞章鳴於當世，亦時論所歸。《康希銑碑》云：「赴海州時，君兄德言爲右臺侍御史，弟爲偃師令，俱以詞學擅名，時同請歸鄉拜掃，朝野榮之。與狄仁傑、岑羲、韋承慶、嗣立、元懷景、姚元崇友善，至是咸傾朝同賦詩以餞之，近代未有此比。」康希銑家族之「詞章」「詞學」包括儒學與文學兩方面。

在傳統學術方面，康希銑家族在禮學、《易》學、史學、小學方面皆有著述。其著作宋人尚有著錄，雖未流傳至今，但還是可以據書名考其大概。

一、康國安之《文選》及《漢書》研究

康希銑父康國安，《碑》云：「明經高第，以碩學掌國子監，領三館進士教之；策授右典戎衛錄事參軍，直崇文館太學助教，遷博士白獸門內供奉、崇文館學士，贈杭州長史。」《舊唐書・羅道琮傳》：「道琮尋以明經登第，高

〔註 53〕施宿，張淏等撰，李能成點校：《（南宋）會稽二志點校》，安徽文藝出版社，2012 年，第 23 頁。
〔註 54〕施宿，張淏等撰，李能成點校：《（南宋）會稽二志點校》，安徽文藝出版社，2012 年，第 315 頁。
〔註 55〕施宿，張淏等撰，李能成點校：《（南宋）會稽二志點校》，安徽文藝出版社，2012 年，第 314～315 頁。

宗末，官至太學博士。每與太學助教康國安，道士李榮等講論。」可見康國安任崇文館太學助教在高宗時。碑云有：「《文集》十卷，《注駁文選異義》二十卷、《漢書（闕一字）》十卷，《自述文集》二十卷。」〔註56〕

隋唐間，《文選》研究大興，當代文選學研究者，殊少注意到康希銑父康國安其人在《文選》研究中的一席之地。《文選》的研究發軔於隋代蕭該，《隋書・儒林傳》：

> 蘭陵蕭該者，梁鄱陽王恢之孫也。少封攸侯。梁荊州陷，與何妥同至長安。性篤學，《詩》、《書》、《春秋》、《禮記》並通大義，尤精《漢書》，甚爲貴遊所禮。……該後撰《漢書》及《文選》音義，咸爲當時所貴。〔註57〕

《隋書・經籍志》著錄蕭該《文選音》三卷。文選學發軔於江南，傳承亦在江南。《舊唐書・儒學傳》上：

> 曹憲，揚州江都人也。……憲又精諸家文字之書，自漢代杜林、衛宏之後，古文泯絕，由憲，此學復興。大業中，煬帝令與諸學者撰《桂苑珠叢》一百卷，時人稱其該博。憲又訓注張揖所撰《博雅》，分爲十卷，煬帝令藏於秘閣。貞觀中，揚州長史李襲譽表薦之，太宗徵爲弘文館學士，以年老不仕。所撰《文選音義》，甚爲當時所重。初，江、淮間爲《文選》學者，本之於憲，又有許淹、李善、公孫羅復相繼以《文選》教授，由是其學大興於代。

傳曹憲學者，有李善等人：

> 許淹者，潤州句容人也。少出家爲僧，後又還俗。博物洽聞，尤精詁訓。撰《文選音》十卷。李善者，揚州江都人。方雅清勁，有士君子之風。明慶中，累補太子內率府錄事參軍、崇賢館直學士，兼沛王侍讀。嘗注解《文選》，分爲六十卷，表上之。又撰《漢書辯惑》三十卷。公孫羅，江都人也。歷沛王府參軍，無錫縣丞。撰《文選音義》十卷，行於代。〔註58〕

〔註56〕《新唐書・藝文志》集部著錄《康國安集》十卷，注云：「以明經高第直國子監，教授三館進士，授右典戎衛錄事參軍，太學崇文助教，遷博士，白獸門內供奉、崇文館學士。」史源爲《康希銑碑》。

〔註57〕《隋書》卷七十五，中華書局，1973年，第1715～1716頁。

〔註58〕《舊唐書》卷一百八十九上，中華書局，1975年，第4945～4946頁。

當時《文選》學研究，實爲文字音韻訓詁之學，即傳統小學研究之範疇，所以《文選》學者兼通博物、史學。而《漢書》音義研究，當時爲顯學，故《文選》研究者兼《漢書》。這樣就不難理解康國安《注駁文選異義》二十卷、《漢書（闕一字）》十卷的學術取向了。

值得注意的是，曹憲傳文選學在貞觀中，其弟子李善「明慶中，累補太子內率府錄事參軍、崇賢館直學士」（《舊唐書》本傳），康國安爲崇文館學士在高宗末，稍後於李善。尚未發現二人交往的證據。康國安書名爲《注駁文選異義》，與蕭該、曹憲、李善等人著述取名相反，其所「注駁」者爲哪一家還是並駁之，不得而知。但可以推測，康國安的學術傾向或以當時文選學的主流相背。據《舊唐書・藝文志》及《儒學傳》著錄：李善《文選注》六十卷；公孫羅《文選注》六十卷；李善《文選音義》十卷；公孫羅《文選音》十卷；釋道淹《文選音義》十卷。而康國安《注駁文選異義》二十卷，正在注和音義之間。其體例大致可推知。

還有一點需要申言，即康國安學術的會稽淵源。南朝時期，會稽學術一時之盛。會稽經學以《禮》學爲主流，輔以《易》學（含老、莊，所謂三玄），兼治《左傳》、《尚書》、《論語》，這一點試取《梁書》《陳書》《隋書》之《儒林傳》中會稽地區學者觀之自明。而《漢書》學並非會稽學者所專。會稽康氏家族學術淵源會稽學術，自不待言，下文還有申發。但康國安似乎已經體現出會稽學術的轉變趨向。從大的背景來看，以《文選》《漢書》音注等爲代表、反映南北學風融合新趨勢的學科，是唐代學術的走向；而會稽《禮》學在南朝經歷了興盛之後，逐漸式微。唐代禮學名家孔穎達、賈公彥、魏徵等，皆出河北，會稽禮學之優勢不再。從這一角度來看，康國安既承襲了會稽學術末緒的《漢書》音義之學，欲躋身學術之主流；同時保持了一定的獨立性，在新興《文選》學中保持批判的立場。康國安同時也是奠定康希銑家學的主要人物。

二、康子元的《易》學與《禮》學

會稽康氏家族與會稽學術的淵源，表現得更爲明顯的是康子元。康子元見載於《新唐書・儒學傳》，云：

> 開元初，詔中書令張說舉能治《易》、《老》、《莊》者，集賢直學士侯行果薦子元及平陽敬會眞於說，說籍以聞，並賜衣幣，

> 得侍讀。子元擢累秘書少監，會眞四門博士，俄皆兼集賢侍講學士。〔註59〕

《玉海》卷第一百十五「唐道舉」條以侯行果舉康子元爲道舉。但《唐會要》卷七十六「制科舉」條，開元五年「文史兼優科」有康子元，又見《緯略》卷三。「道舉」者或涉治其本傳《易》、《老》、《莊》誤。《碑》言康子元有《周易異義》二十卷〔註60〕。可見康子元擅《易》學。會稽《易》學，源派久遠，其奠基者爲三國時虞翻。《三國志》虞翻本傳：

> 虞翻字仲翔，會稽餘姚人也。……翻與少府孔融書，並示以所著《易注》。融答書曰：「聞延陵之理《樂》，睹吾子之治《易》，乃知東南之美者，非徒會稽之竹箭也。

裴松之注引《虞翻別傳》曰：

> 翻初立《易》注，奏上曰：……臣高祖父故零陵太守光，少治《孟氏易》，曾祖父故平輿令成，纘述其業，至臣祖父鳳爲之最密。臣亡考故日南太守歆，受本於鳳，最有舊書，世傳其業，至臣五世。前人通講，多玩章句，雖有秘說，於經疏闊。臣生遇世亂，長於軍旅，習經於枹鼓之間，講論於戎馬之上，蒙先師之說，依經立注。
>
> 〔註61〕

可見虞翻家世之《易》學，爲孟氏一派。虞翻同時還有陸績、姚信等人。至南朝時，會稽易學大家有賀瑒、孔子祛等。《隋書·儒林傳》序論南方經學「大抵南人約簡，得其英華」，從康子元注《易》之書標名「異義」，即其書卷數來看，其治學路徑當是「約簡」一派，注重生發義理而不是專注訓詁。這一點和其祖康國安《文選》學取向是一致的，可能都是受會稽學術風氣之影響。到唐代，興盛一時的會稽《易》學沒落了。試查唐代《易》學大家，鮮有出自會稽地區（包括吳郡）者。唐代官方《易》學爲北學學者壟斷，參與官定《周易正義》的學者孔穎達、顏師古、司馬才章、王恭等均爲北方人。

康子元《周易異義》二十卷，在歷代《易》注中亦屬卷帙適中者，從其標「異義」來看，當時承自其祖康國安的學風。這裡有必要對「異義」這一

〔註59〕《新唐書》卷二百，中華書局，1975年，第5701頁。

〔註60〕《顏魯公文集》「任秘書監集賢院侍講學士（闕一字）元撰《周易異義》二十卷」，據康子元官曆，闕字正當作「子」字。

〔註61〕《三國志》卷五十七，中華書局，1959年，第1317～1322頁。

著作體例作一番考察。以「異義」來命書，最早當始自許慎《五經異義》。此後鄭玄有《駁〈五經異義〉》。許慎此書《隋書・經籍志》著錄爲十卷，在宋代已亡佚。據許慎本傳所說：「初，慎以五經臧否不同，於是撰爲《五經異義》。」（《後漢書儒林傳》）從清人輯本來看，此書的主要特點是兼採眾說，融會古今（古文經學與今文經學）。其體例多爲引眾說後加「謹按」來評述所引觀點或表達自己的觀點〔註 62〕。這種「異義」式著述體例，在兼採眾說基礎上下己意，實爲一種通透的學術立場。從發揮大意來講，這種體例亦十分合適。陳壽祺《五經異義疏證》「自序」云：「叔重此書，蓋亦因時而作，憂大業之陵遲，救末師之踳陋也。」〔註 63〕許慎在《說文序》中說「其稱《易》，孟氏；《書》，孔氏；《詩》，毛氏；《禮》，《周官》；《春秋》，左氏；《論語》、《孝經》，皆古文也。」《說文》中也保存了不少《孟氏易》的內容；《兩漢三國學案》將許慎放到孟氏一派中敘述，可見其與孟氏之關係。許慎《五經異義》中亦傳存《孟氏易》之文，而會稽虞翻家世又傳孟氏《易》，從這一源派而言，康國安、康子元以「異義」體例來著書，實遠紹許慎之體例，近祖會稽地域之學術，而成康氏家學傳統。這也折射了康氏家族獨立的學術取向。二人「異義」體例的書，皆不見有著錄和流傳，除了客觀的原因之外，更重要的原因恐怕是書中所反映的學術立場。惟其內容不傳，亦無法斷其學術取向和源流，只能管窺蠡測如上，有待他證。

下面關注一下康子元的《禮》學成就。《禮》學是會稽學術之代表，試翻閱《梁書》《陳書》儒林傳人物，會稽人物如眾星璀璨，多世傳《禮》學，如賀瑒家族。《梁書》賀瑒本傳載：

> 賀瑒，字德璉，會稽山陰人也。祖道力，善《三禮》。瑒少傳家業。……所著《禮》、《易》、《老》、《莊》講疏、《朝廷博議》數百篇，《賓禮儀注》一百四十五卷。瑒於《禮》尤精，館中生徒常百數，弟子明經封策至數十人。二子。革，字文明。少通《三禮》。弟季，亦明《三禮》。〔註 64〕

〔註 62〕參見楊天宇《略論許慎在漢代今古文經學融合中的作用》，鄭州大學學報（哲學社會科學版），2007 年，第 6 期，第 90～93 頁。
〔註 63〕陳壽祺：《五經異義疏證》，上海古籍出版社，2012 年，自序第 2 頁。
〔註 64〕《梁書》卷四十八，中華書局，1973 年，第 672～673 頁。

梁陳之際，會稽學人以禮學自命。《陳書・儒林傳》云：「時有晉陵張崖、吳郡陸詡、吳興沈德威、會稽賀德基，俱以禮學自命。」薰習稽禮學風氣的康子元，曾與張悅等共同勘定《東封儀注》：

> 玄宗將東之泰山，說引子元、行果、徐堅、韋縚商裁封禪儀。初，高宗之封，中書令許敬宗議：「周人尚臭，故前祭而燔柴。」說、堅、子元白奏：「《周官》：樂六變，天神降。是降神以樂，非緣燔也。宋、齊以來，皆先嚌福酒，乃燎。請先祭後燔，如《貞觀禮》便。」行果與趙冬曦議，以爲：「先燎降神，尚矣。若祭已而燔，神無由降。」子元議挺不徙。說曰：「康子獨出蒙輪，以當一隊邪？」議未判，說請決於帝，帝詔後燔。〔註65〕

關於封禪儀注的爭議，張說、徐堅、康子元持「先祭後燔」說。侯行果、趙冬曦持「先燔後祭」。這兩派的爭論大背景是唐代禮制之沿革問題。

隋唐代禮制本有梁陳一源，參預隋《五禮》之許善心、虞世基、明克讓、裴政、袁朗等，俱出南方，而許善心爲杭州新城人，虞世基出自會稽。唐禮源於隋，從《貞觀禮》到《顯慶禮》有所損益。許敬宗曾參與《永徽五禮》（即《顯慶禮》）的編纂〔註66〕。據《通典》卷五十四「封禪」禮，開元十二年封禪時：「張說謂徐堅等曰：……按顯慶年，許敬宗因修禮，奏改燔柴在祭前。……請依貞觀舊禮，先祭後燎〔註67〕。則「燔柴在祭前」的觀點不僅出自許敬宗，還寫入了《永徽五禮》。張說等修《東封儀注》（在開元十二年），駁《顯慶禮》之非，爲《開元禮》之編撰張本，實以駁正許敬宗爲突破口。按「先祭後燔」爲梁陳舊禮制，許敬宗出自禮學世家，當不至於有此謬誤。許敬宗父善心，曾參與隋禮制定；許善心祖許懋，又參與梁禮之制定。《梁書・許懋傳》云：

> 尤曉故事，稱爲儀注之學。……天監初，吏部尚書范雲舉懋參詳五禮。……時有請封會稽禪國山者，高祖雅好禮，因集儒學之士草封禪儀，將欲行焉，懋以爲不可，因建議……高祖嘉納之。……又降勅問：「凡求陰陽，應各從其類，今雩祭燔柴以火祈水，意以爲疑。」懋答曰：「雩祭燔柴經無其文，良由先儒不思故也。按周宣《雲

〔註65〕《新唐書》卷二百，中華書局，1975年，第5701頁。

〔註66〕《新唐書》卷五十八《藝文志二》：《永徽五禮》，一百三十卷。注云：長孫無忌、侍中許敬宗、兼中書令李義府、黃門侍郎劉道祥、許圉師、太常卿韋琨、博士蕭楚材、孔志約等撰。永徽三年上。

〔註67〕《通典》卷五十四，中華書局，1984年，第313頁。

漢》之詩曰：『上下奠瘞，靡神不宗。』毛注云：『上祭天，下祭地，奠其幣，瘞其物。』以此而言，爲旱而祭天地，並有瘞埋之文，不見有燔柴之説。若以祭五帝必應燔柴者，今明常之禮，又無其事。」詔並從之。凡諸禮儀多所刊正。〔註68〕

許懋爲梁禮之參定者，許敬宗斷不至於違背家學祖訓。但巧合的是，許懋批評「雩祭燔柴經無其文，良由先儒不思故也」，而許敬宗偏偏在封禪儀中主張「周人尚臭，故前祭而燔柴」，可謂「不思」之甚矣。許敬宗其人，本多污點，《舊唐書》本作謂「敬宗自掌知國史，記事阿曲」，初定謚曰「繆」。故於家學亦罔顧，亦屬可解。

現在回頭看康子元在這場爭論中的立場。封禪儀注的爭議中，張說、徐堅、康子元持「先祭後燔」說；侯行果、趙冬曦持「先燔後祭」。有意思的是，康子元正是侯行果引薦給張說的，而學說立場卻如此迥異，且康子元爲主張最強硬者，故張說才稱之「獨出蒙輪，以當一隊」。另外，前文說過，會稽康氏與許敬宗家有聯姻關係，而康子元亦能保持獨立之立場，眞是難能可貴。其堅持「先祭後燎」，實質是維護「貞觀舊禮」，從一個側面來看，也就是維護會稽學術的成果。

從某種角度來講，當唐代會稽學術全面式微之際，會稽康氏反而扛起了會稽學術的大旗。無論是《文選》學、《漢書》學，還是《易》學、《禮》學，唐代已經看不到會稽學者的身影。會稽康氏的學術究屬時代的餘響抑或學術之滯後，待後人參詳。惟有一點，會稽康氏學術慢整體時代一拍，是否暗示了康氏以異族入華，在進入漢文化進程中的某種規律，尚值得推敲。

三、會稽康氏家族文學

據《康希銑碑》及兩唐書《藝文志》著錄，康國安、康顯貞、康希銑皆有卷帙不少的別集：康國安有《集》十卷、《自述文集》二十卷，康顯貞有《文集》十卷，《康希銑集》二十卷。這是他們家族創作旺盛的一個表徵。前文提到過，康希銑與朝中、地方文人有唱和。《寶刻叢編》卷十四著錄嚴州有康希銑撰《唐龍興寺碑》：「開元三年二月立。」《（淳熙）嚴州圖經》卷一亦載之，云「石經火不存」。羅汝楫《建兜率寺記》云其少時在新定子城之北兜率寺見

〔註68〕《梁書》卷四十，中華書局，1973年，第575～579頁。

舊碑，「乃開元三年台州刺史康希詵文，其敘輪奐之美，反覆至數百語」〔註69〕，此康希詵即康希銑，疑此碑即龍興寺碑。據羅氏之文可見康希銑敘述之妙。此外，《（嘉泰）會稽志》卷十六還載康希銑撰《香嚴寺碑》。

康子元爲集賢學士，其本人也善詩。《職官分紀》卷十五載集賢院學士「張燕公等因獻賦、詩，上各賜贊，以褒美之」。御贊：「康子元才識清遠，言談幽秘，四科文學，六書仁義」。開元十三年三月，因奏《封禪儀注》勅學士等賜宴於集仙殿，群臣賦詩。時學士康子元預宴。酒酣，簾內出彩箋，令燕公賦宮韻，群臣賦詩（《職官分紀》卷十五）。可見康子元能詩。新出墓誌有康子元撰《大唐虞部郎中右監門衛中郎將上柱國贈曹州諸軍事曹州刺史杜府君（照烈）墓誌銘一首並序》〔註70〕。康希銑後輩中，亦有詩流傳者，康珽有《送賀秘監歸會稽》詩，收入《會稽掇英總集》。

康希銑家族文學成就最爲卓著者，當屬康顯貞。康顯貞（避諱作康明貞）有《文集》十卷、《詞苑麗則》二十卷、《海藏連珠》三十卷、《累璧》十卷。關於《詞苑麗則》，張固也先生已考出其「序」實存於《文鏡秘府論・南卷・集論》中，撥雲見日，爲我們窺見康顯貞文學思想提供了線索，此不贅言〔註71〕。但有一點似乎並未有人提及，即康顯貞與許敬宗的關係。據許敬宗本傳：

> 自貞觀已來，朝廷所修《五代史》及《晉書》、《東殿新書》、《西域圖志》、《文思博要》、《文館詞林》、《累璧》、《瑤山玉彩》、《姓氏錄》、《新禮》，皆總知其事。〔註72〕

據《新唐書・藝文志》，《累璧》共四百卷，爲許敬宗主持官修之大型類書。康顯貞所著《累璧》十卷，當爲其分撰時所輯錄單行本。而康顯貞侄康珽娶許敬宗孫女，其中聯繫不言自明。許敬宗所主修的一系列總集，是當時文壇盛事，康顯貞能預其中，足見其文學修養。

康顯貞編纂總集的經驗，可能是其家學的一個淵源。《康希銑碑》載孫康南華有《代耕心鏡》十卷。此書《宋史・藝文志》總集類尚有著錄，作「南康筆《代耕心鑒》十卷」〔註73〕。又《通志・藝文略》「案判」有「《代耕心

〔註69〕董弅編：《嚴陵集》卷九，叢書集成初編本，中華書局，1985年，第103頁。
〔註70〕吳鋼主編：《全唐文補遺》第三輯，三秦出版社，1996年，第48頁。
〔註71〕張固也《康顯貞〈詞苑麗則序〉考實》，《學術論壇》2009年第3期。
〔註72〕《舊唐書》卷八十三，中華書局，1975年，第2764頁。
〔註73〕《宋史》卷二百九，中華書局，1985年，第5397頁。

鑒甲乙判》一卷，唐張南華集唐代諸家判」〔註 74〕，南康筆、張南華疑都爲康南華之訛。《代耕心鑒甲乙判》當爲《代耕心鏡》之節本。其書「集唐代諸家判」，當爲一部判文總集。《全唐文》卷九五三有唐南華《對修河堤不溉田判》，即康南華本人之判文；同卷又有康元懷《對爲吏私田不善判》，此康元懷極可能爲康元瑰之訛，因爲古籍中環、懷、瑰三字之間常互訛，康元瑰爲康南華之叔輩。《全唐文》卷三五一有康子元《對習卜算判》《對參軍鶻子判》《對歸胙判》《對小吏歡言判》《對文章判》五道，康子元亦康南華之叔輩。《全唐文》卷二六〇有康璀《對嗣足不良判》，即康南華之父，小傳云武后時擢書判拔萃科。《全唐文》卷三九九有康濯，開元時擢書判拔萃科，存判文《對太室擇嗣判》。同卷又有康子季，亦開元時擢書判萃科，存判文《對復陶以行判》《對孝女抱父屍出判》《對樂請置判縣判》三道。《全唐文》卷三五三有康季子《對事貌相似判》；卷九五七有季子康《對員外郎讓題劍判》《對刺史求青牛判》。結合康氏人物名字錯亂的情況，疑二人皆爲康子季之訛。據《康希銑碑》和《（嘉泰）會稽志》卷十六所載康希銑家人碑刻，康希銑子以「元」爲排行，名中帶「玉」旁，如康元瑛、康元瑾、康元瑒、康元瑰，侄有康珽、康璀，當省略了「元」字。又康希銑侄孫輩有康渭、康沘、康液、康泳、康令初、康令望，可見也是有排行的，只是排行系統不一。頗疑康子元、康子季爲同出康希銑某一兄弟之子，「元」爲大，「季」爲小。而康濯爲康希銑孫輩中之人。《全唐文》收錄諸康氏家族人物判文，以類相從，疑其源出康希銑孫康南華所編《代耕心鏡》判文集。總之，康南華《代耕心鏡》或爲康氏家族判文總集，或者說是康希銑家族之家集。

《康希銑碑》云希銑子康元瑰有《干祿寶典》三十卷，《宋史》藝文志附在康南華下〔註 75〕，或亦爲一部總集。康氏家學可見一斑。

據《康希銑碑》，康國安明經高第；康希銑年十四，明經登第，又應詞藻宏麗舉，再應博通文吏舉，再應明於政理舉；康元瑰登才堪經邦科；康子元應文史兼優科；康希銑孫康緯綸，鄉貢明經。《碑》又云：「君之先君至南華，四代進士，登甲科者七人，舉明經者一十三人。」從現存信息來看，康氏家

〔註 74〕鄭樵撰，王樹民點校：《通志二十略》，中華書局，1995 年，第 1794 頁。

〔註 75〕按，《碑》中，三次出現元瑰，前面説嗣子「議郎前獲嘉丞元瑰」；中間提到「秀州長史著元瑰著《干祿寶典》三十卷」，列於侄康子元、康璀之間；後面又提到「大曆十一年，元瑰（闕九字）乞願言刊勒」。據此，前後元瑰當爲康希銑子，中間一次，是否誤記，或爲其侄之訛？附此待大方之家。

族似乎未有登進士第者。從康氏家族所編的判文集來看，族人似乎樂於走應制舉這條路。康希銑三應制舉擢第，無疑是爲本家族奠定了基礎。唐代制舉科目繁多，而「書判萃科」是最頻繁可科目之一。康氏家族的判文總集當因此而來。

進士科爲新興士族的身份標記，作爲缺少傳統支撐的會稽康氏家族，按理正應趕上這股潮流，完成文化身份的轉型，但實際上他們沒有。再一次，會稽康氏表現出與時代進程的某種脫節。

會稽康希銑家族，薰習會稽學術淵源而發揚家學精神，發源南朝而拔萃於盛唐，實爲中古時期康氏家族之代表。宋人施宿修《會稽志》感歎「康氏在一時亦盛矣」，可謂有爲而發。至唐代中後期，會稽康氏家族漸漸從歷史淡出，但康氏「會稽」一望的影響猶存，成爲康氏家族共同尊奉的郡望〔註 76〕。宋代以後，會稽康氏家族或播遷到周邊的地區。《新安名族志》後卷「康」姓條載祁門康氏之源：

> 康之先世居京兆，再遷會稽，唐有諱先者避亂居歙之黄墩，未幾復遷浮梁化鵬鄉，發京都之曲溪，其子曰新，始遷祁門武山鄉尤昌里之康村。〔註 77〕

今日浙江奉化、東陽等地區所流傳之康氏宗譜所載當地康氏族群，或許與之有密切的關係〔註 78〕。宋以後，康氏「會稽」望慢慢爲人們淡忘，但作爲異族入華而能以漢文學顯之粟特後裔代表，應該爲治民族及地域文化研究者所重視。

〔註 76〕 范祖禹《右金吾衛大將軍原州防禦使墓誌銘》：「母會稽郡夫人康氏」；王安石有《祖母會稽縣君康氏追封祁國太夫人》敕文，可見北宋時康氏封爵還沿用會稽望。

〔註 77〕 （明）戴廷明、程尚寬等撰：《新安名族志》，黄山書社，2004 年，第 554 頁。

〔註 78〕 據《中國家譜總目》，今存浙江奉化、地區的康氏族譜九種。如奉化茂林連山康氏宗譜二十七卷，初修於南宋慶元年間，始祖康經，字孝基，宋人。始遷祖康敬，字彥中，建炎年間自鄞縣邑南茅山村遷居奉化縣茂林村（今溪口鎮康嶺村）。連山康氏另一系，始祖康敔，南宋人。始遷祖康清道，康敔十七世孫，始居奉化縣連山社稼畈村（今大堰鎮）。又如東陽吳寧康氏宗譜，發祥河南龍丘，十七世椿，唐末黄巢時遷居義烏，後遷東陽。參考本書第 2963～2964 頁，上海古籍出版社，2009 年。

第七章　侯莫陳氏家族研究

敦煌所出侯莫陳琰所撰《頓悟眞宗要訣》，是禪宗北宗早期重要文獻，其出現在一定程度上顚覆了禪宗早期歷史研究的基本看法，現存有 S.5533，P.2799，P.3922，北 8375，龍谷 58，P.t.116 等六個寫卷及另外兩種異本〔註 1〕。自其面世以來，日本早期禪宗研究者鈴木大拙、柳田聖山等人即對該文獻有過局部的介紹，然而諸寫卷之間的關係並未破解。至 1976 年，上山大峻譯出 P.t.116 號藏文本《頓悟眞宗要訣》，諸寫本之間的關係始初步釐清。但關於該文獻與敦煌所出另外一種禪宗文獻《頓悟眞宗論》之先後、傳承關係則有誤解。直到西方禪學研究者佛爾從中國石刻文獻中發現開元二年之侯莫陳琰塔銘（《六度寺侯莫陳大師壽塔銘文並序》），才確定了《頓悟眞宗要訣》序中「先天元年（712 年）十一月五日棣州刺史劉無得敘」這一說法之眞實性。根據這一重要證據，禪學研究者馬克瑞認爲菏澤神會頓悟思想有北宗思想之淵源，「頓悟理論與北宗教法之間在初期並沒有任何相互衝突或矛盾的看法。」〔註 2〕在西方學者的啓發下，上世紀九十年代，日本學者伊吹敦對《頓悟眞宗要訣》諸本傳抄順序及相關問題作了更爲透徹的研究，尤其在《〈頓悟眞宗金剛般若修行達彼岸法門要訣〉和菏澤神會》〔註 3〕一文中，對「《頓悟眞宗要訣》與《頓悟眞宗論》的關係」、「《頓悟眞宗要訣》與《侯莫陳大師壽塔銘》的對比」、「侯莫陳居士的傳記」、「侯莫陳與神會的關係」等幾個問題的探討，進一步推進了馬克瑞等人的觀點。關於侯莫陳琰與《頓悟眞宗要訣》相關問題討論，

〔註 1〕韓傳強：《禪宗北宗研究》，宗教文化出版社，2013 年，129 頁。

〔註 2〕馬克瑞著，馮煥珍譯：《神會與初期禪學中的頓悟說》，收入格里高瑞編《頓與漸：中國思想中通往覺悟的不同法門》，上海古籍出版社，2010 年，第 222 頁。

〔註 3〕參見自韓傳強《禪宗北宗研究》的有關評述，第 144～145 頁。

中外學者一致看到了其重要性。從上世紀九十年代以來，中外學者在北宗文獻和思想的整理研究上取得了突破進展，但似乎並未從侯莫陳琰本人之角度做出更多背景闡釋。

中國學者在相關問題的研究上起步較晚，而且並未深入展開。較早發現侯莫陳琰塔銘之顧燮光、葉昌熾、羅振玉等人皆未注意到此石刻之重要，亦未將之與敦煌文獻取得聯繫〔註4〕。上世紀八九十年代，西方、日本學者利用石刻文獻解決了一些關鍵的問題，惜當時出土文獻尚未集中湧現，所以有關問題並未得以圓滿解決。如今，新出石刻文獻在國內大量湧現，對文史研究是一次新生之機會，而國內有天然之優勢，爲相關研究提供了有力支撐〔註5〕。新出墓誌中出現了更多有關侯莫陳氏的種族、家族、宗教、婚宦的重要信息，可以推進侯莫陳琰及《頓悟眞宗要訣》相關問題的研究。本文試圖利用近年來新出石刻文獻，圍繞侯莫陳氏家族之佛教信仰有關問題作一番考察，希望對相關之研究有所裨益。

第一節　侯莫陳氏之族源問題

侯莫陳氏爲北朝時期塞外侯莫陳部入華所氏，其淵源有匈奴、鮮卑等說〔註6〕，而關於其發源地則至今尚存疑。此部較早出現在歷史舞臺是北魏天興年間。《魏書·太祖紀》：

〔註4〕最早發現侯莫陳琰塔銘者爲顧燮光。其《河朔訪古新錄》卷一「汲縣」下載：「縣西北三十五里陳召村六度寺，（俗名羅頭寺）。唐開元間建，門寺外西壁上有唐開元二年六月六度寺侯莫陳大師壽塔銘。（正書，崔寬撰，王玄貞書，金石諸家未著錄。）書法樸茂，爲唐刻至精緻之品。」顧氏發現該塔銘之後，寄與好友葉昌熾。葉氏在《緣督廬日記抄》中記錄了發現的過程，其卷十五乙卯年：「九月初五日。又得顧鼎梅一函，言遊香泉寺。……寺西南五里有六度寺。又訪得唐張莫陳禪師塔，開元時刻。張疑爲侯字誤釋，侯莫陳北朝虜姓也。」羅振玉當在很久之後才獲拓片，其《雪堂類稿》戊《長物簿錄塔誌徵存目錄》有《六度寺侯莫陳大師壽塔銘文並序》，其後編入《邙洛冢墓遺文》四編卷五。

〔註5〕伊吹敦近年來亦在運用新出石刻文獻延伸其早期禪宗研究，其文章《墓誌銘所見之初期禪宗》，見於《宗教研究》2010年輯。

〔註6〕《中華姓氏源流大辭典》載其族源爲匈奴，《古代少數民族姓氏研究》云爲鮮卑。陳毅《魏書官氏志疏證》認爲：「侯當爲俟，與俟畿、俟奴、俟力伐、俟伏斤各氏均讀如斯。《廣韻》讀其、祈二音，是音之輕重非有異也。北朝姓如俟呂陵、俟伏侯諸氏，譜錄家或更正爲俟，惟侯莫陳至今無知爲俟字之訛者，蓋未審北朝譯音多俟字，猶今譯英吉利語多斯字也，實非斯字譯則成斯。」證之傳世文獻及出入金石，俟莫陳之說不可信。

（天興二年）三月己未，車駕至自北伐。……丙子，遣建義將軍庾眞、越騎校尉奚斤討庫狄部帥葉亦干、宥連部帥竇羽泥於太渾川，破之，厙狄勤支子沓亦干率其部落內附。眞等進破侯莫陳部，獲馬牛羊十餘萬頭，追殄遺迸，入大峨谷。〔註 7〕

據此，侯莫陳部與庫狄、宥連、紇豆陵（竇羽泥）諸部相接。《魏書・官氏志》敘「神元皇帝時，餘部諸姓內入者」:「南方有茂眷氏，後改爲茂氏。宥連氏，後改爲雲氏。次南有紇豆陵氏，後改爲竇氏。侯莫陳氏，後改爲陳氏。庫狄氏，後改爲狄氏。太洛稽氏，後改爲稽氏。」正是將諸部放在一起敘述。紇突鄰部原居地在在意辛山（大同縣北塞外），姚薇元先生曾疑《官氏志》稱「次南紇豆陵」於地理不合，或此族歸魏後，被徙代南。侯莫陳部或亦如此。關於侯莫陳部之原居地，還有一種說法。《周書・侯莫陳崇傳》云：

侯莫陳崇字尚樂，代郡武川人。其先，魏之別部，居庫斛眞水。五世祖曰太骨都侯。其後，世爲渠帥。祖允，以良家子鎮武川，因家焉。父興，殿中將軍、羽林監。〔註 8〕

林寶《元和姓纂》卷五侯莫陳氏下亦載。關於庫斛眞水的位置，顧祖禹《讀史方輿紀要》卷四十四《大同府》「諾眞水」云:「府西北塞外。《唐志》出古雲中城西北行四百餘里至諾眞水，貞觀十五年薛延陀侵突厥於漠南，李世績自赤柯濼追及之於青山，薛延陀走累日，乃至諾眞水，世績大敗之。」後附「庫斛眞水」云:「在府北塞外。後魏別部侯莫陳居於此，世爲渠師云。」這以天興二年庾眞、奚斤破侯莫陳部之位置大致相當。

侯莫陳部之起源，似乎還可以從早期侯莫陳氏人物封爵頻率最高之「白水郡」得到暗示。白水郡有多個，但無論是同州之白水還是利州之白水，皆不符合侯莫陳氏之活動情況。此白水或與侯莫陳本部所居之庫斛眞水有關。

北朝以來，關於侯莫陳氏之族源還有一種更爲普遍的說法，即劉漢宗室之後。其淵源可能是劉亮賜姓侯莫陳氏，經過庾信作劉亮神道碑而轉相嫁接而傳播〔註 9〕。較早傳承這一說法者爲侯莫陳穎墓誌。據《金石錄》「唐相州

〔註 7〕《魏書》卷二，中華書局，1974 年，第 35 頁。

〔註 8〕《周書》卷十六，中華書局，1971 年，第 268 頁。

〔註 9〕《北史》卷六十五：「中山人也，本名道德。父特眞，位領人酋長。……亮以勇敢見知，爲當時名將，兼屢陳謀策，多合機宜。周文謂曰：『卿文武兼資，即孤之孔明也。』乃賜名亮，並賜姓侯莫陳氏。」庾信《侯莫陳道生墓誌銘》：「君諱道生，字某，朔州武川人也。本系陰山，出自國族；降及於魏，在秦

刺史侯莫陳肅碑」跋尾云：

> 肅，桂州總管穎之子也。……余嘗得穎及穎之孫涉墓誌，皆云本劉姓，系出楚元王交。《穎墓誌》則以爲父崇，後周時賜姓；《涉墓誌》則以爲崇王父豐，後魏時賜姓。二説已是不同，而《肅碑》乃云：「漢中山靖王勝之後。勝曾孫邵謀誅王莽，不密，避難於代，因左言而命氏，改姓侯莫陳焉。」自古史傳所載，容有異同，今穎、肅、涉三世歲月相接，而碑誌所書自相乖戾如此，皆莫知其孰是。豈其姓氏本出夷虜，而唐初以族望相高，故妄言出於名胄，以欺眩世俗，初無所稽據乎？不然，殆不可考也已。〔註10〕

唐初高僧法琳在《辯正論》卷四「十代奉佛篇」中也以侯莫陳氏爲漢代宗室之後：

> 魏寧遠將軍侯莫陳引，造祇園寺：本漢中山靖王之胤，涉漢已來，肇有豐國，因侯而氏，遂號陳焉。造祇園等寺，常營齋講，及施悲田。〔註11〕

楚元王交、中山靖王勝，是不少胡姓家族攀附漢人祖先的「箭垛人物」，而賜姓說、避難說，則爲胡姓家族族源敘事之模式化情節。趙明誠已道出其中的「妄言」，但謂其不可考，則爲囿於所見。新出墓誌展示了侯莫陳氏家族族源建構的譜系和文本層累過程。開元二年《唐故朝請大夫上柱國同州白水縣丞侯莫陳府君墓誌銘並序》：

> 君諱思義，字山奴，河南洛陽人也。本姓劉氏，原夫軒皇受命，兆朕玄胄之先；夏后握圖，權輿朔野之系。故以積仁累聖，發祥隤祉。龍光舄弈，據三大之尊名；日樹扶疏，聯十枝之偉幹。因都河洛，遂爲著姓焉。〔註12〕

此處只是附會劉氏，沒有具體的世系嫁接。貞元七年徐申撰《唐故銀青光祿大夫吏部侍郎彭王傅贈太子少師會稽郡公東海徐府君（浩）夫人臨汝郡夫人河南侯莫陳氏墓誌銘並序》，敘侯莫陳氏族源：

作劉。大統九年，更姓侯莫陳氏。……銘曰：身胄漢祚，門承魏緒。」姚薇元先生以爲劉亮當本爲匈奴獨孤氏，入魏改劉氏，其後又賜姓侯莫陳氏。

〔註10〕趙明誠著，金文明校證：《金石錄校證》，廣西師範大學出版，2005年，第401～402頁。

〔註11〕《大正藏》第52冊，臺北新文豐出版公司，1983年，第516頁。

〔註12〕胡戟、榮新江編：《大唐西市博物館藏墓誌》北京大學出版社，2012年，第377頁。

夫人本姓劉氏，沛國綏興人也。其先楚元王交之後。晉太尉琨，交之廿代孫。琨之從弟洪，即夫人始祖也。洎晉亂，琨領并州，爲段匹磾所害，洪乃領眾遷居漠北，依於庫斛眞爲侯莫陳斛眞，後樹因賜姓焉。」【注：「爲侯莫陳斛眞後樹因賜姓」十五字，經改刻，新舊刻痕交疊雜出，字跡雜亂模糊。】〔註13〕

元和二年于佶撰《故忻州刺史侯莫陳公（恕）墓誌銘並序》，敘侯莫陳氏族源：

其先派於劉，洎劉琨牧并州，引群從洪，參斷軍事，永嘉南遷，洪遂結代王猗盧，共爲犄角。及盧父子相圖內圮，盧乃引眾依琨，琨以並土存饑，率其伍同歸鮮卑段疋磾，留洪守並，期復故處。琨竟爲疋磾所害，洪因遷於漠北。居庫斛眞水傍，其下仁勇，單于器悍。魏昭成帝封洪爲骨都侯。建國藉勳，日加延大。虜俗訛舛，呼庫斛眞爲侯莫陳，因以爲氏。雖達難遷，從華裔殊封（字跡有混，待考），而雄略英姿，代爲貴族。復從孝文帝都洛，今爲河南人也。〔註14〕

大和二年郭行餘撰《唐故宋州刺史湯府君（賁）夫人滎陽郡君河南侯莫陳氏歸祔誌》，敘其族源云：

夫人諱約，字約，世家河南。其先爲劉氏，實漢姓楚元王交之裔也。晉末有劉琨越石陷於并州，琨族人洪收其餘種入匈奴中，始以燼耕，終又熾茂，比拓拔宇文之代。洪子白，白子延，延子提，提子允，立功疏爵，自北而南。故夫人之家，克復其始，即前史所載，姓侯莫陳氏，清河公、彭城公、莊閔梁公、修武恭公、三巴文公，曰興、曰順、曰崇、曰瓊、曰凱是也。〔註15〕

這些族源敘事版本，連同《金石錄》所記錄之侯莫陳穎，穎子肅，肅孫涉（趙明誠誤以涉爲穎孫），可以構成整個隋唐時期侯莫陳氏族源敘事序列。遠祖楚元王（或中山靖王勝）的敘事之下，近祖具體化爲劉琨從弟劉洪這一「構擬」人物；加入「沒蕃」（「徙邊」）的結構化敘事；以賜姓、俗訛之說牽合侯莫陳

〔註13〕胡戟、榮新江編：《大唐西市博物館藏墓誌》北京大學出版社，2012 年，第683 頁。

〔註14〕趙君平、趙文成編：《秦晉豫新出土墓誌搜佚》，國家圖書館出版社，2011 年，第 862 頁。

〔註15〕郭茂育、趙水森編：《洛陽出土鴛鴦誌輯錄》，國家圖書館出版社，2012 年，第 150 頁。

氏眞正之起源庫斛眞，從而完成侯莫陳氏本爲漢人高門的族源敘事。徐申之版本爲一個重要轉變，但其改竄之痕跡至爲明顯，碑文「爲侯莫陳斛眞後樹因賜姓」十五字經改刻，新舊刻痕交疊。這一改刻出於何時、何人之手？這裡面微妙的文化心態問題。至大和二年郭行餘之版本，從劉洪以來的世系變爲連續不斷，這家族族源敘事不斷層累的結果〔註16〕。

第二節　侯莫陳氏家族主要支系及侯莫陳琰之可能歸屬

侯莫陳部自塞外內附以來，轉遷南北，割據東西，侯莫陳氏湧現出一代又一代歷史風雲人物，其中以八柱國侯莫陳崇最爲顯赫聞名，而這一系也最能代表家族在北朝隋唐時期總體之演進特徵，此外還有一些短暫活躍過的支系。

一、侯莫陳氏主要支系

侯莫陳部內附之後，以部落首領（領民酋長）之角色出現，早期之世系已不可考。其中有侯莫陳悅一系。據《魏書》卷八十本傳：

> 侯莫陳悅，代郡人也。父婆羅門，爲駝牛都尉，故悅長於河西。好田獵，便騎射。會牧子逆亂，遂歸尒朱榮，榮引爲都督府長流參軍，稍遷大都督。〔註17〕

侯莫陳悅追隨尒朱榮，戰功累累，官鄯州刺史。尒朱榮卒後，悅復隨尒朱天光，事元曄爲秦州刺史。高歡義軍西討，悅與賀拔岳倒戈，尒朱天光覆滅，悅重掌秦州刺史。後賀拔岳欲招悅討靈州，悅反誘岳殺之，同時被害者眾，遂屯永洛城。岳部下召回宇文泰聚合部眾攻悅，悅部眾離散，逃往靈州。途中，「追騎將及，望見之，遂縊死野中。弟、息、部下悉見擒殺。」此系此後遂不顯。另外有侯莫陳相系。《北史》卷五十三本傳：

> 侯莫陳相，代人也。祖社伏頹，魏第一領人酋長。父斛古提，朔州刺史，白水公。相七歲喪父，號慕過人。及長，性雄傑。後從神武起兵，破四胡於韓陵，力戰有功，封陽平縣伯，後改封白水郡公。天保初，累遷司空公，進爵白水王，又遷大將軍，拜太尉公，

〔註16〕除了家狀之外，在大和二年，《元和姓纂》早已成文，自然是不少家族世系敘事可參考者。郭行餘這一族源版本，「洪子白，白子延，延子提，提子允」一段，當即從《姓纂》中來。

〔註17〕《魏書》卷八十，中華書局，1974年，第1784頁。

兼瀛州刺史。歷太保、朔州刺史，又授太傅，別封義寧郡公。薨於州，贈假黃鉞、右丞相、太宰、太尉、都督、朔州刺史。次子晉貴，嚴重有文武幹略，襲爵白水王，武衛將軍、開府儀同三司、梁州刺史。歸周，授上大將軍，封信安縣公。子仲宣，太常丞。子弘穎、弘信，雍州司士參軍。子行方、行儉、行恭。〔註18〕

《北史》《元和姓纂》皆據家狀譜牒，內容當有很大的一致性，侯莫陳相一系從高歡奠基北齊，位至王公，但《北史》有傳而《姓纂》不錄，不可理解。今本《姓纂》卷三陳姓河南望條載：「《官氏志》，侯莫陳氏改爲陳。後魏汾州刺史、長蛇公陳紹；生弘，唐泉州刺史。龍川公陳賀略，端州首領也。」〔註19〕此條脫誤問題嚴重。侯莫陳相在東魏時曾爲汾州刺史〔註20〕，《姓纂》此系或即侯莫陳相家族改從陳氏者。另外，「唐泉州刺史龍川公陳賀略端州首領也」當爲另外一系，非侯莫陳氏所改者。

侯莫陳氏最顯要且傳承不斷者爲侯莫陳崇一系。《周書·侯莫陳崇傳》：

侯莫陳崇字尚樂，代郡武川人。其先，魏之別部，居庫斛眞水。五世祖曰太骨都侯。其後，世爲渠帥。祖允，以良家子鎭武川，因家焉。父興，殿中將軍、羽林監。〔註21〕

侯莫陳崇與侯莫陳悅同事尒朱榮，後同歲賀拔岳征伐，而悅後反，以至滅亡；崇收復悅餘部，隨宇文泰定鼎關中，位至八柱國。雖然侯莫陳崇因爲「錯誤」的預言，遭致殺身之禍，但是其子孫並未受到牽連，所以這一系勢力周隋以來延續不斷。《元和姓纂》詳載侯莫陳崇一系世系如下：

後魏有侯莫陳白，生延，京兆公。延生提，相州刺史。提生允，武川鎭將、北平王。允生興，羽林監、清河公。興生順、崇、瓊、凱。崇，八上柱國、尚書令、司徒、太保、梁國公，生芮、穎。芮，周司空，生奕。穎，桂州總管，生肅、文騫。肅，字虔會，唐考功郎中、相州刺史、升平縣男。生璀、瑋、嗣忠。嗣忠，丹州刺史，生知節、知道。知節，汝州刺史，生澄、渙、涉。澄，生起、超、

〔註18〕《北史》卷五十三，中華書局，1974年，第1910～1911頁。

〔註19〕林寶撰，岑仲勉校記，郁賢皓、陶敏整理，孫望審訂：《元和姓纂》卷五，中華書局，1994年，第351頁。

〔註20〕《北齊書》卷十九《侯莫陳相傳》：「頃之，出爲汾州刺史。別封安次縣男，又別封始平縣公。天保初，除太師，轉司空公，進爵爲白水王。」

〔註21〕《周書》卷十六，中華書局，1971年，第268頁。

越。起，唐州刺史，生鬲、昌。超，都官郎中，生遙、曇、昇、(晏)。遙，生願、㥄、恁。㥄，醴泉令、同州長史。曇生忞、恕、協、應。升，壁州刺史。渙，都官郎中，生逌、懍。涉，相州刺史，生進。

知道生濟。濟生傑、俊。

崇兄順，順孫詮，右衛率。〔註22〕

按：這一譜系脫誤、訛誤的問題頗多，羅振玉、岑仲勉等已有校訂，但尚未釐清，今據新出墓誌，可進一步補正：

（1）永徽三年《侯莫陳毅墓誌》：曾祖興，魏殿中將軍、柱國、太保、司空、特進、定相雲並殷五州刺史、清河公；祖崇，周八柱國大都督、雍州牧、尚書令、大宗伯、大司空、太保、梁國公，謚曰剛公，食邑萬戶；父暉，周車騎將軍、驃騎將軍，食邑二千三百戶，隨大將軍、易州刺史、左武候大將軍、長利郡宜公，大業二年□柱國。〔註23〕暉以下不見於《姓纂》。侯莫陳毅夫人蕭氏，爲隋煬帝蕭皇后之姊，本應顯赫一時。但據誌文，「大業元年，以第三兄惠仕於楊諒，緣坐，停家。」在這次宮廷內鬥中，侯莫陳毅雖未受到嚴厲處罰，但顯然受到挫傷，此後仕途不顯。這一支遂湮沒無聞。

（2）開元二年《侯莫陳思義墓誌》：曾祖暉，隋左武候大將軍，上柱國，長利郡開國公；祖裔，隋朝議大夫，豪州刺史，襲封長利公；父龕，皇朝明威將軍，上柱國，趙王府典軍。思義有子休徵。〔註24〕此誌與上面一誌所載侯莫陳暉一支，皆不見於《姓纂》。

（3）前引貞元七年徐申撰《徐浩夫人侯莫陳氏墓誌》：曾祖知節，銀青光祿大夫、汝州刺史；祖超，正議大夫、穎王府諮議，贈滎陽郡太守；父曇，左衛率府長史。夫人爲第二女。墓誌爲夫人之侄通直郎、行河南府功曹參軍侯莫陳頊書。

（4）前引元和二年于佶撰《侯莫陳恕墓誌》：四代祖文謇，皇郢州刺史；曾祖知節，醴泉令、汝州刺史；祖超，穎王府諮議，贈滎陽太守；

〔註22〕林寶撰，岑仲勉校記，郁賢皓、陶敏整理，孫望審訂：《元和姓纂》卷五，中華書局，1994年，第734～736頁。

〔註23〕吳鋼主編：《全唐文補遺》(千唐誌齋新藏專輯)，三秦出版社，2006年，第7～8頁。

〔註24〕胡戟、榮新江編：《大唐西市博物館藏墓誌》北京大學出版社，2012年，第377頁。

父曇，右衛率府長史。誌主爲次子，有子濟。上二誌誌主爲兄妹，所據家狀大體相同。侯莫陳怤誌稱四代祖文謇，「文謇」、「文騫」形似。但據《姓纂》，侯莫陳知節出於肅，而非文騫；且肅與知節之間還有嗣忠一代。另外，上面二方墓誌中侯莫陳知節至侯莫陳超之間，皆無《姓纂》侯莫陳澄一代，誌文與《姓纂》相差較大。

（5）大和二年郭行餘撰《湯賁君夫人侯莫陳約墓誌》：五代穎，隋開府儀同三司、持節總管桂、韶、交、廣十八州諸軍事、桂州都督、謚定公。高祖知節，皇銀青光祿大夫、汝州刺史。曾洌，閬州南部縣令，贈閬州刺史。祖超，朝議大夫、恒王府諮議，贈滎陽太守。考遙，恒王府司馬、隴州別駕。世父、季父有：曇、暈、通、懔、昌。昆弟、族昆弟有：願、怤、忲、愻、恁、協、廈、應、惎。姑姊妹爲王妃，爲縣君、郡君、郡夫人者十八九焉。此墓誌後出，人物眾多，可補正者頗豐。首先，此誌侯莫陳知節與侯莫陳超之間有侯莫陳洌，正對應《姓纂》侯莫陳澄（字形或以石刻爲正），可證《姓纂》此代不誤。其次，《姓纂》與侯莫陳遙同行者有親兄弟曇、昇（四庫本多出「晏」），堂弟喬、昌，字皆從「日」爲排行，墓誌中有「暈」，疑即「晏」，證明庫本《姓纂》並非無據。墓誌侯莫陳遙同行還有「通」、「懔」二人，疑即《姓纂》渙子「逌」、「懔」。但墓誌放到侯莫陳洌（澄）之孫輩，誤。此外，墓誌在昆弟、族昆弟行中，基本按照《姓纂》順序，或亦參考了《姓纂》，但多出「廈」、「惎」二人，或《姓纂》原有而傳世散佚耶？〔註25〕侯莫陳廈爲唐代著名畫家，傳世文獻可以證明。

〔註25〕按侯莫陳氏家族之排行非常明顯，但其中有異常的情況。《姓纂》侯莫陳澄生起、超、越；侯莫陳渙生逌、懔；侯莫陳涉生進。除「懔」外，餘皆從「辶」（或「走」），「懔」疑爲「邅」或相似之字，爲動詞。而《湯賁君夫人侯莫陳約墓誌》中，「逌」（通）、「懔」爲侯莫陳超之後一代。《姓纂》侯莫陳超之子遙、曇、昇、（晏），（外加《湯賁君夫人侯莫陳約墓誌》中同行之「通」、「懔」）這一代又次出現從「辶」之排行，與從「日」之排行並存。初疑侯莫陳遙本爲侯莫陳超同輩，或《姓纂》闌入下一代，或「遙」字原爲他字，因「起」「超」「越」等形訛。但《姓纂》《湯賁君夫人侯莫陳約墓誌》一致以「遙」爲「超」子，似無可偏駁。但《湯賁君夫人侯莫陳約墓誌》在多處表現出根據《姓纂》的痕跡，二者互文，所以能「自證」。而這兩種文獻在「通」（逌）、「懔」二人的安排上的矛盾，無疑也證明了它們自身存在的問題，所以我們的疑問還有存在的理由，待更證據出現以證實。

（6）會昌元年秦書撰《張公夫人侯莫陳氏墓誌》：曾祖諱涉，銀□光祿大夫、使持節相州諸軍事、守相州刺史、上柱國、蕭縣開□子。祖諱倚，宣德郎、守綿州昌明縣令。考諱謂，徵事郎、守□州司倉參軍。夫人爲長女〔註 26〕。侯莫陳涉見與《姓纂》，此誌可補其後。

侯莫陳崇一系枝派蕃衍，尚有一些可以確定出於侯莫陳崇一系者，如撰徐浩夫人侯莫陳氏墓誌之侯莫陳頊，爲夫人之侄。又前引《女孝經》作者鄭氏之夫侯莫陳邈。鄭氏《進〈女孝經〉表》稱「妾侄女特天恩策爲永王妃」，永王妃本侯莫陳超之女〔註 27〕，可知侯莫陳邈與侯莫陳超爲兄弟。又《金石錄》卷九目錄第一千六百四《唐秋日登戲馬臺詩》：「侯莫陳遂等正書，無姓名，貞元七年六月。」此侯莫陳遂極有可能爲侯莫陳邈兄弟行人物。根據上述資料及辨析，下面重新將侯莫陳崇一系世系重新整理如下：

圖 5：侯莫陳崇家族世系圖

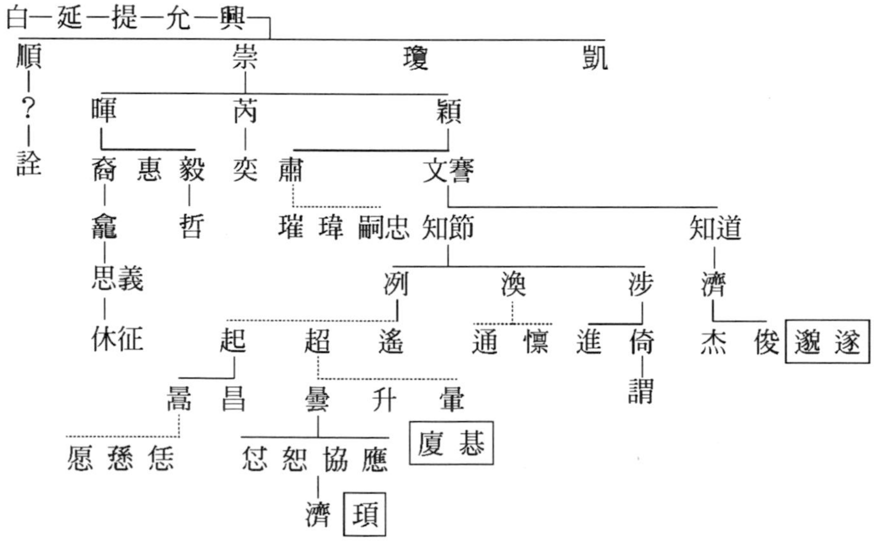

白—延—提—允—興
順　崇　瓊　凱
？　暉　芮　穎
詮　裔　惠　毅　奕　肅　文謇
龕　哲　瓘　瑋　嗣忠　知節　知道
思義　洌　渙　涉　濟
休征　起　超　遙　通　懍　進　倚　杰　俊　邈　遂
冨　昌　曇　升　暈　謂
愿　愻　恁　忲　恕　協　應　廈　惎
濟　頊

注：帶……部分表示存疑：在□部分爲不詳所屬，至排行清楚者。

〔註 26〕四川省文物局、四川省文物考古研究所編：《四川文物志》，巴蜀書社，2005 年，第 265～266 頁。

〔註 27〕《唐大詔令集》卷四十《冊永王侯莫陳妃文》：「維開元二十六年歲次戊寅正月庚午朔十八日丁亥……咨爾右羽林軍長侯莫陳超第五女……冊爾爲永王妃。」

二、侯莫陳琰的基本信息及可能歸屬

（一）侯莫陳琰的基本信息

侯莫陳琰的出名，最早是因爲敦煌文書《頓悟眞宗要訣》有關他的記錄。該文書有 S.5533，P.2799，P.3922，北 8375，龍谷 58，P.t.116 等六個寫卷，各本題名、序言、內容上有所不同。其中，P.2799 內容最爲完整。題名《頓悟眞宗金剛般若修行達彼岸法門要訣》，侯莫陳琰問，智達禪師口訣，滎主簿本上。序云：

> 侯莫陳居士者，雍州長安人也，俗名琰，法號智達。不顧榮利，志求菩提。在嵩山廿餘年，初事安闍梨，後事秀和尚，皆親承口訣，蜜（密）登教旨。至於精義妙理，達本窮源，出有入無，圓融自在，契家中之要智，得修心之正覺，亦難與比矣。居士以禪思歎暇此群迷，遂託爲答問，開慈法要，可謂釋門之龍象，涉海之舟船。經云：直往菩提，斯言信矣。庶將來學者，幸依文守心。先天元年十一月五日，棣州刺史劉無得敘錄琰問。

此後爲開篇總提：

> 琰問智達禪師：佛法幽玄，凡人不測，文字浩汘，意義難知。請問禪門法要，不求人天，直趣菩提彼岸，禪師慈悲（不），不棄流俗，幸無秘蜜（密），垂賜眞言。城中有爲，請不勞智；方外無爲（P.2799 作「不樂有爲，方外無爲」），願垂法要。智達禪師答曰：善哉！善哉！長身五十有三，入道卅有二，未曾有人問斯意義，汝有何疑，復決何事，直問直答，不假煩言。〔註 28〕

此後圍繞不同之問題，反覆問答。P.2799 題名爲《頓悟眞宗要訣》，侯莫陳琰問，智達禪師口訣。無上文之序，開篇之總提文字略簡，文字亦有不同。其餘諸本侯莫陳琰撰題及序言。

崔寬《六度寺侯莫陳大師壽塔銘文並序》之發現，曾是破解《頓悟眞宗要訣》歸屬的核心證據。此塔銘原載汲縣六度寺內。最早發現該塔銘者爲顧燮光。其《河朔訪古新錄》卷一「汲縣」下載：「縣西北三十五里陳召村六度寺，（俗名羅頭寺）。唐開元間建，門寺外西壁上有唐開元二年六月六度寺侯

〔註 28〕《法藏敦煌西域》第 18 冊，上海古籍出版社，2002 年，第 278 頁。參考牛宏《敦煌藏文、漢文禪宗文獻對讀——P.t.116（191～242）與 P.ch.2799、S.ch.5533、P.c h.3922》，《敦煌學輯刊》2007 年第 4 期，第 188～205 頁。

莫陳大師壽塔銘。(正書，崔寬撰，王玄貞書，金石諸家未著錄。)書法樸茂，爲唐刻至精緻之品。」〔註 29〕顧氏發現該塔銘之後，寄與好友葉昌熾。葉氏在日記中記錄了這一塔銘發現的過程。《緣督廬日記抄》卷十五乙卯年：「九月初五日。又得顧鼎梅一函，言遊香泉寺。……寺西南五里有六度寺。又訪得唐張莫陳禪師塔，開元時刻。張疑爲侯字誤釋，侯莫陳北朝虜姓也。」卷十六，丙辰年又載：「四月，廿八日。得顧鼎梅函，新至清化、修武、獲嘉訪古，登月山寺，遊百家岩，新出土石刻又增十餘通，以四通見貽。又爲其居停范君作介，贈汲縣香泉寺唐宋石刻全分。廿九日，郵館續送到衛輝石刻。……范君所贈共五石，又題名十二段。……六度寺侯莫陳大師壽塔文，開元二年六月十日崔寬文，書手王玄貞，精品，碑陰有造像，共二紙。」據此，似乎塔銘本爲寓居顧家之范某所有。葉昌熾得到該塔銘，賞玩不已。據日記，同年五月二十一日：「汲縣新出六度寺侯莫陳大師塔銘，行楷清峻，唐石之精者，對臨一通，今晨畢。」羅振玉當在很久之後才獲拓片，其《雪堂類稿》戊《長物簿錄塔誌徵存目錄》有《六度寺侯莫陳大師壽塔銘文並序》，其後編入《邙洛冢墓遺文》四編卷五。此後文獻多轉錄羅氏之文。據塔銘：

> 大師姓侯莫陳，諱琰之，法名智達，京兆長安人。……年甫弱冠，便如嵩山。初事安闍梨，晚歸秀和上。並理符心會，意授口訣。二十餘年，遂獲道果。和上曰：汝已智達，辯才無導，宜以智達爲名。道在白衣，吾無憂矣。既承授記之音，復傳秘密之藏。欲導引迷俗，故往來人間。時遊洛中，或詣河北，迎門擁篲，不可勝紀，因而得度者，歲有其人焉。此寺有比丘尼無上、比丘尼導師者，俗姓裴氏，河東聞喜人也。……姊妹二人，分形共業。乘銀臺而直往，守金道而無回。白黑遵崇，遐邇敬仰。大師曰：雖稱極樂，終非究竟。於是睠彼二尼，不遠千里。正師資之禮，具函杖之儀。被如來衣，坐如來室。直示總持之要，宏開頓悟之宗。師等慄然，有同冰釋。……一二年內，俱獲菩提。乃相與言曰：上恩已洽，至德難忘。古先哲人，仍爲壽藏。惠愛於物，必建生祠。凡厥吾徒，可不戮力。遂於此地，爲大師立三級浮圖焉。若乃人物形勝，林麓藪澤。傍連牧野，前徒百勝之場；卻負商郊，近古千年之業。周武王之問罪，

〔註 29〕《石刻史料新編》第二輯，第 12 冊，臺北新文豐出版社公司，1979 年，第 8890～8891 頁。

殷有忠臣；吴季札之觀風，衛多君子。代閱古今，事標靈異。夫其壯也，仰太行之合沓；夫其麗也，俯淇澳之清泠。……因塔廟之在斯，粗可得而陳也。爾時弟子欲重宣此義，敬作銘云：……開元二年六月十日入涅槃。弟子崔寵、弟子裴炯、弟子崔玄悊、弟子僧重瑩、造塔匠左思仁、書手王玄貞弟子田普光。〔註30〕

（二）侯莫陳琰的可能歸屬

前後兩個文本的內容正好對應。前面所述侯莫陳各支系，及出土侯莫陳氏人物墓誌，都未見侯莫陳琰此人，但我們結合他的活動時間和姓名規則，可以找到一些線索。從活動時代來看，侯莫陳崇之後代可考者如下：

第一代：

芮，大業初流配嶺南；昭，大業二年爲柱國；穎，大業九年卒〔註31〕。

第二代：

肅，碑在貞觀二十一年；昭第六子毅，永徽元年卒；文騫。

第三代：

知道，知節，璀，瑋，嗣忠。

第四代：

渙，開元六年爲濮州刺史〔註32〕；涉，神龍二年授吳興郡守〔註33〕，葬開元二十三年〔註34〕；嗣忠女天寶十三載卒。

〔註30〕吴鋼主編：《全唐文補遺》第六輯，三秦出版社，1999年，第26～27頁。國家圖書館藏拓片，收入《北京圖書館藏中國歷代石刻拓本彙編》第21冊，中州古籍出版社，1989年，第23頁。

〔註31〕陳思《寶刻叢編》卷八「咸陽縣」：《隋桂州總管侯莫陳穎墓誌》：「君諱穎，字遵道，彭城人。大業六年爲南海太守，九年十月薨於郡治。以唐武德八年七月，遷葬於雍州咸陽縣。」

〔註32〕《冊府元龜》卷六百五十八《奉使部》「論薦」門：「劉知柔，開元中爲河南道巡察使。奏陳州刺史韋嗣立、汝州刺史崔日用、兗州刺史韋元珪、亳州刺史蕭憲、濮州刺史侯莫陳渙……等，清白可陟之狀。」郁賢皓考在開元六年（《唐刺史考全編》，安徽大學出版社，2000年，第979頁。）。

〔註33〕談鑰《吳興志》卷十四郡守題名：「侯莫陳涉，神龍二年自睦州刺史授遷商州刺史，《統記》云開元九年。」郁賢皓以爲開元九年較可信（（《唐刺史考全編》，第1940頁）。

〔註34〕《寶刻叢編》卷二十不詳所在唐石刻引《復齋碑錄》：「《相州刺史侯莫陳涉墓誌》，鄭同升撰，盧自勵正書，開元二十三年乙亥十一月壬子朔九日庚申。」

第五代：

起，開元前期爲唐州刺史；超，開元二十六年（738）爲羽林長上；遂，貞元七年六月《秋日登戲馬臺詩》題名。

第六代：

遙，大曆二年卒〔註 35〕；超第五女，開元二十六年冊永王妃，至德元年被害〔註 36〕；超之子昇，乾元二年爲太常寺協律郎〔註 37〕。

第七代：

曇第二女徐浩夫人，貞元七年卒；憓，貞元十四年八月五日爲告城縣尉，書《袁傑墓誌》；曇次子恕，元和元年卒；遙女湯賁夫人，大和二年卒；侯莫陳涉曾孫女，會昌元年卒。

第八代：

頊，徐浩夫人之侄。

根據這一時間座標，若侯莫陳琰（琰之）屬侯莫陳崇一系，最有可能在第三代與第四代之間。侯莫陳琰，石刻作「琰之」，唐人名多省行或以字行。「琰」與「璀」、「瑋」同偏旁，可能爲同行兄弟命名。琰者，上端尖之圭也。《周禮·春官·典瑞》：「琰圭以易行，以除慝。」《鄭注》：「琰圭有鋒芒，傷害征伐，誅討之象。故以易行除慝，易惡行令爲善者。」古人命名有琰者頗多，除了與珪互訓之外，有取其忠節之寓意者。同在開元時期，有趙瓊琰，字忠，河南人〔註 38〕；宋代《海錄碎事》作者葉庭珪，字嗣忠。這些名字從訓詁上看，都是切「琰」之象徵寓意。侯莫陳璀、瑋同行正好有「嗣忠」。侯莫陳琰與侯莫陳嗣忠，從名字訓詁之相關及活躍時間之相當而言，可能有莫大之關係：這雖然只是我們的一種推測，更多的證據還有待新出史料，但侯莫陳琰處於侯莫陳氏家族無疑，其家族奉佛之經歷是其佛學成果之淵源。

〔註 35〕據郭行餘撰《湯賁夫人侯莫陳氏墓誌》，夫人始十歲時父卒。夫人春秋七十二，大和二年四月廿三日卒。據此推算，夫人之父侯莫陳遙卒在大曆二年。

〔註 36〕《舊唐書》卷十《肅宗紀》：「（至德元年，七月）丁卯，逆胡害霍國長公主、永王妃侯莫陳氏、義王妃閻氏、陳王妃韋氏、信王妃任氏、駙馬楊朏等八十餘人於崇仁之街。」

〔註 37〕浙江大學圖書館藏乾元二年徐浩撰《竇華墓誌》：次婿太常寺協律郎侯莫陳昇（墓誌拓本爲浙江大學圖書館藏。見中國歷代墓誌數據庫）

〔註 38〕開元廿九年《趙瓊琰墓誌》：「公諱瓊琰，字忠，河南人也。」（吳鋼主編：《全唐文補遺》第一輯，三秦出版社，1994 年，第 149 頁。）

第三節　侯莫陳氏家族與佛教之關係

一、北朝時期侯莫陳氏之奉佛之淵源

北朝以來，侯莫陳氏累世奉佛。《魏書・侯莫陳悅傳》：「代郡人也。父婆羅門，爲駝牛都尉，故悅長於河西。」侯莫陳悅之父以婆羅門名，或本即婆羅門教士；且生長佛教入華之中轉地河西，其家族與佛教關係之長久深遠可以想見。法琳《辯正論》卷四「十代奉佛篇」下所敘錄北朝時期奉佛者有：

魏寧遠將軍侯莫陳引，造衹園寺：

本漢中山靖王之胤，涉漢已來，肇有豐國，因侯而氏，遂號陳焉。造衹園等寺，常營齋講，及施悲田。

周使持節太傅柱國大將軍清河公侯莫陳休：

文武兼施，忠孝備舉；生而念善，常行慈恕。於大乘寺受戒，發心寫一切經，造丈六夾紵無量壽像，俸祿所致，咸舉檀那。

隋上柱國武衛將軍梁國公侯莫陳芮，造舍衛寺：

卓犖不群，骨梗無輩。參謀王室，首建義旗。去煩就簡之功，佐命平暴之力。任居闈闔，有積炎涼；宿衛宮城，頻移氣序。用心恭謹，獨美當朝。文物具瞻，聲猷遐布。一門昆季，三人駙馬。敬信崇重，造寺書經，每以法言，備修善事。〔註 39〕

侯莫陳引、侯莫陳休所屬支系不詳。侯莫陳芮爲侯莫陳崇之子。從《辯正論》來看，北朝時期從侯莫陳家族人物之奉佛活動，不僅限於一般之造像寫經，還擴展到建造寺院，營習齋講。

2002 年 11 月於山西省太原市汾河西岸晉陽古城遺址發現北齊天保六年（555 年）侯莫陳洞室墓碑，據發掘報告稱：

質地爲沉積的沙岩，碑體的下半截仍是毛坯石，碑首半圓形。在平整碑面的中央處，雕出一個浮雕的立人像。人像正面站立，頭頂束雙髻，身穿右衽長襦，雙手攏於身前。下著褲，蹬圓頭鞋。人像旁陰刻碑文（石面粗陋、字跡漫漶）〔註 40〕。

毛遠明先生考校之釋文如下：

〔註 39〕《大正藏》第 52 冊，臺北新文豐出版公司，1983 年，第 516 頁。

〔註 40〕山西省考古研究所《太原西南郊北齊洞室墓》，《文物》2004 年第 6 期，第 45～46 頁。

唯大齊天保六年，大將軍□，癸酉，歲次乙亥，二月壬子朔，廿七日戊辰，驃騎大軍、直閣都督、高平縣開國子、西舞縣開國男□莫陳阿（仁）伏薄祜少賓，亡妻叱列棄（聖），進念無遲，殯（葬）并州城西山陵，（女）奴益錢，乃爲守墓，且銘記之。〔註 41〕

碑主姓名中所缺字，報告認爲是「侯」，即侯莫陳，當無疑義。報告說：「又以石碑造像且『爲守墓』，是本地區同類別墓葬中的罕有發現。」這是侯莫陳氏家族信佛的一種體現。該碑文中還有一些重要信息，如侯莫陳阿伏之妻爲叱列氏。叱列氏，即高車十二姓之泣伏利氏之省譯，該族在北魏、周齊時期亦多顯達之人，且多信佛。二氏之聯姻，不僅有種族上之原因，可能還有宗教上的親緣。

另外，1984 年在甘肅正寧縣羅川鎮聶店村出土的北周保定元年（561 年）石雕佛立像，造像下臺基四面發願文及造像人題名。其東面題名中有「邑生侯莫陳阿顯」、「邑生侯莫陳康果」兩人〔註 42〕。從該造像中的題名來看，當地爲一個胡、漢大雜居地區，其中的胡姓涉及的部族有鮮卑、匈奴、羌、氐、西域胡等，他們通過合邑造像來爲維繫地方社會。

二、唐代侯莫陳氏奉佛之傳承

入唐之後，侯莫陳氏家族之佛教信仰並未有所減弱，也正是因爲這種累世之積澱，才會有侯莫陳琰《頓悟眞宗要訣》這一重要的佛學成果。侯莫陳氏家族的宗教淵源，除了自身傳承之外，另外有一個重要淵源是來自婚偶家族。中古時期，宗教信仰的家族化傾向，陳寅恪先生曾以天師道爲例，有過精彩之分析，而其「地域薰習，家世遺傳」二端尤爲通識。今舉碑銘所見唐代侯莫陳氏家族及婚偶家族之奉佛史料申述如下。

（一）侯莫陳氏與蕭巋家族

前引《侯莫陳毅墓誌》：「夫人蘭陵縣君蕭氏，梁世祖明帝第七女。」侯莫陳毅夫人蘭陵縣君蕭氏，即梁世祖明帝蕭巋第七女，蕭詧之孫女，蕭統之曾孫女。關於侯莫陳氏與蕭氏之聯姻，史傳有一段故事。《隋書・蕭琮傳》載：

〔註 41〕毛遠明：《漢魏六朝碑刻校注》，線裝書局，2009 年，第 357～358 頁。

〔註 42〕原刊於《甘肅正寧縣出土北周佛像》，《考古與文物》1985 年第 4 期。錄文及研究情況參考魏文斌、吳葒著《甘肅佛教石窟考古論集》，民族出版社，2009 年，第 496～513 頁。

> 琮性澹雅，不以職務自嬰，退朝縱酒而已。內史令楊約與琮同列，帝令約宣旨誡勵，約復以私情喻之。琮答曰：「琮若復事事，則何異於公哉！」約笑而退。約兄素，時爲尚書令，見琮嫁從父妹於鉗耳氏，因謂琮曰：「公，帝王之族，望高戚美，何乃適妹鉗耳氏乎？」琮曰：「前已嫁妹於侯莫陳氏，此復何疑！」素曰：「鉗耳，羌也；侯莫陳，虜也，何得相比！」素意以虜優羌劣。琮曰：「以羌異虜，未之前聞。」素慚而止。〔註 43〕

蕭琮嫁妹侯莫陳氏，即侯莫陳毅。楊素對於蕭琮家族婚姻之質疑，蕭琮其實並沒有正面回答。中古時期，婚姻之清望是閥閱的基本追求，蕭琮家族以帝王之後，門第清華冠當時，但卻選擇鉗耳氏、侯莫陳氏「羌、虜」族裔聯姻，這是很難解釋的，其中當有未發之覆。超越門第的婚姻除往往有宗教等其他原因，蕭氏家族爲南朝以來典型的佛教世家，而侯莫陳氏家族亦累世奉佛，這是兩個家族聯姻的重要紐帶。另外，鉗耳氏爲羌中豪族，亦世奉佛教，可以推測蕭琮與之聯姻也是基於佛教原因〔註 44〕。

（二）侯莫陳氏與徐鍔家族

前引《徐浩夫人侯莫陳氏墓誌》，夫人母高平徐氏，外曾祖徐彥伯，太子賓客，高平郡公；外祖徐鍔，司封郎中，洛陽縣令。誌又云：

> 逮吏部薨泊葬，琦等毀哀而抗者數四。猗歟，憾結於忘恩，疾生於積毀，以同穴之義重，宜家之情切，低首含恨，屬纊不言。乃泊心玄元，堅志空寂，道究希夷至理，法窮定慧之源。輕幣妙色，不被於躬者二紀；珍饈雜葷，不茹於口者十祀，遂遘疾於勝業里。

〔註 43〕《隋書》卷七十九，中華書局，1973 年，第 1794 頁。

〔註 44〕鉗耳氏奉佛的記載，如《水經注》卷十三「㶟水」：「又南逕平城縣故城東。……東郭外，太和中，閹人宕昌公鉗耳慶時立祇洹舍於東皋，椽瓦梁棟，臺壁櫺陛，尊容聖像，及床坐軒帳，悉青石也。圖制可觀，所恨惟列壁合石，疏而不密。庭中有《祇洹碑》，碑題大篆，非佳耳。然京邑帝里，佛法豐盛，神圖妙塔，桀峙相望，法輪東轉，茲爲上矣。」關中地區羌人聚落佛教造像活動興盛，鉗耳氏參與者亦頗多，如北周保定四年九月《聖母寺四面像碑》有「南面中堪像主（党）鉗耳榮歡」，後題名有邑子鉗耳仲和。唐代鉗耳氏家族奉佛之案例，如任琦撰《大唐故遊騎將軍河南府羅汭府左果毅都尉上柱國馮翊郡鉗耳府君夫人河東薛氏郡君墓誌》：「夫人惠心善柔，幼而老成。蔬食不葷，密念存聖。緇塵五欒，以柔閒檢身；金玉三歸，以圓寂弘誓。」薛氏之篤信佛法，可能也有鉗耳府君氏家族之聯繫。

將欲脱跡塵累，棲身道門，徙寓於咸宜觀，以貞元七年六月十日寢疾，竟終於淨宇，享年卌九。……夫人將暝之際，謂左右曰：「可安我城南，不必遠祔」。蓋欲徇崇道之願。……以其年八月廿六日權厝於萬年縣鳳棲原。

咸宜觀爲唐代長安著名道觀。《南部新書》卷五：「（長安）士大夫之家入道盡在咸宜。」據誌文「玄元」、「空寂」、「希夷」云云，亦指向道教，但又云「定慧之源」，則似爲佛教。在古代，母親家族（外族）的信仰對於子女的影響非常大，因母親多爲家族教育之負責者，所以其信仰很容易爲子女傳承。徐鍔家族與佛教有密切的聯繫。據唐洛京天竺寺寶思惟傳載：

釋阿你眞那，華言寶思惟，北印度迦濕密羅國人，剎帝利種。……以天后長壽二年，屆於洛都，敕於天宮寺安置。即以其年創譯至中宗神龍景午，於佛授記、天宮、福先等寺，出《不空罥索陀羅尼經》等七部。睿宗太極元年四月，太子洗馬張齊賢等繕寫進內。其年六月，敕令禮部尚書晉國公薛稷、右常侍高平侯徐彦伯等詳定入目施行。〔註 45〕

徐彦伯爲當時文宗，其負責編定釋教目錄，或有家世宗教信仰之緣故。其《柏梯寺碑銘》《唐萬回神跡記》等文，可見其對佛學之精熟。

徐彦伯子徐鍔，繼承了父親佛典敘錄的工作，其《大寶積經述》，介紹了改經翻譯、呈進的過程。文中也反映出其本人的佛學修養，非一般文士淺嘗之表現。文中提到：

今所新翻經，凡有四十九會，七十七品，合一十二帙，以類相從，撰寫咸畢。以先天二年六月三十日進太上皇，八月二十一日進皇帝。……次有清信佛弟子前少府監丞李式顏等，皇朝金紫光祿大夫兵部尚書贈侍中隴西公迥秀子也；復有清信佛弟子前右拾遺徐鐈等，皇朝銀青光祿大夫太子賓客昭文館學士高平公子也；咸屬彼穹降禍，私門墜構，陟遙岵而崩心，瞻冥途而獻福。於是胠篋探笥，檀波羅蜜，廣疊簡箋，首崇書寫，不變槐火，遽盈苔秩。然後裝之鏤軸，綴以瓊籤，羅彩箄而霓舒，播珠函而錦縟。方使猛風吹嶽，長存妒路之文；動火燒天，不壞多羅之典。〔註 46〕

〔註 45〕贊寧撰，范祥雍點校：《宋高僧傳》卷三，中華書局，1987 年，第 42 頁。
〔註 46〕《全唐文》卷二百九十五，中華書局，1983 年，第 2993 頁。

「清信佛弟子前右拾遺徐鐈」即徐彥伯子，徐鍔之兄，明稱爲「佛弟子」。《大寶積經》進呈睿宗時，徐鐈等人爲書手。據《舊唐書》徐彥伯本傳：「先天元年，以疾乞骸骨，許之。開元二年卒。」徐鍔文中說「彼穹降禍，私門墜構，陟遙岵而崩心，瞻冥途而獻福」，正是籍編錄繕寫佛經爲父祈福。另外，寶思惟翻《不空羂索陀羅尼經》等七部在長壽至神龍年間，而唐新翻《大寶積經》正好始於神龍二年，畢於先天二年，過程前後相續。前番徐彥伯參與，後或因彥伯病，故徐氏兄弟參與，這正是承家學淵源與家世信仰之故。

徐彥伯與侯莫陳琰卒同年。徐鍔家族的佛教信仰及佛學活動，集中在武周到開元初，正好與侯莫陳琰《頓悟眞宗要訣》成書之時代相當。其中是否有聯繫，尙待考索。

（三）侯莫陳氏與徐浩家族

徐浩繼室侯莫陳氏卒於咸宜觀，這是比較「費解」的一個問題。這或許與徐浩家族的信仰有關。徐浩家族與佛、道皆有密切的關係，三教融合在這裡體現得非常明顯。與佛教的關係，可以注意之處有如下一些方面：首先，徐浩家族人物多爲佛教徒，對佛教大德亦頗爲禮遇崇奉。會稽及周圍地區，南朝以來爲佛教興盛之所，徐氏入佛者頗多。雖然不知其是否爲徐浩家族人物，但系出同一地域，當有莫大關係。如衢州龍興寺律師體公，俗姓蔣，母徐氏，兄弟俱出家。其居衢州期間，徐嶠之請居龍興寺〔註 47〕。又會稽玄儼律師，俗姓徐氏，爲諸暨縣族。「故洺州刺史徐嶠之、工部尙書徐安貞，咸以宗室設道友之敬。」〔註 48〕稱徐嶠之等爲「宗室」。出於會稽徐氏之高僧，又如越州稱心寺釋大義〔註 49〕。其次，徐浩家族創作的佛教主題書法、詩文作品，尤其是碑銘，爲數眾多。徐浩本人不僅爲高僧書寫碑銘，而且還有寫經。王安石曾見徐浩書《法華經》，有《題徐浩書法華經》詩。《寶刻類編》卷三著錄徐浩寫經有《金剛經》《心經》《注大乘起信論》〔註 50〕。孔延之《會稽

〔註 47〕李華《衢州龍興寺故律師體公碑》，《全唐文》卷三百十九，中華書局，1983 年，第 3235～3236 頁。

〔註 48〕萬齊融《法華寺戒壇院碑》，《全唐文》卷三百三十五，中華書局，1983 年，第 3392～3393 頁。

〔註 49〕《宋高僧傳》卷十五：「釋大義，字符貞，俗姓徐氏，會稽蕭山人也。」

〔註 50〕陳思《寶刻叢編》卷四引《訪碑錄》載洛陽下有《金剛經》碑，云其字體類徐浩書，一云屈賁書。又徐浩書《心經》，明代時重現，當時人有品評。安世鳳《墨林快事》卷五「徐浩心經」條載：「此刻之豐人翁家。人翁書家冠冕，不宜訛。」王世貞《弇州四部稿》、孫礦《書畫跋跋》皆有品論。

掇英總集》卷八錄徐浩《寶林寺作》詩，大有發願超脫之心，可見徐浩確實於佛法情深。《金陵新志》載徐浩書《祭酒史公仲謨碑》，引《溧陽縣志》云：「縣治南百許步，士人家嘗斸地得片石，乃徐季海詩刻云：『祖德道場下，往來三十秋。白頭方問法，朗月特相留。大唐徐浩書。』」〔註51〕此爲徐浩佚詩，亦關佛事。

貞元九年張叔弼撰《徐漪夫人郤氏墓誌》，郤氏貞元八年十一月卒永寧寺西北隅旅舍〔註52〕。徐漪爲徐浩之弟，其夫人卒於佛寺，或亦因崇佛之緣故。總之，徐浩家族之佛教姻緣，有家世傳承、地域薰習、婚偶結合諸端。其娶侯莫陳氏爲繼室，且不計聲名寵溺之，其主要原因當從二者家族信仰中尋找。

現在回頭看徐浩夫人侯莫陳氏卒於咸宜觀的問題。徐浩家族與道教關係密切。其一，徐氏在南朝時期爲天師道世家。陳寅恪先生考東西晉南北朝天師道世家，北以青齊爲中心，南以吳會爲中心，徐浩家族源出東海，而播遷會稽，皆爲濱海地域天師道傳教區。其二，徐浩家族人物名字有天師道命名方式。徐浩祖名「師道」，疑與天師道有關。朱長文《墨池編》卷三載徐師道「棄官歸隱」及私謚「高行先生」事，〔註53〕即其信道之旁證。徐浩父名「嶠之」，「之」「玄」等字爲天師道家族子孫命名之標記〔註54〕。其三，徐浩家族以書法爲世業。陳寅恪對「天師道與書法之關係」曾有精彩之論述，南北朝時期書法世家多爲天師道世家，而徐浩家族爲一典型的書法世家。其四，徐浩家族交遊人物，有與道教關係密切之賀知章、康希銑等人。此外還有重要的一點，《唐朝名畫錄》陳閎傳云：

〔註51〕《至正金陵新志》卷十二，《宋元珍稀地方志叢刊》乙編第四冊，四川大學出版社，2009年，第1463頁。

〔註52〕郭茂育、趙水森編：《洛陽出土鴛鴦誌輯錄》，國家圖書館出版社，2012年，第154頁。

〔註53〕施宿《（嘉泰）會稽志》卷十六：「高行先生徐師道碣，開元十一年四月姚奕序，賀知章銘，子嶠之正書。僅餘碎石四片，十不一存，陷府治廳壁。」「徐浩先塋題記，大曆九年十月浩正書，刻於高行先生徐師道碑陰，石不存。」

〔註54〕張式撰《徐浩神道碑》：「隋杭州錢塘縣令澄之玄孫，皇朝逸人敬之曾孫，益州九隴縣尉贈吏部侍郎師道之孫，銀青光祿大夫洺州刺史贈左散騎常侍嶠之之子。」通常以爲諸人爲徐澄、徐敬、徐師道、徐嶠之。但斷句上也可「澄之」「敬之」爲連，於是徐浩高祖以來命名，亦重「之」字。據《金石萃編》，「隋杭州錢塘縣令澄之」之後有「廟諱」二字小注，即嘉慶皇帝名中「顒」字。則「澄之」或爲字，而本名「顒」。此注出自王昶本人，不知其依據爲何。

> 陳閎會稽人也，善寫眞及畫人物士女，本道薦之於上國。明皇開元中召入供奉，每令寫御容，冠絕當代。……今咸宜觀内天尊殿中畫上仙，及圖當時供奉道士、庖丁等眞容，皆奇絕。曾畫故吏部徐侍郎本行經幡十二口，今在焉。〔註 55〕

可見徐浩與咸宜觀之關係頗爲密切，徐浩繼室終於此觀，可能有徐浩的緣故。但徐浩讓陳閎所畫之經幡，本佛教法物體。張彥遠《歷代名畫記》卷三「記兩京外州寺觀畫壁」咸宜觀亦載陳閎所畫「騘間寫眞及明皇帝上佛公主等圖」，亦是佛畫入道觀。這些都是唐代佛道融合的證據，也能解釋爲何出身累世奉佛家族之侯莫陳氏，也能接受卒於咸宜道觀。但更重要的原因，可能是侯莫陳氏家族與皇室之聯繫。據湯賁夫人侯莫陳氏墓誌云：「姑姊妹爲王妃，爲縣君、郡君、郡夫人者十八九焉。」永王璘之妃侯莫陳氏，即徐浩繼室侯莫陳氏之姑。關於咸宜觀，《長安志》卷八「親仁坊」載：

> 西南隅，咸宜女冠觀。睿宗在藩之第。明皇升極於此。開元初，置昭成、肅明二皇后廟，謂之儀神廟。睿宗昇遐，昭成遷入太廟，而肅明留於此。開元二十一年，肅明皇后亦祔入太廟，遂爲肅明道士觀。寶應元年，咸宜公主入道，與太眞觀換名焉。〔註 56〕

咸宜觀本皇家之物，徐浩夫人侯莫陳氏晚年在咸宜觀入道，或許也有這方面之考慮。永王妃侯莫陳氏，即徐浩夫人之姑，至德元年被害。咸宜公主與永王，同爲玄宗子女，連帶親緣關係不待言。咸宜觀之成立，在寶應元年咸宜公主入道時，興元元年公主卒〔註 57〕，貞元七年徐浩夫人入此觀，相隔不過八年。另外，咸宜觀在親仁坊，爲徐浩家宅所在永寧坊之北一坊。而咸宜公主入道前之宅在靖安坊，在永寧坊西街南一坊〔註 58〕，諸坊位置相鄰，徐浩在世日〔註 59〕，侯莫陳氏夫人於家宅與咸宜公主宅或咸宜觀間往來際會亦屬可能。夫人遘疾於勝業里，終於咸宜觀。勝業里在親仁坊東一街，東市之北一坊。夫人居此，不知是徐浩子孫有宅與此之緣故，還是崇佛、崇道之原因。

〔註 55〕朱景玄著，溫肇桐注：《唐朝名畫錄》，四川美術出版社，1985 年，第 22 頁。

〔註 56〕宋敏求著，辛德勇、郎潔點校：《長安志》卷八，三秦出版社，2013 年，第 281 頁。

〔註 57〕陳思《寶刻叢編》卷八引《集古錄目》：「唐咸宜公主碑，唐鄜坊節度掌書記武元衡撰，蘇州常熟縣令袁中孚書，將作少監集賢院學士李陽冰篆額。公主玄宗之第十八女，降秘書監崔嵩，碑以興元元年立。」

〔註 58〕《唐兩京城坊考》卷二「靖安坊」：「咸宜公主宅，玄宗女，再降崔嵩。」

〔註 59〕徐浩之宅在永寧里，據張式所撰碑。

侯莫陳氏以晚年遘疾之時亦不忘遷永寧里北之咸宜觀，自然有非常之原因。倘若夫人爲求佛之故，則勝業坊有勝業寺、修慈尼寺、甘露寺等名寺，其周圍如崇仁坊、平康坊更多，自不需要如此捨近求遠。之所以選擇咸宜觀作爲終老之所，可能是與夫人家族與咸宜公主有特殊之聯繫。〔註 60〕

（四）侯莫陳氏與湯賁家族

湯賁夫人侯莫陳氏墓誌以及子孫的出土，爲我們理解侯莫陳氏家族文化的多側面提供更多的資料。〔註 61〕據《湯賁夫人侯莫陳氏墓誌》〔註 62〕，夫人爲侯莫陳遙女，母良原縣君張氏。湯賁家族墓誌皆云爲范陽人，但《新唐書·藝文志》集部著錄《湯賁集》十五卷，注云：「字文叔，潤州丹陽人，貞元宋州刺史。」〔註 63〕鄭樵《氏族略》「湯氏」條云：「《南史》道人湯休，唐貞元道人湯靈徹，宋州刺史湯桑，並吳人。宋湯氏爲著姓，望出中山、范陽。」〔註 64〕湯桑即湯賁之訛。據此，范陽爲湯氏姓望，而丹陽、吳越則爲湯賁著籍。南朝以來江南湯氏聞人頗多。出土墓誌亦可爲證。但湯賁家族祖塋在偃師，這又不同於江南地區湯氏人物，或其家族以早遷長安之故耶？

湯賁夫人侯莫陳約大和二年（828）四月廿三日終於長安縣善和里福壽之佛寺。按，夫人本家私第在東都從善里，此善和里之佛寺，或夫人長安依靠女婿郭行餘時寄身之所。這也說明侯莫陳氏夫人崇信佛教。從北朝以來，歷初盛唐，至大和年間，侯莫陳氏族人依稀還見奉佛者，可見家世信仰的延續性。

湯賁家族與佛教的關係亦可推知，這或許也是兩個家族通婚之原因之一。如前所說，湯賁家族當爲潤州丹陽人或會稽人。會昌三年李文舉撰《故范陽湯氏夫人權厝記文》：「湯氏遠祖，本自幽薊，屬國多難，從官播遷，因

〔註 60〕按，徐浩卒永寧坊私第，夫死從子，夫人或居徐浩子孫勝業坊宅？徐浩子孫之宅第信息不詳，待新出墓誌。徐浩兄徐濬私第在洛陽樂城坊；徐浩弟徐漪夫人郤氏卒永寧寺西北隅旅舍；徐頊卒福昌縣三鄉里第。宅第之分化速度確實很快。惜無徐浩子孫墓誌出土，以補次闕疑。又勝業坊未見有道觀，但佛寺則頗勝。夫人初居此，是否是因爲崇佛之緣故？倘若此，則夫人由崇佛至崇道，更爲可疑。必求之家族薰習之佛教姻緣及徐浩家族所遺留之道教信仰方能解釋。

〔註 61〕《湯賁墓誌》，見郭茂育、趙水森編《洛陽出土鴛鴦誌輯錄》，國家圖書館出版社，2012 年，第 148 頁；湯賁曾孫湯珂墓誌見於齊運通編《洛陽新獲七朝墓誌》，中華書局，2012 年，第 370 頁。

〔註 62〕郭茂育、趙水森編：《洛陽出土鴛鴦誌輯錄》，國家圖書館出版社，2012 年，第 150 頁。

〔註 63〕《新唐書》卷六十，中華書局，1975 年，第 1604 頁。

〔註 64〕鄭樵撰，王樹民點校：《通志二十略》，中華書局，1995 年，第 123 頁。

漂寓江南，遂累代墳墓，多在吳興、丹陽。」〔註 65〕吳興、丹陽地區，或爲湯氏聚居之第。而這一地區也出現了不少著名的湯氏佛教徒，遠有南朝湯惠休，近有唐詩僧靈澈，高僧傳中湯氏高僧亦不少。兩浙地區的湯氏佛教信仰，在當地金石遺物中有更直觀的反映。以《兩浙金石志》爲例，仁和縣唐開成二年《龍興寺經幢》助緣人有湯簡文、湯述（卷二）；歸安縣會昌三年天寧寺經幢助緣人湯濟、湯全立、湯□（卷三）；天寧寺尙有題「范陽湯夫」所建經幢（卷三），等等。在當地經幢上，更多見徐氏捐建即助緣者，說明這些家族信佛之深，這也是地方文化影響的結果。吳會地區湯氏、徐氏，同爲崇佛世家。有趣的是，湯賁夫人侯莫陳氏墓誌中記載了夫人向徐浩習書之事：

> 夫人未讀詩書而知陰教，未鼓琴瑟而辨斷弦。學會稽公徐浩書，人稱妙絕。其筆勢古淡，有異浩處，浩顧之，不覺墜地，輒出愧語。

湯賁夫人即徐浩夫人侯莫陳氏之堂姊妹，其從徐浩學書，這是三個家族密切關係的直接證據。湯賁、徐浩家族既同出會稽地域，而祖塋又同在偃師，其間的聯繫令人遐想。

附帶一說，侯莫陳氏家族之奉佛淵源，在女性身上有突出之表現，前文提到的徐浩繼室、湯賁夫人等皆是如此，此處再補一條。《鄭偓佺夫人侯莫陳氏墓誌》：夫人侯莫陳氏，河南人，故豐府長史侯莫陳嗣丹女，天寶十三載五月終於尊賢里私第，十四年正月葬邙山平樂原。誌文中云：「鄭公亡後，夫人孀居。及乎慕道，遂悟色空。執持大象之尊，適出世塵之路。」〔註 66〕此亦奉佛之明證。

第四節　侯莫陳琰與北宗關係的重要線索——陳閎《六祖禪師像》

一、陳閎爲侯莫陳氏的推測

（一）殘本《元和姓纂》「陳」姓條之脫誤

今本《元和姓纂》卷三陳姓河南望條載：「《官氏志》，侯莫陳氏改爲陳。

〔註 65〕吳鋼主編：《全唐文補遺》第四輯，三秦出版社，1997 年，第 167 頁。
〔註 66〕吳鋼主編：《全唐文補遺》第二輯，三秦出版社，1995 年，第 562 頁。

後魏汾州刺史、長虵公陳紹；生弘，唐泉州刺史。龍川公陳賀略，端州首領也。」〔註67〕《元和姓纂》爲後人輯本，其文字之錯亂、脱誤、僞冒等問題，岑仲勉先生已多有揭發，但一些問題其「火眼金睛」亦未察覺。上引這一段話看似通暢，但仔細推敲，問題重重。「唐泉州刺史」不應聯上文「生宏」，而應聯下文「龍川公」。這是因爲，陳紹爲後魏之人，而其子於唐代爲刺史，從時間上看，未免年歲太長。其次，今可考之泉州刺史，並無陳紹其人。據岑仲勉先生疑陳賀略即陳智略。既然爲端州豪酋，自然不是侯莫陳氏所改者，據《姓纂》體例，陳賀略條應提行單列。陳賀略武德四年八月爲嶺南道行軍大總管，當時泉州（稱豐州）尙屬嶺南道（其後屬江南東道），陳智略領嶺南，前後爲泉州刺史的可能性極大，而且陳智略爲端州酋豪，其領泉州亦在情理中，故「泉州刺史」當下連「龍川公陳賀略」。

釐清上面的小問題，現在再來看這段話的前半：「《官氏志》，侯莫陳氏改爲陳。後魏汾州刺史、長虵公陳紹；生弘。」《姓纂》對於北朝經過改姓的胡姓，都同時並存而附在相應的韻目下，各有其書寫體例。如在卷五「侯莫陳」條：

> 其先後魏別部，居庫斛眞水。《周書》云，代武川人。代爲渠帥，隨魏南遷，爲侯莫陳氏。
>
> 【河南】後魏有侯莫陳白，生延京兆公延，生提相州刺史提。延生提，相州刺史。提生允，武川鎭將、北平王。元生興，羽林監、清河公。……〔註68〕

可以很清楚地看到，雖然同出一源，但《姓纂》其實將之視爲兩個姓氏分開敘述。北朝胡姓多經過改姓、復姓、賜姓過程，所以同出一族而姓氏各異，不同族源而冒同一姓氏的現象普遍。但譜學發達，人對於改漢姓者和恢復胡姓者本爲同族的認識還是比較清楚的。北朝以來侯莫陳氏主要有侯莫陳悅、侯莫陳相及侯莫陳崇三系，都未見有以陳氏相傳者，或是史書改姓、復姓相蒙之緣故。陳紹一系究竟從何時開始以陳氏行世，不得而知。

陳紹曾官汾州刺史，爵長蛇公。按長蛇縣北魏初爲鎭戍，魏末孝昌二年設縣。若陳紹爲長蛇公，定在此後。侯莫陳悅、侯莫陳崇、侯莫陳相三大家

〔註67〕林寶撰，岑仲勉校記，郁賢皓、陶敏整理，孫望審訂：《元和姓纂》卷三，中華書局，1994年，第351頁。

〔註68〕林寶撰，岑仲勉校記，郁賢皓、陶敏整理，孫望審訂：《元和姓纂》卷五，中華書局，1994年，第733～734頁。

族，都活躍於這一時期。侯莫陳悅因爲殺賀拔岳，爲宇文泰反攻，身死族滅，後世不顯。侯莫陳崇家族在東西魏分裂之後，隨宇文泰入關，成爲關隴集團核心層。此系人物眾多，《元和姓纂》記載世系相當清晰，如今新出墓誌亦可互證，若陳紹爲這一系人物，必然會有所記錄，但尚未見到。如此，陳紹最有可能存在於侯莫陳相一系中。侯莫陳相在北齊曾封王，非常顯赫，但《姓纂》卻隻字不提，這大不符常理，其本傳云：

代人也。祖伏頹，魏第一領民酋長。父斛古提，朔州刺史、白水郡公。……出爲汾州刺史。別封安次縣男，又別封始平縣公。天保初，除太師，轉司空公，進爵爲白水王，邑一千一百户。……武平二年四月，薨於州，年八十三。〔註69〕

據此，侯莫陳相在東魏曾爲汾州刺史，這符合「後魏汾州刺史、長蛇公陳紹」中的三個條件：後魏（東魏），在長蛇縣設置之後，爲汾州刺史。而符合這三個條件的當時人物除了侯莫陳相外無他人。但陳紹和侯莫陳相名不同，長蛇公亦不見於侯莫陳氏人物封爵中，這兩個問題如何解釋呢？可能是《姓纂》有脫文或者竄文，或則文字訛誤。《北史》詳記侯莫陳相之子孫：

次子晉貴，嚴重有文武幹略，襲爵白水王，武衛將軍、開府儀同三司、梁州刺史。歸周，授上大將軍，封信安縣公。子仲宣，太常丞。子弘穎、弘信，雍州司士參軍。子行方、行儉、行恭。〔註70〕

《北史》是據譜牒而成的，所以會有上面的敘述方式。《姓纂》亦多採家狀譜牒，故其承《北史》之文往後記錄侯莫陳相一系最有可能。侯莫陳相之曾孫有「弘穎、弘信」，定然已進入唐代，是否即《姓纂》中陳紹之後有之「弘」呢？《姓纂》別本作「宏」，通常以爲這是避諱改「弘」爲「宏」。但也可能並不誤：此「宏」即陳宏，爲另外一人。「宏」與「閎」通，但不與「弘」通。古代文獻中，畫家陳閎亦多寫作陳宏。《姓纂》記錄人物之下限爲元和七年，畫家陳閎上元二年卒，也頗爲契合。

上面的線索雖然可以推斷侯莫陳氏（侯莫陳相）之後存在陳宏這一人物，但這還不能直接證明此陳宏就是畫家陳閎，還需要證據說明畫家陳宏與侯莫陳氏之關係。通過這樣一個雙向的聯繫，方可確立二者之間的關係。下面我們就來探尋這種線索。

〔註69〕《北齊書》卷十九，中華書局，1972年，第259頁。
〔註70〕《北史》卷五十三，中華書局，1974年，第1911～1912頁。

（二）陳閎出於侯莫陳家族的旁證

畫家陳閎與侯莫陳氏之關係，有一些細微的線索。前引《唐代名畫記》咸宜觀有陳閎「曾畫故吏部徐侍郎本行經幡十二口」。可見陳閎與徐浩密切關係，而徐浩有寵妻（妾）侯莫陳氏。另外，張彥遠《歷代名畫記》卷二、卷九都提到陳閎爲永王府長史之事。永王璘開元十三年三月受封，陳閎爲永王府長史當代開元十三年之後。開元二十六年，右羽林軍長侯莫陳超第五女冊爲永王妃〔註 71〕，爲侯莫陳崇之後。陳閎爲永王府長史，或與侯莫陳妃有關。

據張彥遠《歷代名畫記》卷二「敘師資傳授南北時代」曾說韓幹、陳閎師於曹霸，但這只是畫風上的一種師承關係。中古時期，繪畫與書法、音樂等藝術門類（「伎術」）多呈現出家族性，這是一個重要的規律。陳閎之女亦善於織成佛像，但是家族的畫藝卻很難找到相關的淵源，而如果將之聯繫到侯莫陳氏家族，則可豁然通解。侯莫陳氏家族爲一典型的藝術世家，在繪畫和書法領域，都有很高的成就。

《歷代名畫記》卷一「敘歷代能畫人名」曾著錄唐代畫家侯莫陳廈之名。同卷「論畫山水樹石」云：「近代有侯莫陳廈、沙門道芬，精緻稠沓，皆一時之秀也。」卷十亦云：「侯莫陳廈，字重構，工山水，用意極精。」〔註 72〕前引《湯賁夫人侯莫陳氏墓誌》，湯賁夫人侯莫陳氏昆弟、族弟有侯莫陳願、侯莫陳恕，侯莫陳忥，侯莫陳憖，侯莫陳恁，侯莫陳協，侯莫陳廈，侯莫陳應，侯莫陳惎等。可見侯莫陳廈亦出於侯莫陳崇一系。《歷代名畫記》中侯莫陳廈與僧道芬並序。道芬爲會稽人，侯莫陳廈可推知。《歷代名畫記》卷一論侯莫陳廈與道芬之後，附載道芬弟子有徐表仁云：初爲僧，號宗偃。徐表仁與徐浩家族親緣不詳，但同出會稽地區無疑，其關係可推知。侯莫陳廈長於山水，與陳閎所工不同，陳閎畫類有寫眞、人物、鞍馬、花木、士女、眞仙、禽獸、佛像，而無山水。或陳閎所出支系不同，故不傳習。

侯莫陳氏多書法能人，前引湯賁夫人墓誌云夫人從徐浩學書，可見其家族對於書法之熱衷及於女性。前文所引徐浩繼室侯莫陳氏墓誌，即族人侯莫

〔註 71〕《唐大詔令集》卷四十，中華書局，2008 年，第 186 頁。

〔註 72〕張彥遠著，俞劍華注釋：《歷代名畫記》，上海人民美術出版社，1964 年，第 26 頁，第 208 頁。按，俞劍華先生點校作「侯莫、陳廈、沙門道芬」，「侯莫、陳廈字重構」，誤。袁有根《〈歷代名畫記〉俞劍華標點注釋校》一文已指出其誤，載《新美術》，1987 年第 3 期。

陳頊所書，另外新出貞元十四（798）《唐故朝請大夫檢校太子中允上柱國賜紫金魚袋袁府君（傑）墓誌銘並序》〔註 73〕，爲侯莫陳恁所書，其人與湯賁夫人侯莫陳氏同出侯莫陳遙，爲親兄妹。二誌拓片皆存，楷法謹嚴，洵有徐浩之風，可謂唐代書法之精品。此外，《金石錄》卷九著錄《唐秋日登戲馬臺詩》，貞元七年六月侯莫陳遂等正書，當亦爲侯莫陳遙族人。

侯莫陳氏家本爲塞外異族，孝文帝改姓著望河南。侯莫陳崇一系入關，稱京兆望，故通常以侯莫陳氏爲河南人或京兆人。但郡望與占籍並不一定切合。從徐浩、湯賁等會稽士族與侯莫陳氏聯姻，以及侯莫陳氏家族濡染會稽文化甚深兩點來看，侯莫陳氏宗支在唐代可能遷居會稽亦有可能。而陳閎稱會稽人，又與徐浩家族有如此聯繫，其爲侯莫陳氏之後極非常大。

二、陳閎《六祖禪師像》與家世佛教之因緣

前面對侯莫陳琰家族奉佛之淵源作了背景性的交代，但皆未觸及禪宗具體人物。侯莫陳琰「初事安闍梨，後事秀和尚」，在其家族之奉佛淵源中是否有體現呢？倘若陳閎爲侯莫陳氏人物，則此問題可以得到一種全新的解釋。

《宣和畫譜》卷五著錄陳閎《六祖禪師像》六幅，在南北禪宗分化時期，此「六祖禪師」的提法是一個重要線索。陳閎開元中入宮，上元二年參與嗣岐王亂被殺，在此期間，禪宗傳承譜系有兩個問題：首先，五祖、六祖、七祖這樣的譜系出現在什麼時候？其次，「六祖」究竟爲誰？這一時期禪宗「尊祖」的問題頗爲複雜。通常認爲，神秀、慧能之後，北宗尊神秀爲六祖，而南宗尊慧能爲六祖，此外還有尊法如爲六祖者。但明確尊奉「六祖慧能」或者「六祖神秀」的時間節點，尚需要考索。弘忍之後，雖然南北兩派的傳法統系皆自言其說，但皆「克制」地謹守這一底線〔註 74〕。之所以慧能之後（主要是神會）和神秀之後（主要是義福、普寂）皆不直言「六祖」，其中不僅有教內之法統依據問題，也有教外之博弈，此禪宗史上一段公案。在這「混亂」時期，陳閎《六祖禪師像》的出現意義重大：如果這是陳閎個人之所爲，那

〔註 73〕郭茂育、趙水森編：《洛陽出土鴛鴦誌輯錄》，國家圖書館出版社，2012 年，第 160 頁。

〔註 74〕今題「六祖慧能」的不少文獻爲後人改題，造成我們對這一重要事實的誤會。如王維作於天寶五、六年間之《能禪師碑》（陳鐵民《王維集校注》，第 807 頁，第 839 頁。）原無「六祖」之號，宋人編《唐文粹》作《六祖慧能禪師碑銘》。

這可以代表他個人的宗派觀念，及家族的佛學統系；如果這一作品爲供奉宮廷時奉旨所繪，那這也可印證官方對禪宗宗派的態度。

南宗在開元天寶中並未得到官方（主要是皇家）的認同，但宗派自身的努力非常積極。開元二十二年神會在滑臺大雲寺無遮大會上爲南宗復振作了一次宣傳，此後天寶四年兵部侍郎宋鼎請神會入東都。神會開始有意識強化禪宗傳承譜系，先後請王維（天寶五六年）、宋鼎作慧能碑（天寶七年）。宋鼎之文不傳，但王維之文卻隻字不提南宗傳承譜系。值得注意的是，神會這一時期還做了兩件「特別」的事，據《宋高僧傳・慧能傳》：

> 弟子神會若顏子之於孔門也，勤勤付囑語在《會傳》。會於洛陽菏澤寺崇樹能之眞堂。兵部侍郎宋鼎爲碑焉。會序宗脈，從如來下西域諸祖外，震旦凡六祖，盡圖繢其影。太尉房琯作《六葉圖序》。又以能端形不散，如入禪定，後加漆布矣。復次蜀僧方辯塑小樣眞，肖同疇昔。〔註 75〕

《宋高僧傳》中所說「六祖」，疑非神會當時用語。但神會將「震旦凡六祖，盡圖繢其影」，同時對慧能眞身的保存做了一番工作，這兩件事非同小可。在神會之前，不知是否有人成統系地圖繪禪宗祖師，但碑銘和圖像都是凝固本宗正法地位的手段。神會所「圖繢」之六祖，有房琯之序，惜不傳。神會天寶中的努力，並未改變當時本宗的地位，這從出土神會塔銘之形制、內容都可以看出。史云神會之貶廢，「此北宗門下之所毀也」，這是南宗在開元天寶中命運的寫照。1983 年 12 月中旬，在龍門西山唐寶應寺遺址出土了永泰元年神會門人比丘慧空所撰神會塔銘，題《大唐東都菏澤寺歿故第七祖國師大德於龍門寶應寺龍崗腹建身塔銘並序》，其中提到：

> 粵自佛法東流，傳乎達摩，達摩傳可，可傳璨，璨傳道信，信傳弘忍，忍傳惠能，能傳神會，宗承七葉，永播千秋。說般若之眞乘，直指見性；談如來之法印，唯了佛心。有皇唐兵部侍郎宋公諱鼎，迎請洛城廣開法眼，樹碑立影，道俗歸心。宇宙蒼生，無不迴向。〔註 76〕

此處所建構的譜系，以及申言「樹碑立影」事，正是神會強化本宗祖系的做法，而其門人推闡之。神會塔銘的建立，也說明在代宗朝，南禪宗已經獲得

〔註 75〕贊寧撰，范祥雍點校：《宋高僧傳》卷八，中華書局，1987 年，第 175 頁。
〔註 76〕陳尚君輯校：《全唐文補編》，中華書局，1992 年，第 526 頁。

了官方的認可。但此時陳宏已經去世。從傳世文獻來看，「六祖」約在大曆至建中一段時間獲得了承認地位。代宗有《遣送六祖衣缽諭刺史楊瑊敕》，但文件並不可靠〔註 77〕。建中元年皎然《唐湖州佛川寺故大師塔銘》：

> 我釋迦本師，獨開宗極，遽而告滅，降蘊魔也。在而言逝，爲狂子也。以八萬四千正法，首付飲光。飲光以下二十四聖，降及菩提達摩，繼傳心教，有七祖焉。第六祖曹溪能公，能公傳方岩策公。〔註 78〕

此後有貞元二年權德輿《唐故洪州開元寺石門道一禪師塔銘》尊「曹溪六祖」，說明「六祖」稱號在建中、貞元中已經傳開。宗密《禪門師資承襲圖》是「六祖」之爭定型的一個說明：

> （裴休）問：既菏澤爲第七祖，何不立第八乃至九、十。後既不立，何妨據傳衣爲憑，但止第六？
>
> （宗密）答：若據眞諦，本絕名數，一猶不存，何言六七？今約俗諦，師資相傳，順世之法，有其所表。如國立七廟，七月而葬，喪服七代，福資七祖（道釋皆同），經說七佛。持念遍數，壇場物色，做法方便，禮佛遠佛，請僧之限，皆止於七，過則二七，乃至七七，不止於六，不至八九。今傳受儀式，順世生信，何所疑焉？德宗皇帝貞元十二年敕皇太子集諸禪師，楷定禪門宗旨，搜求傳法傍正。遂有敕下，立菏澤大師爲第七祖，內神龍寺見在銘記。又御製七代祖師贊文，見行於世。〔註 79〕

「御製七代祖師」的形式，確立了南禪宗的傳法譜系，這時已經是貞元十二年。南宗在陳閎的時代非正統無疑義，雖然如此，神會圖繪祖師畫像的做法啓發了「尊祖」運動中對於畫像的重視。下面的例子可以說明禪宗祖師圖像在宗派博弈中的重要性。徐岱《唐故招聖寺大德慧堅禪師碑銘並序》：

〔註 77〕按，此敕未見《唐大詔令集》，《全唐文》卷四十八收錄，其史源爲《五燈會元》卷一「東土祖師」條所載慧能傳：「上元元年，肅宗遣使就請師衣缽歸內供養。至永泰元年五月五日，代宗夢六祖大師請衣缽，七日敕刺史楊瑊曰……」。可見此「六祖」之說亦爲後起。

〔註 78〕陳尚君輯校：《全唐文補編》，中華書局，1992 年，第 683～684 頁。

〔註 79〕宗密撰，邱高興校釋：《禪源諸詮集都序》，中州古籍出版社，2008 年，第 109～110 頁。

菩提達摩捨天竺之王位，紹釋門之法胤，遠詣中夏，大闡上承。……乃以心印密傳惠可，四葉相授，至弘忍大師奉菩提之記，當次補之位，至乃荷忍大師之付囑，承本師之續業，則能大師居漕溪。其授人也，頓示佛心，直入法界。教離次第，行無處所。厥後奉漕溪之統記，爲道俗之歸依，則菏澤大師諱神會，爲之七祖。禪師俗姓朱氏，陳州淮陽人也。……大曆中，睿文孝武皇帝以大道馭萬國，至化統群元，聞禪師僧臘之高，法門之秀，特降詔命，移居招聖。俾領學者爲宗室。遂命造觀音堂，並饋七祖遺像。〔註80〕

堅禪師爲神會弟子，貞元八年圓寂，元和元年起塔。從碑銘宗可以看到，自官方態度統一之後，祖師佛像亦受由官方配發。這一「傳統」直接淵源於神會在天寶中的「圖繢」六祖佛影。陳閎自然沒有趕上南宗成爲正宗的時代，但其《六祖禪師像》或許受到了神會等影響。

更多的證據指向陳閎所畫爲北宗六祖。早在武則天、中宗、睿宗時期，神秀、玄賾就相繼受詔入京爲國師，北宗被定爲官禪，但當時是南北之爭並未激烈展開，官方亦未明確禪宗傳法譜系，而且陳閎之繪畫生涯似乎也未開啓。至開元天寶中，北宗全盛，譜系意識亦加強，同時是陳閎供奉朝廷的重要時期及畫作最豐富的時期，其《六祖禪師圖》出於這一時期的可能最大。陳閎《六祖禪師像》所繪北宗譜系，既是官方的意志，也是家族信仰的延伸。侯莫陳琰初師道安，後師神秀，皆北宗祖師，其圓寂在開元二年，爲侯莫陳氏家族宗教信仰的重要奠基者。

〔註80〕吳鋼主編：《全唐文補遺》第四輯，三秦出版社，1997年，第10～11頁。

第八章　何妥研究

第一節　何妥之族屬與生平

一、何妥之族屬

何妥之族屬，史載頗有爭議。據《隋書・儒林》何妥本傳載：

何妥字棲鳳，西城人也。父細胡，通商入蜀，遂家郫縣，事梁武陵王紀，主知金帛，因致巨富，號爲西州大賈。〔註 1〕

又《北史》何妥本傳亦作「西城」，《通志》作「西域」。《隋書・何稠傳》：

何稠字桂林，國子祭酒妥之兄子也。父通，善斫玉。稠性絕巧，有智思，用意精微。年十餘歲，遇江陵陷，隨妥入長安。〔註 2〕

何稠爲隋代著名的建造技術家，陳寅恪在《隋唐制度淵源略論稿》論隋唐都城建築制度淵源時以何妥爲西域胡人，岑仲勉提出異議〔註 3〕。一些學者贊

〔註 1〕《隋書》卷七十五，中華書局，1973 年，第 1709 頁。

〔註 2〕《隋書》卷六十八，中華書局，1973 年，第 1596 頁。

〔註 3〕岑仲勉先生認爲：「《隋書》七五、《北史》八三均稱爲『西城人』，西城於兩漢、晉、宋、齊皆爲縣，當今陝南之安康，從此入蜀經商，原是便道，陳（寅恪）爲先挾成見，遂不惜臆改『西城』爲『西域』。」（《隋唐史》中華書局，1982 年，第 30 頁。）其實清代學者早已持何妥爲漢中興安府（安康）人之說。《（道光）褒城縣志》卷十一《漢中府志贅語》：「漢略陽屬天水郡，在今秦州秦安境。……南北朝之垣氏、權氏，俱天水郡之略陽，非漢中之略陽也。李遷哲、李襲志，今漢陰人。（魏直州，唐爲漢陰縣）。他如呂婆樓、何妥，均非此略陽人。（……隋何妥，西城人，蓋今興安府。）」又《（道光）重修略陽縣志》卷三「賢達」條下亦有辨析。後《（嘉慶）安康縣志》《（乾隆）興安府志》人物傳皆收錄何妥。

成何妥家族爲「西城人」之說，但認爲他們是很早內遷蜀中的胡人。《華陽國志．蜀志》郫縣條稱「冠冕大姓何、羅、郭氏」，唐長孺先生認爲：「何氏、羅氏都是胡姓，疑其地本多胡姓後裔，何妥一家定居此縣，實是依附本族人。」〔註 4〕吳焯先生進一步推論：「郫縣何氏，史書有記載者代不乏人，最早爲西漢成帝時司空何武。誠如是，則胡人入蜀的歷史可追溯到西漢後期。」〔註 5〕將昭武九姓何氏內遷郫縣追溯至西漢後期未免太遠，也不太符合粟特胡人內遷中國的歷史。可能的情況是魏晉以後，何妥家族內遷蜀中之後改姓何氏，「攀附」漢人同姓何武家族，進而在地域也形成「想像的聚居」，造成儼然與何武家族爲同宗的「事實」。何武家族亦爲商業世家，文化形態的類似更進一步加強了何妥一族與何武家族的「聯繫」〔註 6〕。這種攀附行爲本是入華胡姓家族中所常見認同手段。頗疑何妥稱郫縣人本來就是爲攀附郫縣大族何武家族而來，並非定居郫縣。若如此，據何妥家族的例子以郫縣有粟特胡人聚落存在的推測就值得商榷〔註 7〕。

不論是「西域」還是「西城」，何妥家族爲胡人當無疑義。蜀中本漢魏以來入華西域胡人（主要是昭武九姓胡人）比較集中的區域，尤其是商胡行賈區域，這一點陳寅恪《李白氏族之疑問》一文中已發其覆。但漢魏以來蜀中與西域南北阻隔，這些胡人是如何進入蜀中的呢？現在可以大致推定的有兩條線路：其一是從海上絲綢之路，進入南方，再溯江而上，到達蜀中；其二則是經由絲綢之路南道，即「青海道」或稱「吐谷渾道」「河南道」，經由松潘草原，沿岷江而下至成都。

何妥家族爲昭武九姓胡，還有其他的旁證。《隋書》何妥本傳稱其「父細胡」，而《北史》作「細腳胡」，學者都沒有解釋清楚這三個字的意思，這當

〔註 4〕唐長孺《南北朝期間西域與南朝的陸道交通》，收入《魏晉南北朝史論拾遺》，中華書局，2011 年，第 196 頁。

〔註 5〕吳焯《四川早期佛教遺物及其年代與傳播途徑的考察》，《文物》1992 年第 11 期，第 47 頁。霍巍、趙德雲等學者贊成其說，詳《戰國秦漢時期中國西南的對外文化交流》，巴蜀書社，2007，第 268～273 頁有關論述。

〔註 6〕參考姚崇新《中古藝術宗教與西域歷史論稿》，商務印書館，2011，第 288 頁有關論述。

〔註 7〕榮新江先生綜合了陳寅恪、唐長孺等各家說法，並補充了北周《安伽墓誌》中安突建爲「眉州刺史」這條資料，推測「益州或者一些特別的地區如郫縣，可能存在著粟特聚落」。參見《魏晉南北朝隋唐時期流寓南方的粟特人》，收入《中古中國與粟特文明》，三聯書店，2014 年，第 47～49 頁。

然不是何妥父親的名字（何妥父名「翊」，見後文。）姚薇元認爲可能是西域胡的一種別稱，這是很正確的。劉全波在敦煌文獻中發現了一個證據，對於何妥之族屬頗有幫助，據 P.3622v 文賦體類書：

人類章第三

大漢□（後闕）

（前闕）□麗新羅，遠國白疊，□（後闕）

（前闕）□獠𤞤，吳蜀楚倅，白□（後闕）

（前闕）□門僧祁，莫拘禮則，□（後闕）

（前闕）□虜高倡，巴兒矬佗，越俗□（後闕）

（前闕）□陀，細腳羌賊，部落□□□執（後闕）〔註 8〕

這一殘卷所載皆爲各類「人種」或「民族」的稱呼，其中對包括對各胡族的蔑稱，這在唐代的筆記小說中亦常見，而「細腳」正好出現在這裡，無論是修飾「羌」還是與羌並列，其本質應當是一種胡族。劉全波認爲：

「細腳是修飾「胡」與「羌」的，是名詞化了的形容詞，是用身體某部分的特徵指代整體，這或許與「胡人」與「羌人」的生活習性相關，或許與他們善於奔走，善於往來各地經商有關，當然其中包含著歧視性色彩，但是，很顯然「細腳胡」一詞是可以解釋通的，而所謂的「細胡」則是不通的。〔註 9〕

值得注意的是，這一敦煌殘卷的第六章應當姓氏章（筆者擬題），其中包括大量的胡姓，也是用賦體列舉出來，比如最後一節：「玉羽、僕固，軒轅、伊祁；端木、扶餘，伊婁、乞伏。契苾、宇文；拓跋、庫狄；賀若、賀遂，阿跌、速孤。」其中多爲胡姓。可見撰者是有意識將這種族類放到一起，與前面第三章「人類」中枚舉各種族類一樣。姚薇元先生中古研究胡姓家族，很重視當時的諺語、俗語、俚語、戲謔語等資料，據何妥本傳：

妥少機警，八歲遊國子學，助教顧良戲之曰：「汝既姓何，是荷葉之荷，爲是河水之河？」應聲答曰：「先生姓顧，是眷顧之顧，

〔註 8〕《法藏敦煌西域文獻》第 26 冊，上海古籍出版社，1995 年，第 117 頁。按，此本文賦體類書，其條目存者可見有：「人類章第三」、「職事章第七」、「城郭章第八」。劉全波先生對此段的釋文與斷句值得商榷，如以「大漢」爲「大漠」，很顯然有誤。

〔註 9〕劉全波《論粟特人何妥及其家族與儒學的關係》，《甘肅廣播電視大學學報》2015 年第 6 期。

是新故之故？」眾咸異之。〔註10〕

姚薇元先生拈出這一段，認爲這是顧良嘲笑何妥爲胡人的意思，並未深入考察。唐乾陵「蕃臣」石像銜名中有「播仙城□河伏帝延」，可見當時胡姓確實有書「何」爲「河」者〔註11〕。顧良與何妥的戲弄語，並非隨意而發，乃是調侃胡人入華譯音爲姓，譯無定字之問題。而何妥之回答也有深意。「故」字據《廣韻》說：「又姓，出《姓苑》」。何妥意思就是說「新故」（剛剛去逝）之「故」也是姓，你顧良是哪一個姓呢，有反擊顧良的意思。故氏爲稀姓，而何妥能很快就對上，所以說他機警。又唐人竇息《述書賦》下：「熾文時有，何妥近睹。雖正姓名，美其傲古。」竇蒙注：「何妥，外國人。翊子，梁中書侍郎。」「外」疑爲「何」之訛。唐人對於何妥之族別是很清楚的，而「正姓名」事即指何妥對顧良問。何妥「十七，以技巧事湘東王」，而何通善斲玉，何稠能仿織波斯錦，精通琉璃器煉造之屬，這些技術都是中古時期漢人所鄙而胡人所精者，這也是其家世出於胡人的重要證據〔註12〕。

二、何妥的生平述略

（一）在南朝的經歷

何妥之生平，近人多就其本傳所述，粗略而過，但其實還存在一些重要的時間節點需要考察。先看其父親生活的時間問題。據傳，「父細胡，通商入蜀，遂家郫縣，事梁武陵王紀，主知金帛，因致巨富，號爲西州大賈。」武陵王紀天監十三年（514）封爲武陵郡王，大同三年（537）始出益州刺史。侯景之亂起，紀僭號於蜀，改年天正（552），次年卒。何妥之父事蕭紀有兩種可能：一種是在蕭紀爲益州刺史之前。丹陽、會稽、江州一代，本爲胡商行賈區域，何妥之父可能早已在這一地區經營，所以才會有何妥「八歲遊國子學」之事。倘若此，則何妥家世究竟是否爲蜀中人，或者說是從江南客寓

〔註10〕《隋書》卷七十五，中華書局，1973年，第1709～1710頁。

〔註11〕陳國燦《唐乾陵石人像及其銜名的研究》考「城」字下闕文爲「主」字，「河」字當正爲「何」，詳《文物輯刊》第2輯，文物出版社，1980年，第197頁。按元和二年《唐故王府君及夫人河氏墓誌銘》（胡戟、榮新江編《大唐西市博物館藏墓誌》，北京大學出版社，2012年，第747頁。）誌題、誌文皆作「河」，疑亦爲粟特人，此何、何之間可通的有一證據。

〔註12〕參曹道衡、沈玉成「何妥爲西域人之旁證」，《中古文學史料叢考》，中華書局，2003年，第778～779頁。

蜀中還是很早就定居蜀中，這就需要重新思考了。另一種情況是何妥之父在蕭紀爲益州刺史期間，就蜀中地利交接之，成爲巨富，這是一般能想到的。如果是這樣，那只有在大同三年（537）至太清五年（552）這十五年中。何妥年八歲即遊國子學，年十七「以技巧事湘東王」。湘東王即梁元帝蕭繹，天監十三（514）封王，承聖元年（552 年）登基。倘若何妥是在蕭紀益州刺史之後才有機會隨其父到建業，又十七事湘東王，這是不能可能的。何妥侍湘東王，在建業有過一段比較長的生活時間。其傳云：

> 十七，以技巧事湘東王，後知其聰明，召爲誦書左右。時蘭陵蕭昚亦有俊才，住青楊巷，妥住白楊頭，時人爲之語曰：「世有兩俊，白楊何妥，青楊蕭昚。」其見美如此。〔註 13〕

蕭繹在建業的時間是可以大致考知的，第一段是在封王之後到出會稽太守（天監十八年）之間的一段時間；二是從會稽太守入爲侍中（在普通三年）之間；三是從荊州刺史入爲安右將軍期間，只有一年。〔註 14〕若何妥是其父在交接蕭紀爲益州刺史之後才到建業，則不可能在十七歲時事湘東王並居於建業。綜合而言，何妥之父當在蕭紀爲益州刺史之前與之交結，其家族可能很早就定居於建業了，所以才會有何妥居白楊頭的美談。何妥家族與蜀中的聯繫，似乎應作進一步思考。

何妥在建業所待的時間有多長，這是一個非常重要的問題，這關係到何妥之生年。曹道衡、沈玉成據何妥十七事湘東王以及與蕭昚並稱，結合蕭繹在建康之時間，推測其生於普通四、五年間（523、524）〔註 15〕，此說與何妥家早已定居建業相合，可備一說。這也可在其他的史料中得到印證。何妥在梁朝的活動軌跡還有下面一則，據《南史・袁湛傳附袁憲傳》：

> 大同八年（542），武帝撰《孔子正言章句》，詔下國學宣制旨義。憲時年十四，被召爲《正言》生，祭酒到溉目送之，愛其神采。國子博士周弘正謂憲父君正曰：「賢子今茲欲策試不？」君正曰：「未敢令試。」居數日，君正遣門客岑文豪與憲候弘正。會弘正將升講坐，弟子畢集，乃延憲入室，授以麈尾，令憲豎義。時謝岐、何妥

〔註 13〕《隋書》卷七十五，中華書局，1973 年，第 1710 頁。

〔註 14〕參考陳志平、熊清元《金樓子疏證校注》前言所考蕭繹生平，上海古籍出版社，2014 年。

〔註 15〕曹道衡、沈玉成：，《中古文學史料叢考》，中華書局，2003 年，第 780～781 頁。

在坐，弘正謂曰：「二賢雖窮奧賾，得無憚此後生邪？」何、謝乃遞起義端，深極理致，憲與往復數番，酬對閑敏。弘正謂妥曰：「恣卿所問，勿以童幼期之。」〔註 16〕

大同八年這次《孔子正言》策試，何妥作爲考官這之一，所以周弘正稱謝岐（？～561 年）、何妥爲「二賢」，又稱何妥爲「卿」，是何妥時必已成年。又周弘正以十四歲之袁憲爲何妥之「後生」，「童幼」（《南史》作「童稚」），說明何妥當時長於年十四歲的袁憲。即便此時何妥方年十七，則至江陵陷時他也應至少三十歲。這說明何妥的青年時代主要是在梁朝度過的。從周弘正稱其學「窮奧賾」而言，他的文化積累、思想沉澱已經很深厚，當在梁時已奠定。大同八年這一次講席，雖曰論孔，但其實就是一次典型的清談。何妥之學涉及《易》《禮》《樂》《莊》，正是典型的南方學派作風。

從何妥之父以來，其家族主要即受建業文化氛圍的薰染。梁元帝蕭繹本人是著名的文人，又是藏書家，何妥爲其「誦書左右」，所受的文化薰陶可知。又白楊巷是南朝名族、文化世家所聚居之地〔註 17〕，《梁書·文學傳》下載：

謝幾卿，陳郡陽夏人。曾祖靈運，宋臨川內史；父超宗，齊黃門郎；並有重名於前代。幾卿幼清辯，當世號曰神童。……居宅在白楊石井，朝中交好者載酒從之，賓客滿坐。時左丞庾仲容亦免歸，二人意志相得，並肆情誕縱，或乘露車歷遊郊野，既醉則執鐸輓歌，不屑物議。湘東王在荊鎮，與書慰勉之。〔註 18〕

謝幾卿所居白楊石井即何妥所居之白楊頭〔註 19〕。謝氏本南朝文學泰斗謝靈運之後，與蕭繹也有交往，何妥即爲蕭繹之屬從，又居此地，其間之影響自不待言。這也是何妥蕭梁文化淵源的一個維度。

〔註 16〕《南史》卷二十六，中華書局，1975 年，第 718 頁。

〔註 17〕《(至大) 金陵新志》卷四下：「白楊巷，在今府城東南十八里，謝幾卿免官，居白楊之石井。又何妥居白楊巷，與青楊巷蕭眘齊名。青楊巷，《異苑》云檀道濟居青楊巷宅，是吳步闡所居，諺云『揚州青，是鬼營』，自步及檀皆被誅。」梅堯臣《宛陵集》卷第五十九《和吳沖卿學士冬日私居事》：「人知何晏宅，近住白楊頭。車馬不還往，詩書多蓄收。風庭吹落葉，霜樹立鳴鳩。頗與市朝遠，閉門凡幾秋。」古籍中常誤何妥爲何晏。

〔註 18〕《梁書》卷五十，中華書局，1973 年，第 708～709 頁。

〔註 19〕許鳴磐《方輿考證》卷五十九考荊州古蹟有「青楊巷」，謂「在江陵縣東南沙市」，即引《北史　何妥傳》蕭眘住青楊巷與何妥合稱「兩儁」事。《(光緒) 荊州府志》卷四《地理志》載江陵縣「有青楊巷」，沿其說。蓋誤以建業之青楊巷爲荊州也。這是被何妥事湘東王所誤導。

（二）北朝時期的經歷

何妥本傳對其入西魏以及在魏、周時期的生活描述非常簡略，《隋書》云：

> 江陵陷，周武帝尤重之，授太學博士。宣帝初欲立五后，以問儒者辛彥之，對曰：「后與天子匹體齊尊，不宜有五。」妥駁曰：「帝嚳四妃，舜又二妃，亦何常數？」由是封襄城縣伯。〔註 20〕

按照邏輯而言，「江陵陷」之後，不應接以「周武帝尤重之」，其間尚有魏、周諸帝。《北史》作「江陵平，入周，仕爲太學博士」，要恰當一點。何妥在魏、周的時間近三十年，但只有這寥寥的一則記載，卻成爲後世批評何妥見風使舵爲「佞人」的證據，這實在令人惋惜。其實何妥入北朝之初，即開始傳授經業的活動。《隋書・薛濬傳》：

> 薛濬字道賾，刑部尚書、內陽公冑之從祖弟也。父琰，周渭南太守。濬少喪父，早孤，養母以孝聞。幼好學，有志行，尋師於長安。時初平江陵，何妥歸國，見而異之，授以經業。〔註 21〕

何妥所授薛濬經業，可能並非在太學中，而是私相傳授。這是何妥在北朝非常重要的活動，也從側面說明何妥之經術在北朝發揮了作用。

由梁入周的文人所受的待遇以及內心的活動，在庾信身上有最爲明顯的體現，這是今人所熟知的，而何妥與庾信在北朝時期也有交往，這是彌足珍貴的資料。據《庾子山集注》卷三《和何儀同講竟述懷》詩，其中有「似得遊焉趣，能同講舍歸」一句，前人均未考出何儀同爲誰，直到近來始有學者指出當爲何妥。〔註 22〕據此何妥有《講竟書懷》詩。何妥在武帝時爲太學博士，這可能是其此後一直擔任的官職。太學博士的主要活動自然是講論，當然，這與南朝的講論又不同了。據吳瑞俠之考，周武帝時集百僚講論有多次，庾信、何妥二人可能「同講捨歸」機會：

（1）天和三年八月癸酉，帝御大德殿，集百僚及沙門、道士等親講《禮記》。

（2）天和四年二月戊辰，帝御大德殿，集百僚、道士、沙門等討論釋、老義。

（3）天和四年五月乙丑，帝制《象經》成，集百僚講說。

〔註 20〕《隋書》卷七十五，中華書局，1973 年，第 1710 頁。

〔註 21〕《隋書》卷七十二，中華書局，1973 年，第 1663 頁。

〔註 22〕吳瑞俠《庾信交遊資料考辨》，《宿州學院學報》2010 年第 10 期。

（4）建德元年正月，帝幸玄都觀，親御法庭講說，公卿俗道論難，事畢回宮。

在以上四次講論中，第三次天和四年講《象經》時，庾信時正在長安，有《象戲賦》，《進象經賦表》述此事。《隋書・經籍志》載《象經》一卷，周武帝撰，有王褒注，王裕注，何妥注。〔註 23〕所以這次庾信、何妥必然同時預講說，但以《象經》爲主題的講論似乎不會涉及到玄學有無問題。庾信詩所述可能不是這一次講論。疑同年（天和四年）二月「帝御大德殿，集百僚、道士、沙門等討論釋、老義」那一次比較可能，因爲只有這個時候才會談到「有、無」問題。何妥《講竟述懷》詩不存。其「所述之懷」，通過庾信詩之許會有答案，庾詩如下：

無名即講道，有動定論機。安經讓禮席，正業理儒衣。
似得遊焉趣，能同捨講歸。石渠人少歇，華陰市暫稀。
秋雲低晚氣，短景側餘輝。螢排亂草出，雁捨斷蘆飛。
別有平陵徑，蕭條客鬢衰。饑噪空倉雀，寒驚懶婦機。
實欣懷謏問，逢君理入微。〔註 24〕

前面說到何妥在梁朝時曾預清談，而其入周之後之講論，似乎也延續了這一風格，「無名即講道，有動定論機」，正是南朝清談之論題，何妥《易》學中也有相關的內容（詳後）。一般認爲魏晉之後，北朝玄學成爲絕響，但北朝文化中河西以一源本保存了魏晉玄學之遺風，而南朝士人入北不絕如縷，亦將南朝玄學的新發展帶到北朝，學者已詳論之〔註 25〕。入北南朝文、儒，也保留了南朝時期集會講論的風習，這也是清談風氣得以一定程度傳承的原因，如《隋書・藝術傳》載：

庾季才字叔奕，新野人也。……幼穎悟，八歲誦《尚書》，十二通《周易》，好占玄象。……（江陵陷）周太祖一見季才，深加優禮，令參掌太史。每有征討，恒預侍從。賜宅一區，水田十頃，並

〔註 23〕楊慎《升菴集》卷四十八「象經」：「世傳象棋爲周武帝制，按後周書天和四年帝制象經，殿上集百僚講說，隋經籍志象經一卷，周武帝撰，有王褒注，王裕注，何妥注；又有象經發題義。又據小說，周武帝象經有日月星辰之象，意者以兵機孤虛衝破寓於局間，決非今之象戲車馬之類也。若如今之象戲，芸夫牧豎，俄頃可解，豈煩文人之注，百僚之講哉。」

〔註 24〕庾信撰，倪璠注：《庾子山集注》卷三，中華書局，1980 年，第 225 頁。

〔註 25〕參考王永平《北朝時期之玄學及其相關文化風尚考述》，《學術研究》2009 年第 11 期。

奴婢牛羊什物等，謂季才曰：「卿是南人，未安北土，故有此賜者，欲絕卿南望之心。宜盡誠事我，當以富貴相答。」……武成二年，與王褒、庾信同補麟趾學士。……季才局量寬弘，術業優博，篤於信義，志好賓遊。常吉日良辰，與琅琊王褒、彭城劉毅、河東裴政及宗人信（庾信）等，爲文酒之會。次有劉臻、明克讓、柳辯之徒，雖爲後進，亦申遊款。〔註26〕

周明帝推崇儒學，置麟趾學士，在朝有藝業者皆可預聽，庾信本人亦預之，有《預麟趾殿校書和劉儀同》詩。庾季才「文酒之會」的主角也多是麟趾學士。庾季才在南朝時亦爲湘東王府文人，雖然未見與何妥有交集，但他們之關係可推知。這種聚會對於保存和傳播南方學說自然有很重要的影響。何妥對玄學的難以「忘情」，以及庾信特地點出此題，可能都是對於南朝講論的一種「懷舊」。另外，詩中「安經讓禮席，正業理儒衣」一句，倪、吳注指出用朱祐典故〔註27〕，庾信實反用之，意何妥讓自己先升講席，有謙讓之風。進言之，二句用桓榮典或更貼切，〔註28〕謂何妥不僅經業、儒術精深博洽，遊刃有餘，而且德行堪爲楷模，講論中不以盛辭辯難對手，所以相談甚歡，不覺入暮，故接以後文。這一評論與後世對何妥其人的評價不同，值得注意。詩末句二句，爲就和何妥詩而發：何妥以謙謙之心寄詩，庾信亦以謙謙之意回之，蓋惺惺相惜也。「客鬢衰」一句體現了二人客居異國共同的心聲。

在北週期間，何妥還參與了當時的佛、道論爭。據《續高僧傳・釋智炫傳》：

〔註26〕《隋書》卷七十八，中華書局，1973年，第1764～1767頁。

〔註27〕倪注：《後漢書》曰：朱祐初學長安，帝往候之，祐不時相勞苦，而先升講舍，後車駕幸其第，帝因笑曰：主人得無捨我講乎。以有舊恩，數蒙賞賚。吳注：《東觀漢記》：朱祐字仲先。初上學長安時，過朱祐，祐嘗留上講，競乃談語，及車駕幸祐家，上謂祐曰：主人得毋去我講乎。

〔註28〕《東觀漢記》卷十六：「桓榮字春卿，沛國人也。……榮少勤學，講論不怠，治歐陽《尚書》，事九江朱文剛，窮極師道。貧窶無資，常客傭以自給。精力不倦，十五年不窺園。拜議郎，授皇太子經，每朝會輒令榮於公卿前敷奏經書，帝稱善曰：『得卿幾晚。』歐陽《尚書》博士缺，上欲用榮，榮叩頭讓曰：『臣經術淺薄，不如同門生郎中彭閎、揚州從事皋弘。』帝曰：『俞！往汝諧。』因拜榮爲博士，引閎爲議郎。（案范書榮傳引閎、弘俱爲議郎，與此稍異）車駕幸太學，會諸博士論難於前，榮被服儒衣，溫恭有蘊，藉明經義，每以禮讓相厭，不以辭長勝人，儒者莫之及，特爲加賞賜。」

> 會周武帝廢佛法，欲存道教，乃下詔集諸僧道士試取，優長者留，庸淺者廢。於是詔華野高僧、方岳道士千里外有妖術者大集京師，於太極殿陳設高座，帝自躬臨。……襄城公何妥自行如意座首。〔註 29〕

這一次佛道論爭，具體時間不詳，但何妥確定是參加了，還爲主持。這也能說明何妥在北周時期學術活動的豐富。

總而言之，何妥在北朝這段時期似乎並沒有突出事蹟，這與他（可能連同其家族）所受的待遇有關，其原因可能有多端。尚可申述者，入隋以來何妥與蘇威的交惡，可能也與在北周時的經歷有關，這一點後文我們再做評述。

入隋之後是何妥資料最爲豐富的時期，也是何妥人生的「豐收期」，不僅官職上得以提升（歷國子博士、龍州刺史、伊州刺史、國子祭酒），而且隋文帝也非常重視他，這是不同於在北周時期的待遇。隋開皇中，百廢待舉，當時重大文化決策幾乎都可以看到何妥的身影，其中以開皇樂議爲中心，相關爭議貫穿了整個何妥在隋的活動軌跡，也直接關涉到何妥本人的歷史評價，這一點我們在後面再進行展開。

第二節　何妥之《易》學與《禮》學

一、何妥之《易》學

何妥在中國經學史上有其一席之地，這是不容置疑的，如果考慮到他家世出於胡人，則我們尤不能忽視這一地位。據何妥本傳中載：

> 撰《周易講疏》十三卷，《孝經義疏》三卷，《莊子義疏》四卷，及與沈重等撰《三十六科鬼神感應等大義》九卷，《封禪書》一卷，《樂要》一卷，文集十卷，並行於世。〔註 30〕

可見其著述頗豐，而且涉及的領域也頗廣。今日所存唯有關於《易》學以及《樂》學的資料爲多，至於其他學術領域則多只能通過書名和側面的資料作推想。何妥《周易講疏》十三卷，《隋書・經籍志》《舊唐書・經籍志》亦著錄爲十三卷，今已亡佚。唐代孔穎達《周易正義》、李鼎祚《周易集解》以及

〔註 29〕 道宣撰，郭紹林點校：《續高僧傳》卷第二十四，中華書局，第 926～927 頁。
〔註 30〕 《隋書》卷七十五，中華書局，1973 年，第 1715 頁。

史徵《周易口訣義》等書中曾多引用之。馬國翰、黃奭等人輯錄得一卷，雖非完璧，亦可見一斑。馬氏玉函山房輯本《周易何氏講疏》序曰：

宋國史志尚有《何氏講疏》十三卷，今佚。《正義》《集解》引之尚數十節。《集解》明標何妥；《正義》稱何氏。其說每與張氏、周氏、褚氏並引，周爲周弘正，張爲張譏，褚爲褚仲都，何即何妥，皆唐近代爲講疏者也。又《隋志》有《周易私記》二十卷，不著撰人，下次《周易講疏》十卷，注云國子祭酒何晏撰。志偶誤妥爲晏，而《冊府元龜》遂云何晏撰《周易私記》二十卷，《周易講疏》十三卷。朱太史信之，載入《經義考》。又《玉海》稱何襄城爲六象論云云，襄城妥在周時所封男爵也。《經義考》於何妥講疏外，別出正義之何氏，又出何氏六象論，云失名。一人凡三見，皆失於深考。〔註31〕

近人研究何妥之易學，主要的依據就是馬氏所輯錄之資料。前文對何妥之種族、生平已有了初步之瞭解，這裡集中於其易學有關的問題做進一步的探討。

（一）何妥易學的淵源及特徵

何妥易學之淵源是一個重要的問題，這關係到其易學總體特徵的判斷，以及其學說的傳承。前面已經討論過何妥家族的特殊性以及何妥本人經歷的豐富，這意味著對於其學術淵源的判斷將有不少困難。

就地域淵源來而言，今日不少學者，尤其是蜀中學者將何妥視爲蜀中經學人物代表，爲「蜀學」派，但其實何妥家族與蜀中的關係究竟如何，這是一個值得討論的問題。前面從族源攀附、世系嫁接、想像地域攀附、文化攀附等角度已作了簡單的分析。即便其家族與蜀地有關，或爲早期入蜀之胡商，但何妥七歲遊建業，其受建業文化的影響遠遠大於蜀中。

何妥與江左文化的淵源，從表面來看，講疏體的《易》注形式就是南朝學術的主要形式，尤其在何妥同時期，這種著述提示產生了大量的作品〔註32〕。

〔註31〕馬國翰輯：《玉函山房輯佚書》，上海古籍出版社，1990年，第268頁。

〔註32〕以《隋書·經籍志》爲例：《周易義疏》十九卷（宋明帝集群臣講。梁又有《國子講易》議六卷；《宋明帝集群臣講易義疏》二十卷；《齊永明國學講周易講疏》二十六卷；又《周易義》三卷，沈林撰。亡。）《周易講疏》三十五卷（梁武帝撰。）《周易講疏》十六卷（梁五經博士褚仲都撰。）《周易義疏》十四卷（梁都官尚書蕭子政撰。）《周易繫辭義疏》三卷（蕭子政撰。）《周易講疏》三十卷（陳諮議參軍張譏撰。）《周易文句義》二十卷（梁有《擬周易義疏》十三卷。）《周易義疏》十六卷（陳尚書左僕射周弘正撰。）

所以，無論何妥之作是完成於南朝時期還是其入北、入隋以後，其淵源當是南朝無疑。再就何妥《易》注之內容特色而言，主要也是江左義理派之解經方式。所應注意者，何妥之父事武陵王蕭紀，何妥又早年起便事蕭繹，其受有梁一代學術薰陶之深可見。蕭繹《金樓子・著書篇》自錄其著作：「《連山》三帙三十卷，《周易義疏》三帙三十卷，金樓奉述制義，私小小措意也。」《梁書・元帝本紀》載蕭繹所著《周易講疏》十卷。《講疏》疑即《義疏》。但《隋書經籍志》等目錄著作並未著錄蕭繹有此書，而只說梁武帝有《周易講疏》三十五卷，因而有學者據《金樓子》中「奉述制義」一語，疑蕭繹參與了梁武帝該書的編撰〔註 33〕，這一說法啓發筆者提出一個疑惑：是否褚仲都、蕭子正、何妥等人都參與了梁武帝《周易講疏》三十五卷的編撰？可見當時儒臣參與帝王撰修是非常平常之事。但各自有說，遂又分出自己的部分，成爲專著單獨流傳，此亦後世修大型類書時文士常見之手法（比如許敬宗主持修《累璧》，康顯貞單獨出一本）。即便不是爲官修或者集群臣講論而作，何妥、周弘正等人，在梁時本有密切之交往，學說切磋之可能也是正常的。

（二）何妥易學的特徵

何妥易學之特徵是以南北朝學術不同論爲基礎的。《隋書・儒林傳》序對此已有經典的論述：

> 南北所治，章句好尚，互有不同。江左《周易》則王輔嗣，《尚書》則孔安國，《左傳》則杜元凱。河、洛《左傳》則服子慎，《尚書》、《周易》則鄭康成。《詩》則並主於毛公，《禮》則同遵於鄭氏。大抵南人約簡，得其英華，北學深蕪，窮其枝葉。〔註 34〕

今日的學者不滿足於魏徵等人對於南北經學不同的犖犖之論，在更細微的層面上、具體的時段上都作了豐富的探索。馬宗霍先生已經指出，在南朝劉宋之始，鄭玄、王弼兩家並立爲官學，至顏延之爲祭酒方才罷黜鄭玄而獨尊王弼，而自齊又復鄭玄之學，梁陳依舊〔註 35〕。尤其是有梁一代，鄭玄之《易》頗行於世。牟鍾鑒先生在將梁代的經學概括爲一種「開放型經學」，即橫向上

〔註 33〕 宋亞莉《論〈金樓子〉的占筮實例與蕭繹的周易情結》，《東方論壇》2015 年第 2 期。

〔註 34〕 《隋書》卷七十五，中華書局，1973 年，1705～1706 頁。

〔註 35〕 馬宗霍：《經學通論》，中華書局，2011 年，第 266～267 頁。

不拘守一家，不滯於一教；縱向上承於兩漢，續接於魏晉〔註 36〕。這提醒我們在對待南北經學不同問題上不可抱有先入爲主觀念，而這在何妥的《易》注中得到了印證。關於何妥《周易講疏》的特色，柯劭忞說：

> 妥爲輔嗣注作疏，而詮釋經義乃與輔嗣不合。如《臨》「至於八月有凶」，妥以「從建子陽生至建未爲八月」，亦本乾坤十二爻消息之說，然非王意也。王注：「八月陽衰陰長，小人道長，君子道消。」謂建酉之八月非建未之月，褚仲都《義疏》「自建寅至建酉爲八月」，眞爲王義。孔穎達《正義》：「『小人道長，君子道消』，宜據《否》卦之時，故以《臨》卦建丑，而至 《否》卦建申爲八月。」此蜀才依十二爻消息之說。輔嗣但言「道長」、「道消」，未嘗據《否》卦也。按 《臨》卦「至於八月之有凶」，虞仲翔以旁通於《遯》釋之，鄭君以 「《臨》卦斗建丑，爲殷之正月，至八月而《遯》卦受之」，皆漢學家相承之師說，一本旁通，一用爻辰，其以《遯》爲八月之義則同。輔嗣自爲新義，而適與鄭、虞之義合。作義疏者，乃各據十二卦之消息，而變通其說，以附會之，並失王之本意矣。〔註 37〕

柯氏站在維護王弼之說的立場，對於何妥違背王弼之說作了批判。林忠君先生指出：「何妥一生行蹤由南朝而遷北朝，後爲官於統一隋朝，飽覽了南北之學，故易學思想融合了玄學易和象數易，在其易注中，既有玄學清淡簡明之風，又有漢易古樸重實之氣；既明天道，又明人道。」〔註 38〕焦桂美將何妥的《易》學特徵概括爲「長於義理解《易》，間用象數之說；借注《易》表達自己的政治理想」〔註 39〕。關於何妥《易》學之特徵，前人之說大致如上，所舉例證亦略。事實上還有一些問題值得申論。關於何妥《易》學之特徵，前人之說大致如上，所舉例證亦大致相同。但還有一些小問題尙有可申述者。

何妥《講疏》從整體還是局部，內容還是觀念都是以王弼注爲本，這是無疑的。但他對吸取了不少象數說。還有一個例證値得注意。《北史・藝術傳》上載：

〔註 36〕牟鍾鑒《南北朝經學述評》，《孔子研究》1987 年第 3 期。
〔註 37〕中國科學院圖書館整理：《續修四庫全書總目提要・經部》，中華書局，1993 年，第 24～25 頁。
〔註 38〕林忠軍：《象數易學發展史》第二卷，齊魯書社 1998 年，第 74 頁。
〔註 39〕焦桂美：《南北朝經學史》，上海古籍出版社，2009 年，第 420～426 頁。

楊伯醜，馮翊武鄉人也。好讀《易》，隱於華山。隋開皇初，徵入朝，見公卿不爲禮，無貴賤皆汝之，人不能測也。文帝召與語，竟無所答。賜衣服，至朝堂捨之而去。……國子祭酒何妥嘗詣之論《易》。聞妥之言，悠爾而笑曰：「何用鄭玄、王弼之言乎？」久之，微有辯答，所說辭義，皆異先儒之旨，而思理玄妙。故論者以爲天然獨得，非常人所及也。〔註40〕

由此足可見何妥之說，在當時就是以鄭玄、王弼之說爲本的。另外，在唐代以後的，何妥多被象數學派所重。比如李鼎祚《周易集解》存何妥之說最多，這是今日可窺見何妥之說的主要依據。李鼎祚之書雖然是爲糾正只或偏重王、或偏重鄭，但其書其實更多顯現出象數派的特徵〔註41〕。從存何妥之說中也可以看出他「襲」、「破」、「申」、「反」王說的痕跡，下面一一舉例爲說。

其一，何妥沿用王弼之結構但有創新

何妥《周易講疏》是南朝《易》學「講疏體」的一個代表作，其中有一個小的細節似乎還沒有學者注意。在《文言》「潛龍勿用，下也」之下，何妥注曰：「此第二章，以人事明之。」這一章至「乾元用九，天下治也」結束。王弼注曰：「此一章全以人事明之也。」又「潛龍勿用，陽氣潛藏」下，何妥曰：「此第三章，以天道明之。」這一章至「乾元用九，乃見天則」結束，王弼曰：「此一章全說天氣以明之也。」何妥以「人事」「天道」解《易》，顯然是從王弼來的。但何妥的分章結構，似乎也是沿襲了王弼的做法。這可能是「講疏體」的需要。現存其他《講疏》體的《易注》，未見這種章節劃分。何妥原書的結構已經不可見，今日從這殘存的「第二章」「第三章」的標記中，還是可以窺見其中的端倪。關於《文言》的分段，孔穎達《正義》中有比較明確的記載：

從此（指開頭）至「元亨利貞」，明乾之四德，爲第一節；從「初九曰潛龍勿用」至「動而有悔」，明六爻之義，爲第二節；自「潛

〔註40〕《北史》卷八十九，中華書局，1974年，第2956～2957頁。

〔註41〕劉玉建統計《集解》中所引用《易》注的條數，最多者爲虞翻，幾乎占十之七八，其次是荀爽，其後依次爲崔憬、《九家易》、侯果、李鼎祚本人、干寶等。而虞翻、荀爽、干寶、《九家易》等，都屬於典型的象數派易學。崔憬、侯果雖講義理，但主要還是傾向於象數。李鼎祚重視象數派《易》注的傾向是顯而易見的。參見《兩漢象數易學研究》（上冊）前言，廣西教育出版社，1996年，第5頁。）

> 龍勿用」下至「天下治也」，論六爻之人事，爲第三節；自「潛龍勿用，陽氣潛藏」至「乃見天則」，論六爻自然之氣，爲第四節；自「乾元者」至「天下平也」，此一節復說「乾元」之「四德」之義，爲第五節；自「君子以成德爲行」至「其唯聖人乎」，此一節更廣明六爻之義，爲第六節。〔註42〕

對比孔穎達的六節劃分，第三節對應何妥之第二章；第四節對應何妥第三章，略有不同。章節的劃分必然是與內容相聯繫的。何妥以第二章爲「人事」，第三章爲「天道」，那第一章及以後的章又如何呢？這是值得思考的一個問題。何妥對於分章是有特別的看法的，對於《坤》卦的《文言》何妥說：「《坤・文言》唯一章者，以一心奉順於主也。」李道平疏更是詳爲之解以附和之〔註43〕。

何妥對於《易》經、傳內容的一種結構化把握，還表現在「隨文釋義」上，如《繫辭》「易有四象，所以示也」，《正義》引諸家之說：

> 莊氏云：「四象，謂六十四卦之中，有實象，有假象，有義象，有用象，爲四象也。」今於釋卦之處，已破之矣。何氏以爲四象謂「天生神物，聖人則之」一也；「天地變化，聖人傚之」，二也；「天垂象，見吉凶，聖人象之」，三也；「河出圖，洛出書，聖人則之」，四也。今謂此等四事，乃是聖人易外別有其功，非專易內之物，何得稱「易有四象」，且又云「易有四象，所以示也」。〔註44〕

柯劭忞指出莊氏、何氏之說「同爲臆測造，無當於經之大義」。此外《周易集解》卷十四引用侯果之說曰：「四象謂上下神物也，變化也，垂象也，圖書也。四者治人之洪範，易有此象，所以示人也。」諸人之解皆是從內容上尋找所謂「四象」的具體對應物，而何妥別闢蹊徑，從行文的整體上來理解，以「四象」爲前述四事之代表。這是一種不拘泥於單詞的整體性閱讀方法。

〔註42〕《周易正義》卷一，阮元校刻《十三經注疏》本，中華書局，1980年，第15頁。

〔註43〕李道平《周易集集解纂疏》：「陰以陽爲主，《坤》以一心奉順乎《乾》，故《文言》止一章也。愚謂乾坤易門，故特著《文言》，以闡陰陽剛柔之大旨。《乾》居首，《坤》次之，故言《乾》從詳，言《坤》從略也。」

〔註44〕《周易正義》卷七，阮元校刻《十三經注疏》本，中華書局，1980年，第82頁。

其二，何妥用象數申發王弼「天道」

何妥確實遵循了王弼以義理解《易》的基本方法，但何妥往往也兼用象數說。這一點許多學者都指出了。其實何妥在當時或者後世，都被視爲漢儒象數學的一種重要繼承派。何妥變王弼義理爲象數之說，在其對「天道」的解釋中有很鮮明的體現，如在《乾·文言》的第三章中，王弼之「天氣」被何妥改爲「天道」，而且完全用象數說解之：

> **潛龍勿用，陽氣潛藏。**
>
> 何妥曰：此第三章，以天道明之。當十一月，陽氣雖動，猶在地中，故曰「潛龍」也。
>
> **見龍在田，天下文明。**
>
> 案：陽氣上達於地，故曰「見龍在田」。百草萌牙孚甲，故曰「文明」。（按：此一節何妥無解，疑闕。何妥原意可能是以「一月」爲解）
>
> **終日乾乾，與時偕行。**
>
> 何妥曰：此當三月。陽氣浸長，萬物將盛，與天之運俱行不息也。
>
> **或躍在淵，乾道乃革。**
>
> 何妥曰：此當五月。微陰初起，陽將改變，故云「乃革」也。
>
> **飛龍在天，乃位乎天德。**
>
> 何妥曰：此當七月。萬物盛長，天功大成，故云「天德」也。
>
> **亢龍有悔，與時偕極。**
>
> 何妥曰：此當九月。陽氣大衰，向將極盡，故云「偕極」也。
>
> **乾元用九，乃見天則。**
>
> 何妥曰：陽消，天氣之常。天象法則，自然可見。
>
> 王弼曰：此一章全說天氣以明之也。九，剛直之物，唯乾體能用之。用純剛以觀天，天則可見矣。〔註45〕

〔註45〕李道平：《周易集解纂疏》卷一，中華書局，1994年，第57～58頁。

何妥將乾卦初九至上六，以十一月、正月、三月、五月、七月、九月解之，顯然是依「爻辰」說〔註46〕。但稍有不同之處是，他還引入了「消息卦」的內容，前說「長」，後說「消」，正是消息卦之原義。陽爲息，主進；陰爲消，主退。按照十二消息卦配月律，十一（建子）爲《復》，一陽初生，即何妥所謂「陽氣雖動，猶在地中」〔註47〕；三月（建辰）爲《夬》，陽生自五，陰退爲一，所謂「陽氣浸長，萬物將盛」；五月（建午）爲《姤》，一陰而五陽，但陰已醞釀著生長之勢，故「微陰初起，陽將改變」；七月（建申）爲《否》，陰氣上升與陽平衡，所以「萬物盛長，天功大成」；而至九月（建戌）爲《剝》，陽退爲一，陰生爲五，故「陽氣大衰，向將極盡」。由此完成一個循環。

其三，何妥以史論、政論生發王弼「人事」

易經、易傳中本來就記錄了不少三代史事，鄭玄之注已多用這些歷史附會《易》注〔註48〕，而晉干寶注《易》更是將這一「歷史化」傾向發展到一個新的高度。《續修四庫全書總目提要》評論干寶之《易注》：「盡用京氏占候之法以爲象，而援文武周公遭遇之期運，一一比附之，謂易道猥雜，實自此始。」王弼注《易》雖然多用「人事」，但並未作較多的比附，而何妥則走得更遠。《乾・文言》「潛龍勿用，下也」一節，何妥的注即爲一個典型例子：

> **潛龍勿用，下也。**
>
> 何妥曰：此第二章，以人事明之。當帝舜耕漁之日，卑賤處下，未爲時用，故云「下」。

〔註46〕據林忠軍先生考察，漢儒爻辰說，有三大體系：一京氏以八純卦爲基石建立起來的六十四卦爻辰體系，二《易緯》以兩兩爲單元組成六十四卦爻辰體系，三鄭玄以乾坤兩卦爲本建立起的六十四卦爻辰體系。何妥《易》書早已散佚，僅從現存的這一段注，無法瞭解其爻辰說的全貌，故不能斷定其說是出自哪一體系。但就《乾》卦爻辰說而言，何氏與漢儒三家是一致的。參《象數易學發展史》第二卷，第77～78頁。

〔註47〕何妥以十一月爲建子是一以貫之的。《臨》：「元亨利貞，至於八月有凶」。《正義》：「何氏雲從建子陽生，至建未爲八月。褚氏云自建寅至建酉爲八月。今案此注云小人道長，君子道消，宜據《否》卦之，時故以臨卦建丑而至否卦建申爲八月也。」何妥以建子爲正月。

〔註48〕《四庫全書總目・周易詳解提要》云：「案《易》爻有帝乙、高宗之象，《傳》有文王、箕子之辭，是聖人原非空言以立訓，故鄭康成論《乾》之用九，則及舜與禹、稷、契、臯陶在朝之事；論《隨》之初九，則取舜賓於四門之義，明《易》之切於人事也。」

見龍在田，時舍也。

何妥曰：此夫子洙泗之日，開張業藝，教授門徒，自非通舍，孰能如此。

終日乾乾，行事也。

何妥曰：此當文王爲西伯之時，處人臣之極，必須事上接下，故言「行事」也。

或躍在淵，自試也。

何妥曰：欲進其道，猶復疑惑。此當武王觀兵之日，欲以試觀物情也。

飛龍在天，上治也。

何妥曰：此當堯、舜冕旒之日，以聖德而居高位，在上而治民也。

亢龍有悔，窮之災也。

乾元用九，天下治也。〔註49〕

王弼之注只是提出「人事」，並未一一比附，但其所舉文王、仲尼兩例可能是「提醒」了何妥。這一「人事」比附似乎未見於其他人之著述中，可以說是何妥注《易》非常成功的一個章節。而且也可以隱約看到何妥自己人生經歷的影子。尤其是「夫子洙泗之日，開張業藝，教授門徒」之說，不僅與孔子的事蹟非常貼切，而且也符合何妥之身份。前面我們說過，何妥在入周之後，曾向薛濬私相傳授經業，而且當時南朝北入之士，還延續了南朝的講會之風。何妥雖然以「亡國」入北，但能延續南朝學術一脈，則「自非通舍，孰能如此」？其入隋之後，積極諫言，可謂「行事也」。這種比附自然我們後人對前人的「再闡釋」，但何妥之說除了有直接的淵源外，取法自身也未嘗不是一個有效的途徑〔註50〕。李鼎祚延續了何妥之方法，補上了桀、紂失位與三皇五帝禮讓之「人事」，也頗爲精妙。

何妥以「善諫」聞名於隋，其《上書諫文帝八事》今存四則。其在注《易》時也將這種政治體悟融會其中。如《復》卦《象》曰：「至於十年不克征。」

〔註49〕李道平：《周易集解纂疏》卷一，中華書局，1994年，第55～56頁。

〔註50〕何妥在解《易》時，多處以君子道德修養來勒己。如史徵《周易口訣義》卷第四《咸卦》引何妥之說：「虛心受人，不問不拒，即物來歸已，君子之志也。」第五《升卦》又引何妥說：「君子謹習爲先，修習道德，積其微小，以以至高大。」這種道德說教，可能是何妥對於自身的一種人格要求。

何妥注曰：「理國之道，須進善納諫。迷而不復，安可牧民？以此行師，必敗績矣。敗乃思復，失道已遠。雖復十年乃征，無所克矣。」對於君臣之間的關係，何妥在注《易》時也多有申發。《泰》卦《象》曰：「上下交而其志同也。」何妥曰：「此明人事泰也。上之與下，猶君之與臣，君臣相交感，乃可以濟養民也。天地以氣通，君臣以志同也。」又如《否》卦《象》曰：「則是天地不交而萬物不通也。」何妥曰：「此明天道否也。」「上下不交而天下無邦也。」何妥曰：「此明人事否也。泰中言志同，否中云無邦者，言人志不同，必致離散，而亂邦國。」雖然都是「人事」，但何妥更具體爲君臣之間的規範。

值得一提的是，在史徵《周易口訣義》卷第五《鼎》卦中曾引用到何妥一則注：「古者鑄金爲此器，能調五味，變故取新，以成烹飪之用，以供宗廟，次養聖賢。天子以天下爲鼎，諸侯以國爲鼎，變故成新，尤須當理，故先元吉，後乃亨通，故曰元吉亨也。」何妥之說顯然是出於王弼，但王氏之說雖然強調變革，但帶有濃厚的尊卑色彩，其序《鼎》「元吉，亨」：「《鼎》者，成變之卦也。革既變矣，則製器立法以成焉。變而無制，亂可待也；法制應時，然後乃吉。賢愚有別，尊卑有序，然後乃亨，故先元吉而後乃亨。」又注《象》「君子以正位凝命」：「正位者，明尊卑之序也。」何妥提出變革「尤須當理」，不同於王弼之「法制」，更強調了客觀規律，這無疑是一種帶有「破壞性」的思想。在古代朝王朝變革中，往往會以「天命」來宣揚合法性；而當王朝一統時，則又往往以「制」和「法」來約束人民，這二者之間的矛盾衝突就成爲變革的力量。

其四，何妥以《老》《莊》解《易》

何妥本傳載有《莊子義疏》四卷，〔註 51〕但此書未見有佚文流傳，成爲我們全面瞭解何妥學術思想的一大憾事。但是我們在《易》注中找到了一些端倪。《復》卦：

〔註 51〕有學者將何妥誤爲「江陵平」。馬曉樂《魏晉南北朝莊學史論》：「北周江陵平的《莊子義疏》。江陵平本傳在《北史・儒林傳》，說他人周後仕宣爲太學博士。文帝受禪後，除國子博士，加通直散騎常侍，晉爵爲公，可見他是備受尊崇的博學之士。江氏著作很多，撰有《周易講疏》三卷、《孝經義疏》二卷、《莊子義疏》四卷，還曾與沈重等撰《三十六科鬼神感應等大義》九卷、《封禪書》一卷、《樂要》一卷，有文集十卷，並行於世。」（中華書局，2012，第 234 頁）蓋《北史 儒林傳》何妥傳：「十七以伎巧事湘東王，後知其聰明，召爲誦書左右。時蘭陵蕭沓亦有儁才，住青楊巷，妥住白楊頭，時人爲之語曰：世有兩儁，白楊何妥，青楊蕭沓，其見美如此。江陵平，入周仕爲太學博士。」斷句爲誤也。

震下坤上。復。亨，何妥曰：復者，歸本之名。群陰剝陽，至於幾盡，一陽來下，故稱「反復」。陽氣復反，而得交通，故云「復亨」也。〔註52〕

何妥之會所帶有卦象〔註53〕，但「歸本」之說則淵源於王弼注《象》曰「復，其見天地之心乎」：

復者，反本之謂也，天地以本爲心者也。凡動息則靜，靜非對動者也。語息則默，默非對語者也。然則天地雖大，富有萬物，雷動風行，運化萬變，寂然至無是其本矣。故動息地中，乃天地之心見也。若其以有爲心，則異類未獲具存矣。〔註54〕

樓宇烈先生對王弼的注作校釋，引用王弼注《老子》之說：

「本」，指世界萬物之根本。王弼以《老》解《易》，觀此處注文之意王弼以虛無、寂靜爲世界萬物之根本。《老子》十六章王弼注說：「以虛靜觀其反復。凡有起於虛，動起於靜，故萬物雖並作，卒復歸於虛靜，是物之極篤也。」又三十八章王弼注：「本在無爲，母在無名。」〔註55〕

王弼之說直接被杜光庭《道德眞經廣聖義》引用。卷十五「萬物並作吾以觀其復」經文之後云：「《易》曰雷在地中復，復者反本之謂也，故靜則歸復，動則失本。」這是《老》《易》之間交互爲注的典型例子。王弼提出「本」的概念，爲何妥所沿用，而何妥之注又啓發了史徵。《周易口訣義》解道：「復，亨者，復是歸本之名，靜默爲義，故老子云『歸根曰靜』，是謂復命也，陽氣反復，所以亨通，故曰亨也。」

何妥以玄學「有無」觀念來解《易》，以其對於《繫辭》的解釋爲例。孔穎達《正義》曾引其說：

夫子本作《十翼》，申說上下二篇《經》文，《繫辭》條貫義理，別自爲卷，總曰《繫辭》。分爲上下二篇者，何氏云：上篇明無，故

〔註52〕李道平：《周易集解纂疏》卷四，中華書局，1994年，第260頁。

〔註53〕李道平疏：上爲末，初爲本，陽盡於上，復歸於初。故云「復者歸本之名」。「群陰剝陽，至於幾盡者」，《剝》之上「不食」者也。「一陽來下，故稱反復者」，《復》初之不遠者也。乾陽復反於坤初，陰陽交通，故曰「復亨也」。（第260頁。）

〔註54〕樓宇烈：《王弼集校釋》，中華書局，1980年，第336～337頁。

〔註55〕樓宇烈：《王弼集校釋》，中華書局，1980年，第340頁。

曰易有太極，太極即無也。又云聖人以此洗心，退藏於密，是其無也。下篇明幾，從無入有，故云知幾其神乎。今謂分為上下，更無異義，有以簡編重大，是以分之。〔註56〕

王弼並沒有注《繫辭》，韓康伯承襲王弼之法注之。其注《繫辭上》「是故易有太極，是生兩儀」:「夫有必始於無，故太極生兩儀也。太極者，無稱之稱，不可得而名，取有之所極，況之太極者也。」又注「聖人之大寶曰位」云:「夫無用則無所寶，有用則有所寶也。無用而常足者，莫妙乎道；有用而弘道者，莫大乎位，故曰『聖人之大寶曰位』。」又韓康伯注《繫辭下》「幾者，動之微」:「幾者，去無入有。理而有形，不可以名尋，不可以形睹者也。」雖然韓康伯注有用「有」「無」來解釋《繫辭》的內容者，但未就《繫辭》上下整體提出「有」和「無」的對應。關於《繫辭》上下之分析，有多種說法，孔穎達就否定了「或以上篇論易之大理，下篇論易之小理者」的說法。何妥此概括頗為精妙，是符合《繫辭》上下各自的主題的，所以為《正義》所轉引，足見其影響。前文也舉何妥分《乾·文言》章句的問題，說明何妥本人對於《易》之整體結構性把握是非常熟練的。孔穎達《正義》，一般都會標注出章節，這對於後世的閱讀習慣和研究方式有很大的影響，這是學術發展到一定水平才會有的。

其五，何妥以《禮》解《易》

《禮》學為南朝經學之重鎮，馬宗霍先生說:「《易》既入於玄學，南朝經學之重心實在於『三禮』而不在於《易》。」〔註57〕而且在當時一度有以「禮」統「易」之說。何妥雖然並未見有《禮》學著述，但其樂論卻全用《禮》為根基，可見其受《禮》學影響之深。何妥注《易》亦間用禮學，其釋《文言》多有例：

元者，善之長也。
亨者，嘉之會也。
利者，義之和也。
貞者，事之幹也。

〔註56〕《周易正義》卷七，阮元校刻《十三經注疏》本，中華書局，1980年，第75頁。

〔註57〕馬宗霍：《經學通論》，中華書局，2011年，第268頁。

君子體仁，足以長人；

何妥曰：此明聖人則天，合五常也。仁爲木，木主春，故配元爲四德之首。君子體仁，故有長人之義也。

嘉會，足以合禮；

何妥曰：禮是交接會通之道，故以配通。五禮有吉凶賓軍嘉，故以嘉合於禮也。

利物，足以和義；

何妥曰：利者，裁成也。君子體此利以利物，足以合於五常之義。

貞固，足以幹事。

何妥曰：貞，信也。君子貞正，可以委任於事。故《論語》曰：敬事而信，故幹事而配信也。〔註 58〕

何妥引入《禮》五常來解此段，以「嘉」爲五禮之「嘉禮」；「會」爲「交接會通」。一般以爲「嘉」爲善爲美之意，但何妥「有意」將之附會「嘉禮」，這不能不說是一種變體。但這裡只有仁、義、禮三德，並未構成五常，所以何妥此解顯然是一種「牽強附會」，所以有不同其說者。孔穎達《正義》引莊氏之說，評論道：

莊氏之意，以此四句明天之德也，而配四時。「元」是物始，於時配春，春爲發生，故下云「體仁」，仁則春也。「亨」是通暢萬物，於時配夏，故下云「合禮」，禮則夏也。……「嘉會足以合禮」者，言君子能使萬物嘉美集會，足以配合於禮，謂法天之「亨」也。〔註 59〕

莊氏之說，以天道自然四時來解此節，以「嘉」爲「嘉美」，「會」爲「聚會」。其實孔穎達是同意「會通」說的。《左傳·襄公九年》載穆姜將亡之前巫史筮得艮卦，不詳，以隨卦解，姜氏引《周易》曰：「隨，元、亨、利、貞，无咎。元，體之長也。亨，嘉之會也。利，義之和也。貞，事之幹也。體仁足以長人，嘉德足以合禮，利物足以和義，貞固足以幹事。」孔穎達《正義》曰：

〔註 58〕李道平：《周易集解纂疏》卷一，中華書局，1994 年，第 42～43 頁。

〔註 59〕《周易正義》卷一，阮元校刻《十三經注疏》本，中華書局，1980 年，第 15 頁。

> 自「幹事」以上，與《周易·文言》正同。彼云「元者善之長」，此云「體之長」；彼云「嘉會足以合禮」，此云「嘉德」，唯二字異耳，其意亦不異也。元者，始也，長也。物得其始，爲衆善之長。於人則謂首爲元。元是體之長。以善爲體，知亦善之長也。亨，通也。嘉，善也。物無不通，則爲衆善之會，故通者，善之會也。物得裁成，乃名爲義。義理和協，乃得其利。故利者，義之和也。貞，正也。物得其正，乃成幹用，故正者，事之幹也。體仁，以仁爲體也。君子體是仁人，堪得與人爲長，體仁足以長人也。身有美德，動與禮合，嘉德足以合禮也。〔註60〕

但孔穎達並未將人倫之五常代入，他說「物得其始」、「物無不通」、「物得裁成」、「物得其正」，然後從「仁」引申出禮，這是謹守《禮》與《易》之限，蓋一爲人事，一爲天道，不相混也。所以才能理解他爲什麼要引莊氏「天之德」說。李鼎祚《集解》亦代入五常，但還是在四時之說的基礎上，又附加上四方、五行之說，變得更爲駁雜，不如何妥之提綱挈領。而究其淵源，何妥之說源於鄭玄。先看鄭玄有多處對於「嘉會」一詞的注釋，據散見的《周易》鄭注。鄭玄之「嘉會禮通」，是指君主、人臣、夫婦之間合乎禮的對應關係，強調了「會」之意義。而禮之產生，本來就是規範人與人之間關係的。從這一點來看，將「禮」理解爲「交接會通之道」，無疑是何妥以《禮》學解《易》的貢獻。李道平疏將何妥之說作了進一步的申發〔註61〕。

二、何妥之《禮》學

（一）定妃禮

何妥爲周宣帝立五后的說辭，被後世所鄙棄。朱熹《通鑒綱目》卷三十五「周主贇立五后」條對此批評最爲猛烈：

〔註60〕《春秋左傳正義》卷三十，阮元校刻《十三經注疏》本，中華書局，1980年，第1942頁。

〔註61〕李道平之說云：「《繫上》曰『觀其會通，以行其典禮』，是『禮爲交接會通之道』，故取以配亨通也。五禮有吉凶賓軍嘉。《春官大宗伯》『以嘉禮親萬民』，注云『嘉禮通於上下，所以別於四禮』。愚謂《春官》始於吉禮，終於嘉禮；《儀禮》則始於嘉禮之《冠婚》，而終於吉禮之《有司徹》。蓋成民而後致力於神，故五禮獨言『嘉合』者，即《儀禮》始冠婚之義也。又乾以嘉美，旁通合坤。陽稱『嘉』，坤爲『禮』故曰：『嘉會足以合禮也』。」（第42頁）

> 高緯立二后猶且不可，况五后乎。辛彥之之言可謂明白切當，若何妥者眞名教之罪人也。夫嚳四妃、舜二妃必有元妃主乎其内，餘皆媵女之數耳，烏可以是爲比。若以四妃、二妃並列爲正，則諸侯一娶九女，皆小君乎。小人附會曲說，取悦一時，亦猶漢任芝、樂松以文王之囿七十里爲對，取媚孝靈，作畢圭靈昆苑之類，是皆誣罔聖言王法之所當誅者，臣故因而及之。〔註62〕

何妥引古典來對，並非「吹毛求疵」。首先，前文我們已經說過，何妥其人擅長爭辯，換言之，他也善於提出「新意」。「妃」之本意爲配偶之意（「后」之本意爲王，亦非王后、皇后），原無高下、正側之分。帝嚳四妃、舜二妃之說，本爲傳說時代之事，何妥之解釋是絲毫沒有問題的。舜二妃分「貴賤長幼」，是漢唐腐儒之論〔註63〕，朱熹不過祖述前人之說。

其次，宇文贇立五后有特殊的背景。《周書・皇后傳》：

> 宣帝楊皇后名麗華，隋文帝長女。帝在東宮，高祖爲帝納后爲皇太子妃。宣政元年閏六月，立爲皇后。帝后自稱天元皇帝，號后爲天元皇后。尋又立天皇后及左右皇后，與后爲四皇后焉。二年，詔曰：「帝降二女，后德所以儷君；天列四星，妃象於焉垂耀。朕取法上玄，稽諸令典，爰命四后，内正六宮，庶弘贊柔德，廣修粢盛。比殊禮雖降，稱謂曷宜，其因天之象，增錫嘉名。」於是后與三皇后並加大焉。帝遣使持節冊後爲天元大皇后曰：「咨爾含章載德，體順居貞，肅恭享祀，儀刑邦國，是用嘉兹顯號，式暢徽音。爾其敬踐厥猷，寅答靈命，對揚休烈，可不愼歟。」尋又立天中大皇后，與后爲五皇后。〔註64〕

〔註62〕《御批資治通鑒綱目》卷三十五，《文淵閣四庫全書本・史部》第690冊，臺灣商務印書館，1983年，第747頁。

〔註63〕孔穎達《正義》：「『堯於是以二女妻舜』。必妻之者，舜家有三惡，身爲匹夫，忽納帝女，難以和協，觀其施法度於二女，以法治家觀治國。將使治國，故先使治家。敵夫曰妻，不得有二女，言『女於時』者，總言之耳。二女之中當有貴賤長幼，劉向《列女傳》云：『二女長曰娥皇，次曰女英。舜既升爲天子，娥皇爲后，女英爲妃。』然則初適舜時，即娥皇爲妻。鄭『不言妻者，不告其父，不序其正』。又注《禮記》云：『舜不告而娶，不立正妃。』此則鄭自所說，未有書傳云然。」

〔註64〕《周書》卷九，中華書局，1971年，第145頁。

何妥之議正是宇文贇立四后、五后的理論準備，頗疑宣政二年至立后之詔書即源出何妥之議。漢人自有皇后之制以來，皆皇后獨尊，所以見到宇文贇立五后事便大加鞭撻，而對提出此議的何妥也加以「名教罪人」之號，殊不知多妻、多后制度，本爲北方民族（政權）中所常見。清人趙翼對此有獨見。《廿二史箚記》卷十五「一帝數后」條：

> 一帝一后，禮也。至荒亂之朝，則漫無法紀。有同時立數後者，孫皓之夫人滕氏無寵，長秋宮僚備員而已，而內諸姬佩皇后璽綬者甚多。（《三國志》）劉聰僭位，立其妻呼延氏爲皇后，后死，納劉殷女爲皇后。后死，又納靳準女爲皇后，未幾進爲上皇后，而立貴妃劉氏爲左皇后，貴嬪劉氏爲右皇后，又立樊氏爲上皇后，四后之外佩皇后璽綬者又七人。後又以宦者王沈養女爲左皇后，宣懷養女爲中皇后。（《晉書》載記）後周宣帝初即位，立妃楊氏爲皇后。其後自稱天元皇帝，又立妃朱氏爲天元帝后，妃元氏爲天右皇后，陳氏爲天左皇后。尋進楊氏爲天元大皇后，朱氏爲天大皇后，元氏爲天后，大皇后陳氏爲天左大皇后，陳氏又改爲天中大皇后，而以妃尉遲氏爲天左大皇后。（《後周書》本紀）〔註65〕

朱熹指出而趙翼所漏之高緯二後事，見《北齊書·後主紀》:「(武平三年八月戊子)拜右昭儀胡氏爲皇后。……(冬十月甲午)，拜弘德夫人穆氏爲左皇后。」可見立多后之制在十六國北朝時期，本爲普遍之事。在其後則蒙元帝國亦實行多后制，趙翼亦有指出。北方民族立多后制，究其淵源，實出於匈奴多閼氏制度。匈奴單于有多位閼氏，《史記》《漢書》中有明確的記載，入烏珠留單于有第二閼氏、第五閼氏。從史載來看，各閼氏的名號還不同，有「母閼氏」「大閼氏」「顓渠閼氏」「屠耆閼氏」，王昭君號「寧胡閼氏」更爲人所悉知，這是匈奴單于或王與別部通婚之標記，比如顓渠閼氏即匈奴專任大且渠（沮渠）部之女，「屠耆閼氏」即左右賢王之妻（匈奴謂賢曰「屠耆」）。顏師古注閼氏爲「匈奴皇后號」，司馬貞《索隱》注「閼氏」亦從之。可見當時人確實以閼氏爲皇后之稱。宋人卻於此提出疑義。劉攽曰：「匈奴單于號其妻爲閼氏爾，顏便以皇后解之，太俚俗也。」〔註66〕今人就此多有爭辯，比較統

〔註65〕趙翼著，王樹民校證：《廿十二史箚記校證》（訂補本），中華書局，1984年，第331～332頁。

〔註66〕胡仔《苕溪漁隱叢話前後集》卷四十引《藝苑雌黃》云：石季倫《王明君詞》云：延我於穹廬，加我閼氏名。閼氏，單于妻也。上烏前，下章移切。《前漢

一的意見就是閼氏是匈奴單于、諸王妻妾的統稱。但在漢唐人的理解中，閼氏就是皇后之對譯，雖然並不算非常切確，也是「通性之眞實」。我們從史載來看，閼氏至少是諸王之妻，而沒有妾者，顏師古已辨之〔註67〕。

又據《隋書・西域傳》（康國）「婚姻喪制與突厥同」，（安國）「風俗同於康國。唯妻其姊妹，及母子遞相禽獸，此爲異也」（入華粟特後裔，不少至唐代還保持著「同姓相婚」的族內婚，非婚其姊妹）；（何國）「其王姓昭武，亦康國王之族類，字敦」。是中古時期粟特婚俗受突厥影響頗深。《隋書・北狄》：「（突厥）大抵與匈奴同俗。」突厥之制度基本上延續匈奴。其名號制度中，可汗對應單于，可賀敦（可敦）對應閼氏，即《北史・突厥傳》所說：「土門遂自號伊利可汗，猶古之單于也；號其妻爲可賀敦，亦猶古之閼氏也。」〔註68〕據此，受突厥文化影響的粟特，君長有多后、妃，當屬情理之中的事。另外，粟特商人奔走在世界各地，實行多妻制也是很正常的事。何妥本爲粟特胡人，對於多妻制或多后制，既就沒有天生的知識隔膜，就不會像漢人那樣「頑固」地理解。

誠然，在宣帝時何妥可能因爲不受重視，有意「迎合」立五后之說，我們也不必爲其人品諱言，但我們應該在判斷清楚當時的文化背景的情況下再作判斷。開皇議論樂中，鄭譯以龜茲七聲來對譯漢人七調，今人奉爲當時民族音樂融合之經典；而何妥復古之獨用黃鍾，竟招致「名教罪人」之毀，說者各自說自話，明矣。

（二）受禪即位之禮

據《隋書・禮儀志四》載：

> 周大定元年，靜帝遣兼太傅、上柱國、杞國公椿，大宗伯、大

匈奴傳》曰：「冒頓后有愛閼氏，生少子。」顏注：閼氏匈奴皇后號。劉貢父云：「匈奴單于號其妻爲閼氏耳，顏便以皇后解之，大俚俗也。」

〔註67〕顏師古《匡謬正俗》卷五釋「閼氏」：「習鑿齒《與謝安石書》云：『匈奴名妾作閼氏，言可愛如煙支也。閼字，於言反。想足下先作此讀書也。』按《史記》及《漢書》謂單于正妻曰閼氏，猶中國言皇后爾。舊讀音焉氏，此蓋北翟之言，自有意義，未可得而詳也。若謂色象煙支便以立稱者，則單于之女謂之居次，復出何物？且閼氏妻號，非妾之名。未知習生何所憑據，自謂解釋。」按司馬貞《史記索隱》改爲「匈奴名妻作閼氏」，不知是顏師古之影響還是另有版本。

〔註68〕突厥之婚俗亦實行多妻制，在《北史》所載突厥族源傳說中亦有體現：「都六有十妻，所生子皆以母族姓，阿史那是其小妻之子也。」

將軍、金城公煚，奉皇帝璽紱策書，禪位於隋。司錄虞慶則白，請設壇於東第。博士何妥議，以爲受禪登壇，以告天也，故魏受漢禪，設壇於繁昌，爲在行旅，郊壇乃闕。至如漢高在汜，光武在鄗，盡非京邑所築壇。自晉、宋揖讓，皆在都下，莫不並就南郊，更無別築之義。又後魏即位，登朱雀觀；周帝初立，受朝於路門，雖自我作古，皆非禮也。今即府爲壇，恐招後誚。議者從之。〔註 69〕

何妥所議，涉及受禪與即位禮，但在多數情況下二者是統一的。按虞慶則的意思，受禪禮直接在楊堅的隋王府社壇舉行；但何妥據前代受禪禮，除非特殊情況，當在京城南郊設壇。何妥特別指出，後魏、北周受禪即位爲「非禮」，而當以「晉、宋揖讓」之禮爲準，這說明何妥以南朝禮學爲正，這是很重要的一點。我們在多處闡明：何妥之學承自南朝，尤其是梁朝文化。我們在其諸學術領域中都可以看到這一影子。那晉宋禪讓即位之禮如何呢？司馬炎受魏禪，《晉書・武帝紀》載：

太始元年冬十二月丙寅，設壇於南郊，百僚在位及匈奴南單于四夷會者數萬人，柴燎告類於上帝曰……禮畢，即洛陽宮幸太極前殿，詔曰……〔註 70〕

又劉裕受晉禪，《宋書・武帝紀》下載：

永初元年夏六月丁卯，設壇於南郊，即皇帝位，柴燎告天。策曰……禮畢，備法駕幸建康宮，臨太極前殿。詔曰……〔註 71〕

又蕭道成受宋禪，《南齊書・高帝紀》下：

建元元年夏，四月，甲午，上即皇帝位於南郊，設壇柴燎告天曰：……禮畢，大駕還宮，臨太極前殿。詔曰……〔註 72〕

又蕭衍受宋禪，《梁書・武帝紀》中：

天監元年夏四月丙寅，高祖即皇帝位於南郊。設壇柴燎，告類於天曰……禮畢，備法駕即建康宮，臨太極前殿。詔曰……〔註 73〕

可見漢魏以來的禪讓禮，都是南郊設壇即位。南郊祭天，本爲漢人大禮，受命於天的皇帝即位，自然要先於南郊告天。不僅禪讓如此，各朝皇帝即位，

〔註 69〕《隋書》卷九，中華書局，1973 年，第 173～174 頁。
〔註 70〕《晉書》卷三，中華書局，1974 年，第 50～51 頁。
〔註 71〕《宋書》卷三，中華書局，1974 年，第 51 頁。
〔註 72〕《南齊書》卷二，中華書局，1972 年，第 31 頁。
〔註 73〕《梁書》卷二，中華書局，1973 年，第 33 頁。

皆伴隨郊祀。那後魏、北周之禮如何呢？據史料所載，後魏即位並沒有「登朱雀觀」之說，何妥可能別有所見〔註 74〕。但北魏即位禮確實含有「非禮」之成分。《通典・吉禮・郊天》上載：

> 後魏道武帝即位，二年正月，親祠上帝於南郊，以始祖神元皇帝配。壇通四陛，壝埒三重。天位在上，南面，神元西面。五帝以下天文從食。（五精帝在壇內，四帝各於其方，黃帝在未，日、月、五星、二十八宿、天一、太乙、北斗、司中、司命、司祿、司人在中壝內，各因其方。其餘從食者合千餘神，醊在外壝內。）席用稿秸，玉以四珪，幣用束帛，牲以黝犢。（上帝、神元用犢各一，五方帝共犢一，日月等共牛一。）祭畢，燎牲體左於壇南巳地。（從陽之義。）後冬至祭上帝於圜丘，牲幣並同。天賜二年四月，復祀天於西郊。爲方壇，東爲二陛，士陛無等；周垣四門，門各依方色爲名。置木主七於壇上。牲用白犢、黃駒、白羊各一。祭之日，帝御大駕，至郊所，立青門內近南，西面。內朝臣皆位於壇北，外朝臣及夫人方容咸位於青門外，后率六宮從黑門入，列於青門內近北，並西面。廩犧令掌牲，陳於壇前。女巫執鼓，立於陛東，西面。選帝七族子弟七人執酒，在巫南，西面北上。女巫升壇，搖鼓。帝拜，后肅拜，內外百官拜。祀訖，乃殺牲。執酒七人西向，以酒灑天神主，復拜，如此者三。禮畢而反。（後魏道武帝西平姑臧，東下山東，足爲雄武之主。其時用事大臣崔浩、李順、李孝伯等，誠皆有才，多是謀猷之士，全少通儒碩學。所以郊祀，帝后六宮及女巫預焉。餘制復多參夷禮，而違舊章。）〔註 75〕

道武帝即位，雖然參用漢人南郊之禮，但卻雜有鮮卑舊俗，這在《魏書・禮志》中沒有記載，而杜佑特地點出，說明何妥之言有所本。北周孝閔帝受禪之禮，《周書》卷三《孝閔帝紀》載是：「元年春正月辛丑，即天王位。柴燎告天，朝百官於路門。」這即是何妥所說「受朝於路門」。

仔細考察隋文帝受禪即位之禮會發現，其實並沒有完全遵循何妥之建議。隋文帝受禪雖然沒有用虞慶則之觀點在相王府設壇即位，但受禪壇還是

〔註 74〕 按：傳世文獻中未見長安有朱雀觀的記載？南朝建康有朱雀觀。但長安有朱雀門，在皇城之南，疑同南朝建康朱雀門之例，上設觀？關於長安朱雀觀，待進一步考察。

〔註 75〕 《通典》卷四十二，中華書局，1984 年，第 1178～1179 頁。

沒有像南朝那樣設在南郊，而是設在宮中，具體位置當在臨光殿門外〔註76〕，即《禮志》所說的「門下」「庭中」。這更像是北周宇文覺在「路門」舉行受禪的情況。在宣度完冊書之後，經過一番揖讓和勸進，受禪完成，黃袍加身，而進入臨光殿即位。在即位儀式完成之後，才「命有司奉冊祀於南郊」這是完全不同於南朝禮儀的，甚至也不同於北齊之制〔註77〕。《隋書文帝紀》將這一即位儀式更做了簡化：「開皇元年二月甲子，上自相府常服入宮，備禮即皇帝位於臨光殿。設壇於南郊，遣使柴燎告天。是日，告廟，大赦，改元。」這一方面說明隋文帝急切希望登基的心理，另一方面也反映了隋初禮制沿襲北周而非北齊，文化漸習還需時日。

與何妥爭議受禪禮之虞慶則，本為胡姓，從族屬上甚至可能與何妥有關，這一點需要注意。《北史・虞慶則傳》：

> 虞慶則，京兆櫟陽人也，本姓魚。其先仕赫連氏，遂家靈武，世為北邊豪傑。父祥，周靈武太守。慶則幼雄毅，性倜儻，身長八尺，有膽智，善鮮卑語，身被重鎧，帶兩鞬，左右馳射，本州豪俠皆敬憚之。初以射獵為事，中更折節讀書，常慕傅介子、班仲升之為人。仕周，為中外府外兵參軍事，襲爵沁源縣公。越王盛討平稽胡，將班師，內史下大夫高熲與盛謀，須文武幹略者鎮遏之，表請慶則，於是拜石州總管。甚有威惠，稽胡慕義歸者八千餘戶。開皇元年，歷位內史監、吏部尚書、京兆尹，封彭城郡公，營新都總監……慶則子孝仁，幼豪俠任氣，拜儀同，領晉王親信。坐父事除名。煬帝嗣位，以藩邸之舊，授候衛長史，兼領金谷監，監禁苑。有巧思，頗稱旨。大業九年，伐遼，遷都水丞，充使監運，頗有功。然性奢華，以駱駝負函盛水養魚而自給。後或告其為不軌，遂見誅。〔註78〕

虞慶則本傳說本姓魚，為胡人無疑，至於其具體之族源，則有不少爭議。1999年，山西太原發現了隋代的虞弘墓，其墓誌云：「公諱弘，字莫潘，魚國尉紇驎城人也。」引起了極大的轟動。關於魚國尉紇驎城之所在及虞弘之族源，各說諸多紛紜。太原隋代虞弘墓發掘報告從誌文中「派枝西域」等語以及墓

〔註76〕按，建康有臨光殿，南齊高帝蕭道成崩於此，太子蕭賾即位。長安之臨光殿，或即仿此，本為皇帝即位之所。

〔註77〕《北齊書》卷四《文宣紀》：「（武定八年五月）戊午，乃即皇帝位於南郊，升壇柴燎告天曰……是日，京師獲赤雀，獻於南郊。事畢，還宮，御太極前殿。」

〔註78〕《北史》卷七十三，中華書局，1974年，第2516～2518頁。

葬所出石槨圖案中的人物形象，推測魚國在中亞，而且以人種學的鑒定爲支持〔註79〕。此後，榮新江先生在其論著所持不一，或以魚國在西北，或說在中亞；林梅村先生認爲魚國紇驎城，即柔然之「木來城」，虞弘之族屬爲步落稽，其族源則可能出自於中亞的比千部落。其他還有羅豐先生紇突鄰部說，周偉洲的大月支說，郭平梁之赫連夏國說，楊曉春之韋紇或袁紇部人說等等〔註80〕。無論虞弘之具體種族爲何，其在北周時曾任「檢校薩保府」，這是管理粟特祆教的機構；其墓葬中鮮明的祆教風格，都說明其與粟特之密切關係。虞慶則與虞弘，當爲同族人無疑。虞慶則子孝仁，「有巧思，頗稱旨」，這與何妥「以技巧事湘東王」類似。又「大業九年，伐遼，遷都水丞，充使監運，頗有功」則何稠頗爲類似。《隋書》卷六十八何稠本傳載隋煬帝遼東之役中：「時工部尚書宇文愷造遼水橋不成，師不得濟，右屯衛大將軍麥鐵杖因而遇害。帝遣稠造橋，二日而就。」麥鐵杖死事在大業八年〔註81〕，何稠與虞孝仁，前後預伐遼之建築工程，皆爲建造世家〔註82〕。虞慶則和何妥同爲粟特或粟特地區的胡人後裔，但一處漠北邊裔之地仕匈奴鮮卑之朝，一占籍江南事蕭梁文儒之君，遂有此觀點上的不同，這是中古文化史上一個頗有意思的話題，惜今人於此未有發覆。

進言之，何妥以南朝禮制來要求隋文帝，雖然「合禮」，未免格格不入。從這裡我們又看到了何妥本人「固執」的一面，這也是他以粟特胡人後裔而習得漢人禮法所呈現的「特殊」面貌之一。

〔註79〕山西省考古研究所《太原隋代虞弘墓清理簡報》，《文物》2001年第1期。在《太原隋虞弘墓》集結出版之後，對於「魚國」的地望，做了更爲充分的說明，認爲：「可以認定，魚國和安國、史國的人文文化背景和地域生活環境相同，相距不會很遠，安國、史國都在中亞兩河流域地區，魚國應該也位於中亞的兩河流域或附近地區。人種學方面的鑒定，也支持了這一結論。」文物出版社，2005年，第165頁。

〔註80〕諸人之說參考楊曉春《隋〈虞弘墓誌〉所見「魚國」、「尉紇驎城」考》，《西域研究》2007年第2期。

〔註81〕《隋書·煬帝紀》下：「（大業八年三月）癸巳，上御師。甲午，臨戎於遼水橋。戊戌，大軍爲賊所拒，不果濟。右屯衛大將軍、左光祿大夫麥鐵杖，武賁郎將錢士雄、孟金叉等，皆死之。甲午，車駕渡遼。大戰於東岸，擊賊破之，進圍遼東。」

〔註82〕《隋書·煬帝紀》下又載：（大業九年九月）甲午，車駕次上谷，以供費不給，上大怒，免太守虞荷等官；（冬十月壬辰），以納言蘇威爲開府儀同三司。朱燮、管崇推劉元進爲天子。遣將軍吐萬緒、魚俱羅討之，連年不能克。「虞荷」與虞孝仁的關係如何？當時又有魚俱羅，可見這一群體的活躍。

（三）封禪禮

何妥本傳載有《封禪書》一卷，另《隋書》集部著錄爲《大隋封禪書》一卷，不著撰人，姚振宗引諸家說云：

> 《隋書・高祖本紀》：開皇九年春正月，陳國平。六月，時朝野物議，咸願登封。詔以後言及禪封，宜即禁絕。冬十一月，考使定州刺史豆盧通等上表請封禪，上不許。
>
> 又《儒林傳》：何妥撰《封禪書》一卷。
>
> 錢氏《隋書考異》曰：「《經籍志》：《大隋封禪書》一卷，不著撰人，蓋何妥所撰，見《儒林傳》。」
>
> 案何妥有《周易講疏》，見經部易類。此題大隋，蓋仍隋人書目舊文也。隋人撰書目時妥猶在，故不著撰人，而本志亦仍之。〔註83〕

是錢大昕、姚振宗皆認爲《大隋封禪書》爲何妥之作。按有隋一代，行封禪者唯有開皇十五年一次，先前遂詔令定封禪儀禮。《隋書・禮儀志二》：

> 開皇十四年，群臣請封禪。高祖不納。晉王廣又率百官抗表固請，帝命有司草儀注。於是牛弘、辛彥之、許善心、姚察、虞世基等創定其禮，奏之。〔註84〕

開皇九年平陳之後時朝野議及禪封，朝廷就有人提出封禪，隋文帝詔不准。至十四年年始促成其事，創定儀注。隋代完備的封禪禮只可能見於開皇十四年這一次。但問題是《禮儀志》載這一次議封禪者並沒有何妥，這該如何解釋呢？據姚振宗之考證，隋代斷續上《封禪書》者不少，在《大隋封禪書》一卷之後，又有《上封禪書》二卷，不著撰人，姚氏認爲「似即牛弘等所上」，又據《隋書薛冑傳》認爲「又似冑所上者」，無法斷言。雖然如此，但是何妥之書既然標明「大隋」字樣，則爲官本可以推知，其他人所上者，則一般議論而已。後面我們會談到《隋書》「志」類文獻編輯中「漏書」的問題，開皇九年之後議樂，《牛弘本傳》載何妥之名，而《樂志》下不載即是一例。事實上牛弘、許善心、姚察、虞世基與何妥，是開皇九年之後文化領域中最活躍的人，而開皇十四年時何妥猶健在，議封禪不可能沒有他的參與。從參定開皇十四年封禪禮的學者來看，牛弘、辛彥之爲北朝文化系統；許善心、姚察、

〔註83〕姚振宗：《隋書經籍志考證》卷四十，《二十五史藝文經籍志考補萃編》，清華大學出版社，2014年，第2195頁。

〔註84〕《隋書》卷七，中華書局，1973年，第140頁。

虞世基皆出自南朝文化系統。封禪禮在南朝文化體系中有最爲完整的討論，《隋書・經籍志》在《上封禪書》二卷之後著錄梁《雜封禪文》八卷不著撰人，即當時封禪禮的重要成果。同時參定開皇十四年封禪儀注之諸人中，多有相關禮學背景。許善心之祖許懋，爲蕭梁重要儀注家，其議封禪之長文存於《梁書》中，是南朝重要的封禪文獻。許善心子許敬宗，以爲唐代五禮之重要參撰人物。其家世之學可見一斑。開皇十四年定封禪禮諸人中，許善心對於封禪禮無疑最爲諳熟，其餘皆非禮學專家。但諸人之中，只有何妥能兼南北，這一「特點」是非常重要的，所以參與這一次禮議的可能也是比較大的。

第三節　何妥之樂論

開皇樂議是中古文化史上的一件大事，不僅與中外文化交流、民族文化融合等宏觀歷史問題相聯繫，而且牽涉到經學、音樂、文學等諸問題。鄭祖襄先生說：

> 隋代初年的「開皇樂議」，在中國古代史上是一場十分少見的統治集團內部高層次的音樂專題討論。它以討論雅樂爲題，但其根本的問題涉及歷史上每每遇到的「中外音樂衝突」問題，並與隋朝的政治、文化相聯繫。參加樂議的上至皇帝、朝中大臣，下有民間音樂家。各家各派爭論激烈，以至於樹立朋黨，延時十三載。儘管樂議曾經一度「是非之理，紛然淆亂」；但它的結果仍然對後世的音樂發展產生了深遠的影響。在中國古代音樂史的發展中，特別是從中外音樂衝突的關係上講，「開皇樂議」是一個承前啓後的重要「環節」。〔註 85〕

宋代學者對此已有很多的論述，近代以來學者也紛紛著論，近年來還有學者從不同角度解析這一事件〔註 86〕。然而古今學者信從《隋書・樂志》的內容

〔註 85〕鄭祖襄《「開皇樂議」中的是是非非及其他》，《中國音樂學》2001 年第 4 期。

〔註 86〕如李石根《隋代的一次聲律學大辯論——開皇樂議》，《交響》2001 年第 1 期；王立增《開皇樂議與隋初政治》，《天津音樂學院學報》2003 年第 4 期；趙小鵬《「何妥知樂」辯》，《藝術百家》2006 年第 1 期；陳四海、葛恩專《何妥與開皇樂議》，《陝西師範大學學報》2010 年第 4 期；葛恩專《開皇樂議研究》，陝西師範大學音樂學 2011 年碩士論文；徐榮坤《解讀「開皇樂議」中的幾個謎團》，《天津音樂學院學報》2012 年第 3 期。

不加辨析，對於這段歷史頗多誤解，對何妥本人的評價也殊非公論。重新梳理有關何妥入隋之後的史料，聯繫何妥本人之家世出身、學術淵源，我們對其人其學將會有一個全新的認識。

一、開皇樂議進程辨析

關於開皇議樂的過程，《隋書．樂志中》載：

> 開皇二年，齊黃門侍郎顏之推上言：「禮崩樂壞，其來自久。今太常雅樂，並用胡聲，請馮梁國舊事，考尋古典。」高祖不從，曰：「梁樂亡國之音，奈何遣我用邪？」是時尚因周樂，命工人齊樹提檢校樂府，改換聲律，益不能通。俄而柱國、沛公鄭譯奏上，請更修正。於是詔太常卿牛弘、國子祭酒辛彥之、國子博士何妥等議正樂。然淪謬既久，音律多乖，積年議不定。高祖大怒曰：「我受天命七年，樂府猶歌前代功德邪？」〔註 87〕

按：此敘開皇二年樂議發軔至開皇七年間事。《文帝紀》《牛弘傳》載牛弘開皇六年除太常卿；何妥本傳載其考定鍾律，議三調四舞，奏宗廟雅樂用黃鍾都是在開皇六年前，至開皇六年何妥已出爲龍州刺史；辛彥之至開皇六年時也可能已出爲隨州刺史〔註 88〕，《樂志中》三人在開皇六、七年中同時議樂的記載，顯然是有問題的。可能是《樂志中》將開皇九年以後牛弘、何妥主持定雅樂之事混入開皇九年前；而辛彥之的混入，可能是因爲《律曆志》中載開皇九年平陳後，牛弘、辛彥之、鄭譯、何妥等，參定律度之事。這是《樂志中》的第一次夾纏問題。

《樂志中》之後接著敘述開皇七年之後，鄭譯因龜茲蘇祗婆七調，推演七聲，得八十四調諸說。按鄭譯此番議論即開皇二年左右「沛公鄭譯奏上，請更修正」之事，而非開皇七年之後的事。《萬寶常傳》也說：「開皇初，沛國公鄭譯等定樂，初爲黃鍾調。」《樂志中》顯然沒有注意到時間順序。鄭譯之議本來已接近成功，從當時的音樂實際而言也確實如此，用外來的七調比

〔註 87〕《隋書》卷十四，中華書局，1973 年，第 345 頁。

〔註 88〕《隋書》卷七十五本傳：「高祖受禪，除太常少卿，改封任城郡公，進位上開府。尋轉國子祭酒。歲餘，拜禮部尚書，與秘書監牛弘撰《新禮》。吳興沈重名爲碩學，高祖嘗令彥之與重論議，重不能抗，於是避席而謝曰：『辛君所謂金城湯池，無可攻之勢。』高祖大悅。後拜隨州刺史。」按，隋《五禮》開皇三年已編成，故辛彥之拜隨州刺史可能就在其後不久。

勘漢人的七聲，是一種解決音樂融合問題的有效手段。朝廷也有意立鄭譯之說。但這一次起來反駁的是蘇夔。蘇夔與鄭譯的爭議，鄭譯占上風，朝眾也贊成之。鄭譯與蘇夔此時達成共識。這說明二人還保持著學術爭議的立場，接著始有何妥之議：

> 而何妥舊以學聞，雅爲高祖所信。高祖素不悦學，不知樂，妥又恥己宿儒，不逮譯等，欲沮壞其事。乃立議非十二律旋相爲宮，曰……是時競爲異議，各立朋黨，是非之理，紛然淆亂。或欲令各修造，待成，擇其善者而從之。妥恐樂成，善惡易見，乃請高祖張樂試之。遂先說曰：「黃鍾者，以象人君之德。」及奏黃鍾之調，高祖曰：「滔滔和雅，甚與我心會。」妥因陳用黃鍾一宮，不假餘律，高祖大悦，班賜妥等修樂者。自是譯等議寢。〔註89〕

按，據何妥本傳，開皇六年前議三調四舞，奏宗廟雅樂用黃鍾，即對應此段中非十二律旋相爲宮與存三調二事，有關其中的樂理，詳後文解析。另外，據上面的年譜，萬寶常之事，也是在開皇初；「競爲異議，各立朋黨」的情況本爲開皇九年前議樂的總體風貌。而牛弘總知樂事，以及高祖滔滔之論，都是開皇九年之後的事。《樂志中》將諸事夾纏在一起敘述，造成混亂。其實按照《樂志》的總體規劃，應該是上篇敘梁、陳之樂，中篇敘北齊、北周之樂，下篇敘隋代之樂，次序井然。但實際分卷時，在中篇敘北周樂竟之後，插入了開皇二年顏之推改定雅樂之奏，以及開皇九年以前的隋代樂議情況，而至下篇則敘開皇九年平陳以後的牛弘等人的樂議，以及改定之後隋代雅樂狀況。這其實是編撰者原本的想法：開皇九年之前，隋代雅樂未成，故補敘到北周之後。但具體操作時，沒有具體分清諸人獻議的時間以及觀點變化，只能囫圇作一番概述，遂造成對議樂事件的「簡單化」。這是史料的缺陷所致，也與撰者本人的態度有關，這一點詳後面的剖析。

《隋書・樂志》敘述時間的混亂，是造成開皇議樂紛紛的重要原因。倘若能釐清相關事件的來龍去脈，或許會有全新的理解。據新出《鄭譯墓誌》：

> 君諱譯，字正議，滎陽開封人。……祖瓊，魏太常卿、青州刺史。……父道邕，周少司空、大將軍、金鄉文公。……及火德膺運，寶曆惟新，以公佐命殊勳，禮數崇重。……七年，詔公修聿，公斟酌簡要，刪略煩苛，法古適今，有如畫一。公志性知足，常思外出。

〔註89〕《隋書》卷十四，中華書局，1973年，第347～348頁。

> 四年，遂除使持節隆州諸軍事、隆州刺史。六年，入朝。公常以樂章殘廢，多歷年所，乃研精覃思，博採經籍，更修《樂府聲調》八篇，上表陳奏，其月，詔以爲岐州諸軍事、岐州刺史。公下車布政，民安吏肅。寬猛相濟，條教有章。方當比跡伊皋，齊衡稷禹，而鍾箭不留，薰蒿遂遠。十一年八月一日薨於岐州，春秋五十二。詔謚達公，禮也。惟公少有英才，長懷奇節，升車攬轡，志清區宇。恥一物之不知，畢天下之能事，莫不窮理盡性，探微索隱。及持值龍顏，才膺豹變，謀定帷扆，贊成鴻業。早擅辭采，文義精新，勒成卷軸，凡廿卷。夫人蘭陵蕭氏，梁太宗簡文皇帝之孫，當陽王大心之女。德行聿修，言容光備，閨門之訓，芬若椒蘭。長子太常卿、上柱國、沛國公元璹肅承家業，克隆基緒。值隋德亡季，海内群飛，言望舊塋，山川遐阻，乃以武德五年十二月戊申朔十四日寄窆於雍州萬年縣黃臺鄉小陵原。〔註 90〕

誌中內容多與正史鄭譯傳相契合，而時間特詳。但誌文云「七年，詔公修聿」當有誤刻。其事在開皇初，「聿」當爲「律」。墓誌記載很清楚，開皇六年前鄭譯所論爲律令，其論樂在開皇六年回朝後。其後又出爲岐州刺史，至十一年八月卒。而據《隋書》本傳：

> 未幾，詔譯參議樂事。譯以周代七聲廢缺，自大隋受命，禮樂宜新，更修七始之義，名曰《樂府聲調》，凡八篇。奏之，上嘉美焉。俄遷岐州刺史。在職歲餘，復奉詔定樂於太常，前後所論樂事，語在《音律志》。上勞譯曰：「律令則公定之，音樂則公正之。禮樂律令，公居其三，良足美也。」於是還岐州。開皇十一年，以疾卒官，時年五十二。〔註 91〕

儘管墓誌沒有確切記載鄭譯出岐州刺史的時間，但墓誌並沒有說鄭譯在岐州刺史期間被召回定樂。《律曆志上》也載開皇九年平陳後，牛弘、辛彥之、鄭譯、何妥等，參考古律度事，但《文帝紀》載開皇九年定樂諸人無鄭譯。鄭

〔註 90〕誌蓋題「隋故岐州刺史上柱國沛國達公鄭君銘」；誌題前缺，後題「州刺史上柱國沛國達公鄭君墓誌之銘」。陳根遠主編《陝西珍稀碑帖·鄭譯墓誌》，西安出版社，2018 年。錄文參考劉文《陝西新見隋朝墓誌》，三秦出版社，2018 年。相關介紹參見鄧盼《〈鄭譯墓誌銘〉簡述》，陳建貢主編《金石研究》第一輯，世界圖書出版公司，2017 年，第 110～115 頁。

〔註 91〕《隋書》卷三十九，中華書局，1973 年，第 1138 頁。

譯授岐州刺史後，一直到他卒，通常而言不應回朝兼授別官，疑以墓誌爲正。考慮到開皇四年至六年間，鄭譯出爲隆州刺史；而何妥開皇六年至八年，出爲龍州刺史，那麼他們二人同議樂只能在開皇初的四年以及開皇六年中。鄭譯本傳所謂「前後所論樂事，語在《音律志》」本來就存在問題，因爲《音律志》在鄭譯傳修成時尚未著成（鄭譯傳在隋志修纂之後得以調整？）鄭譯論樂、律，最有可能在開皇六年前，此開皇樂議前段的時間節點。至開皇九年平陳，新的樂器、樂理傳入，新一番樂議開始，以牛弘爲中心，而鄭譯、何妥都已經不再是中心人物。

回到事件的本身，如果我們拋開《樂志中》有關開皇樂議的記載，而取涉及開皇中議樂諸人之傳及其他史料參之，會發現整個開皇議樂的線索是比較清晰的。開皇九年之前的議樂，主角爲鄭譯、何妥、蘇夔、萬寶常等人，（牛弘是否在開皇六年參與有待進一步研究）。諸人雖然觀點不同，但並無爭競之心，《樂志中》以爲：「何妥舊以學聞，雅爲高祖所信。高祖素不悅學，不知樂，妥又恥己宿儒，不逮譯等，欲沮壞其事。」這不是理性的史家應有的態度。這一評論的影響很大，完全是對何妥的「抹黑」〔註 92〕。其實何妥提出用黃鍾之說是很早的，而且一開始也沒有得到採納，這是開皇九年前音樂現狀決定的。而且開皇六年因爲兒子犯刑法，何妥一度恩疏，外出龍州刺史三年，就更不可能「沮壞」鄭譯之說。儘管開皇九年前的議樂並沒有取得實質

〔註 92〕古代學者中，批評何妥樂論最極端者爲朱載堉，他在《律呂正論》卷四「簫韶琴律說」下說：「然則旋宮六十調，實未嘗亡也。何妥、陳暘輩求之不得，而疑之，以爲必無旋宮之理，豈知音知樂者之言哉。六十調旋宮，本非難曉者，而舉世莫能知，蓋由何妥、陳暘二腐儒壞之也。遂致絕傳於世，豈不可惜也哉。……妥、暘所著樂書，乃膠柱而調瑟何足貴哉。」又《樂律全書》卷七上《律呂精義內篇》「旋宮琴譜」條又云：「自隋何妥建議廢旋宮法，由是已來，世俗琴士不識七音爲均之琴，惟笙皆是七音爲均，郤無五音爲均之笙？援笙爲琴瑟作證不亦深切著明乎？朱熹、蔡元定皆不非七音，陳暘何人乃敢非之。《樂記》曰：不知聲者不可與言音，不知音者不可與言樂，何妥、陳暘之謂也。」今人批判何妥者，如劉鎮鈺說：「（開皇中）奉旨參與議樂的鄭譯、辛彥之、牛弘、蘇夔等人均是略懂音律的，惟獨國子博士何妥一竅不通，但他又怕失去了這吹牛拍馬、阿諛奉承的機會，遂親自上表，毛遂自薦：『……臣少好音律，留意管絃，年雖耆老，頗能記憶』（《北史·傳》）。躋身於『議正樂』的隊伍裏，由於他本不勝音律，又帶有存心與蘇威、蘇夔父子作對的情緒參加議樂，加上鄭譯與蘇夔、萬寶常等人在學術上的不同意見，致使一個議樂事件搞得『紛然淆亂』，『積年議不定』」。《隋代音樂家鄭譯》，《中國音樂學》1991 年第 3 期。這也代表了不少樂學研究者對於何妥的看法。

的突破，但至少還是正常的學術爭論，連萬寶常這樣的樂工也能參與討論，這一點是值得注意的。這與開皇初的學術風氣有關（禮、樂、律、令）。我們從上面何妥年譜中可以很清晰地看出。開皇九年之後再度議樂的主角不再有鄭譯，而被蘇威家族把持著，失去了學術爭鳴的語境，所以才會要何妥憤激之下揭發蘇威家族朋黨之舉。正如李石根先生所指出那樣：「這只是一次正常的學術辯論，後來卻變成了朋黨之爭。」〔註 93〕值得一提的是，何妥對於蘇威家族朋黨之揭露，並非主動，而是被動；不是羅織罪名，而是蘇威家族確有朋黨（雖然也有一些被冤枉的）。我們注意到，「（何）妥恚曰：『吾席間函丈四十餘年，反爲昨暮兒之所屈也！』」這一句話，卻是載在其對手《蘇威傳》中，說明是比較可靠的。胡三省注此句云：「《禮》：侍坐於先生，席間函丈。何妥周武帝時已爲太學博士，故云然。」何妥是站在一種學術立場，而不是政治立場說此事的，意謂自己掌博士教鞭四十餘年，論資歷、論學養、論官職都是蘇夔的前輩，朝中大臣至少應該聽取自己的意見，但卻礙於蘇威之面，十之八九附蘇夔。

古今學者都以爲何妥非議鄭譯之說，是其不懂樂或者人格缺陷所致，殊不知無論鄭譯、何妥、萬寶常、蘇夔，其實都沒有能力解決隋開皇初的音樂問題。鄭祖襄先生說鄭譯的樂學最能體現當時胡漢音樂融合的現狀，但何妥族出最善歌舞的西域粟特，又經歷南朝、北朝文化之雙重洗禮，對於當時民族音樂的情況怎麼會不理解？問題的核心在於：在全國統一而未統一，民族文化融合局部完成而未全部完成的情況下，找到一種能暫時「說服」帝王或者讓帝王接受的「樂論」才是最重要的，這是古代樂論與政論合一最典型的形態，並不關乎個人道德。隋文帝從出生到受禪本來就圍繞著大量的符讖之說，何妥找到一種可以滿足其政治目的的樂論，不過是「巧用」了自己掌握的經學知識罷了。何妥其人、其論如何，還要回到具體的語境中來解讀，絕不可據《隋書・樂志》一句評論而以偏概全。

二、《隋書・樂志》何妥樂論原文釋讀

何妥最具爭議的樂論就是不贊成鄭譯之七調旋相爲宮說，而主張獨用黃鍾。何妥此論，有其具體的背景。在開皇二年下令議雅樂之後，鄭譯即上樂

〔註 93〕李石根《隋代的一次聲律學大辯論—— 開皇樂議》，《西安音樂學院學報》2001 年第 1 期。

議提出七聲八十四調，不論其是抄襲萬寶常也好，「掉包」蘇祗婆龜茲音階也好〔註 94〕，他的提議得到了朝廷的應和，朝廷也有意立鄭譯之說。但第一次起來反駁七聲說的是蘇夔，鄭譯成功的找到七調的淵源，朝眾也贊成之。蘇夔與鄭譯達成一致之後，對於雅樂中以旋宮樂不諧的情況作了改定，並且重新正定律呂，於是在樂、律爭議看似趨於完成的背景下，何妥提出了自己的看法。其實無論是鄭譯還是蘇夔還是其他古代學者，在爭議中一般的取向都是「引經據典」，從經典中尋找合法性知識，這是中國文化固有的特點。那何妥之「引經據典」是否有根據呢？下面一一點出。

（一）

經文雖道旋相為宮，恐是直言其理，亦不通隨月用調，是以古來不取。若依鄭玄及司馬彪，須用六十律方得和韻。

「旋相爲宮」見於《禮記・禮運》：「五聲、六律、十二管，還相爲宮也。」此外，《周禮・春官・大司樂》中還記載了另外一種「旋宮」方法，即：「圜鍾爲宮，黃鍾爲角，大蔟爲徵，姑洗爲羽。」關於這兩種旋宮方法，古代學者、樂學家對此有很多解釋，現代學者也有一些不同的說法〔註 95〕。「旋相爲宮」的古代注解，有何妥所提到的鄭玄和司馬彪。鄭玄注《禮運》「五聲六律十二管，還相爲宮」：「五聲：宮、商、角、徵、羽也。其管陽曰律，陰曰呂，布十二辰，始於黃鍾，管長九寸，下生者三分去一，上生者三分益一，終於南呂，更相爲宮，凡六十也。」因爲「南呂」一作「南事」，所以漢代以來對於鄭玄「更相爲宮，凡六十」的理解頗有不同。孔穎達《禮記正義》認爲：「是十二宮各有五聲，凡六十聲。南呂最處於末，故云『終於南呂』。以此言之，則南呂爲是。然諸本及定本多作『終於南事』，則是京房律法。」何妥認爲是「六十律」，正是根據京房六十律而來的。何妥所謂司馬彪之說即京房六十律，因爲其說見載於司馬彪所著《續漢書・律曆志》（范曄《後漢書》因之），其法云：

> 六十律相生之法：以上生下，皆三生二，以下生上，皆三生四，陽下生陰，陰上生陽，終於中呂，而十二律畢矣。中呂上生執始，

〔註 94〕關於鄭譯七聲八十四調之淵源，學者爭議頗多。郭沫若在《隋代大音樂家萬寶常》中認爲鄭譯之說本自萬寶常，稱之爲「文化強盜，嫉才妒能而冒充假內行的有毒的臭蛤蟆」。此後劉鎮鈺、李石根、鄭祖襄等都提出了不同的意見。

〔註 95〕參考黃翔鵬《旋宮古法中的隨月用律問題和左旋、右旋》，收入《溯流探源——中國傳統音樂研究》，人民音樂出版社，1993 年，第 109～127 頁。

執始下生去滅，上下相生，終於南事，六十律畢矣。……建日冬至之聲，以黃鍾爲宮，太蔟爲商，姑洗爲角，林鍾爲徵，南呂爲羽，應鍾爲變宮，蕤賓爲變徵。此聲氣之元，五音之正也。故各統一日。其餘以次運行，當日者各自爲宮，而商徵以類從焉。《禮運篇》曰「五聲、六律、十二管還相爲宮」，此之謂也。〔註 96〕

京房六十律也是爲「旋相爲宮」作注解的，其核心在於是生律的問題。何妥說其「和韻」，所據爲何呢？京房論述六十律相生之法引《虞書》「律和聲」，這是「和韻」的所本，其字面意思就是十二律與五聲相「和」。傳統的三分損益法生律，至十二律不能回到黃鍾，京房將三分損益法生完十二律之後繼續向下生到六十律，至第五十三律色育已接近黃鍾。他還製作一種調音之器——「準」，來定六十律之度調。陳應時先生認爲：「京房發明六十律的目的還是爲了從理論上解決音樂中周而復始的旋宮轉調問題。」〔註 97〕這應該就是何妥所謂「和韻」。儘管古今學者對京房六十律評價不一，但其影響是不容忽略的。

蕭衍在《鍾律緯》中對於京房六十律給予了很高的評價。他根據京房律製作了調音之器——四通，自云將此法宣於鍾律「則還相中」；飲之於笛則「聲韻合和」。他又據「四通」律準作十二笛，「用笛寫通聲，飲古鐘玉律，並周代古鐘，並皆不差。於是被以八音，施以七聲，莫不和韻」。這正是對「和韻」的說明。《舊五代史·樂志下》云：「梁武帝素精音律，自造四通十二笛，以鼓八音。又引古五正、二變之音，旋相爲宮，得八十四調。」〔註 98〕梁武帝的四通十二笛，十二律旋相爲宮分別由十二支笛每笛一宮來完成，儘管十二笛還是根據三分損益法而不是十二平均律，其十二笛每笛翻七調合八十四調的音階結構並不能完全一致〔註 99〕，但這已經做到了「旋相爲宮」理論上的和諧，所以才說「和韻」。

何妥生於梁代，八歲即入建業國子學，十七「以技巧事湘東王」，濡染南朝文化，對梁武帝的學說應十分熟悉。據《隋書·律曆志上》，何妥在周、隋

〔註 96〕《後漢書·曆律志上》，中華書局，1965 年，第 3000 頁。

〔註 97〕陳應時《爲京房「六十律」申辯》，原載《藝苑》1985 年第 1 期，後收入《中國樂律學探微——陳應時音樂文集》，上海音樂學院出版社，2004 年，第 457～473 頁。

〔註 98〕《舊五代史》卷一百四十五，中華書局，1976 年，第 1940 頁。

〔註 99〕陳其射：《中國古代樂律學概論》，浙江大學出版社，2011 年，第 382～383 頁。

之際都曾參與了律度的考訂工作。他附議六十律之說，極有可能就是其在梁代習得的知識。

何妥反對旋宮一個主要原因是反對隨月用律，這是旋宮樂的核心。丘瓊蓀先生指出：「歷代所以尊重旋宮樂者，爲的是可以隨月用律。這是我國古樂律家的主張，爲的是維護封建統治階級的正統觀念，其中並雜有術數家的主張，根本不是從音樂實際出發，實在是無聊得很。但卻爲樂律史造成了很多混亂。」〔註100〕儘管古代典籍如《禮記·月令》有隨月用律之法，但具體實踐歷代並無定式。開皇九年平陳之後，牛弘、姚察等人欲張隨月用律說，也承認漢代此法時斷時續的問題，何妥說「不通隨月用調」即是如此，顯示了他的懷疑精神和對樂律的瞭解。

（二）

今譯唯取黃鍾之正宮，兼得七始之妙義，非止金石諧韻，亦乃簨虡不繁，可以享百神，可以合萬舞矣。

各種版本的這段文字都有「譯」字，學者多未注意。若按這樣來理解，「唯取黃鍾之正宮」是鄭譯提出來的，而何妥是同意的，那古今學者批評何妥就搞錯了，整個開皇樂議也要重新認識。但從前後文看，何妥「非十二律旋相爲宮」就是爲反對鄭譯而發的，並非支持鄭譯。筆者懷疑「譯」字爲衍文，或者是《隋書·音樂志》刪節何妥文字而造成「譯」後有闕文。《隋書·鄭譯傳》載：「未幾，詔譯參議樂事。譯以周代七聲廢缺，自大隋受命，禮樂宜新，更修七始之義，名曰《樂府聲調》，凡八篇。」〔註101〕據《鄭譯墓誌》，此事在開皇六年。而開皇六年以後，何妥出爲龍州刺史。因此，如果這段樂論確屬於何妥，最有可能是他開皇六年與鄭譯同朝議樂時根據鄭譯《樂府聲調》而發。據《隋書·音樂志中》載，鄭譯的「旋宮」樂，是他根據龜茲人蘇祇婆所傳七調而立的新說：

> 譯遂因其所撚琵琶，弦柱相飲爲均，推演其聲，更立七均。合成十二，以應十二律。律有七音，音立一調，故成七調十二律，合八十四調，旋轉相交，盡皆和合。……譯因作書二十餘篇，以明其指。至是譯以其書宣示朝廷，並立議正之。〔註102〕

〔註100〕丘瓊蓀：《燕樂探微》，上海古籍出版社，1989年，第179頁。
〔註101〕《隋書》卷三十九，中華書局，1973年，第1138頁。
〔註102〕《隋書》卷十四，中華書局，1973年，第346頁。

鄭譯此議之後，同時議樂之人紛起「正之」。先有蘇夔質疑其五聲、七聲之說，鄭譯答蘇夔問中就引《漢書・律曆志》「七始」之說。五聲、七聲是古代經學家經常爭議的話題，主要原因在於對經典的不同理解。鄭譯與蘇夔爭議過後達成一致，共議云：

> 案今樂府黃鍾，乃以林鍾爲調首，失君臣之義；清樂黃鍾宮，以小呂爲變徵，乖相生之道。今請雅樂黃鍾宮以黃鍾爲調首，清樂去小呂，還用蕤賓爲變徵。

楊蔭瀏先生指出，所謂「以林鍾爲調首」（A）和「黃鍾宮以小呂爲變徵」（B），都是一種新的音階，二者示意圖如下〔註 103〕：

（A）

律名	林鍾	夷則	南呂	無射	應鍾	黃鍾	大呂	太簇	夾鍾	姑洗	仲呂	蕤賓	林鍾
七聲	宮		商		角	清角		徵		羽		變宮	清宮

（B）

律名	黃鍾	大呂	太簇	夾鍾	姑洗	仲呂	蕤賓	林鍾	夷則	南呂	無射	應鍾	黃鍾
七聲	宮		商		角	清角		徵		羽		變宮	清宮

這兩種音階的問題，前者即所謂下徵調新音階，後者則是清商音階或俗樂音階以黃鍾爲宮的序列〔註 104〕。鄭譯此前所說的「應用林鍾爲宮，乃用黃鍾爲宮」的問題，就是後來他和蘇夔所說的「樂府黃鍾」「清樂黃鍾宮」的問題，只是後面一次提出了解決的辦法。

古音階或者正聲音階如京房所言：「以黃鍾爲宮，太蔟爲商，姑洗爲角，林鍾爲徵，南呂爲羽，應鍾爲變宮，蕤賓爲變徵。此聲氣之元，五音之正也。」如下：

（C）

律名	黃鍾	大呂	太簇	夾鍾	姑洗	仲呂	蕤賓	林鍾	夷則	南呂	無射	應鍾
律呂七聲	宮		商		角		變徵	徵		羽		變宮

〔註 103〕楊蔭瀏：《中國古代音樂史稿》，人民音樂出版社，1981 年，第 259 頁。

〔註 104〕黃翔鵬：《傳統是一條河流》（音樂論集），人民音樂出版社，1990 年，第 90 頁。

何妥所謂「黃鍾之正宮」說，即京房所謂「聲氣之元，五音之正」，也就是鄭譯主張的「七音」和「七始」。鄭譯和蘇夔「請雅樂黃鍾宮以黃鍾爲調首」，「清樂去小呂，還用蕤賓爲變徵」，都是指恢復正聲音階而言，與何妥所主張也是一致的。

進一步而言，恢復正聲音階的討論是當時雅樂重建的主流思想。開皇之初，盧賁檢校太常卿，上表論古樂宮懸問題：「至周武帝，復改懸七，以林鍾爲宮。……且林鍾之管，即黃鍾下生之義。黃鍾，君也，而生於臣，明爲皇家九五之應。又陰者臣也，而居君位，更顯國家登極之祥。斯實冥數相符，非關人事。」〔註105〕盧賁發揮雅樂與皇權之間的老生常談，與何妥的觀點一致。

《隋書》何妥本傳載開皇六年之前他奏太常所傳宗廟雅樂唯作大呂，請用黃鍾，結果「詔下公卿議，從之」；《音樂志中》載鄭譯、蘇夔議請雅樂黃鍾宮以黃鍾爲調首，也是「眾皆從之」；《盧賁傳》載其上議之後，「上竟從之，即改七懸八，以黃鍾爲宮」。但他們的樂議並未眞正實施，開皇九年之後牛弘議樂還是如此。《隋書》牛弘本傳載：

> 今見行之樂，用黃鍾之宮，乃以林鍾爲調，與古典有違。晉內書監荀勗依典記，以五聲十二律還相爲宮之法，製十二笛。黃鍾之笛，正聲應黃鍾，下徵應林鍾，以姑洗爲清角。大呂之笛，正聲應大呂，下徵應夷則。以外諸均，例皆如是。然今所用林鍾，是勗下徵之調。不取其正，先用其下，於理未通，故須改之。〔註106〕

牛弘所議「今見行之樂」是指當時雅樂；「黃鍾之宮，乃以林鍾爲調」就是說雅樂正聲音階用了「下徵之調」，即《音樂志下》所載牛弘奏議中的「別調之法」「當聲爲曲」「謠俗之音」。

綜上所述，開皇樂議的核心問題就是正聲音階與新音階的爭議，而官方經學家的結論大致相同。何妥、鄭譯、蘇夔、盧賁等人應該是同時附議雅樂用正聲音階，但怎麼實施（如是否旋宮）則各有其說。何妥與鄭譯等人樂學上的矛盾應該具體分析。

〔註105〕《隋書》卷三十八，中華書局，1973年，第1142～1143頁。
〔註106〕《隋書》卷四十九，中華書局，1973年，第1308頁。

（三）

從「黃鍾者，以象人君之德」到「用黃鍾一宮，不假餘律」

《音樂志中》載開皇九年前何妥、鄭譯等人樂議，最終試樂的結果取何妥「用黃鍾一宮，不假餘律」之說。《隋書》何妥本傳也載開皇六年前：「先是，太常所傳宗廟雅樂，數十年唯作大呂，廢黃鍾。妥又以深乖古意，乃奏請用黃鍾。」《音樂志下》又載何妥樂議有「黃鍾之正宮」說。何妥「用黃鍾一宮」「用黃鍾」和「黃鍾之正宮」三種說法是否意思相同呢？其內涵有是什麼呢？這些問題影響了開皇樂議的最終形態，也關係到何妥的個人「清白」，有必要剖析清楚，而這要從開皇九年平陳後牛弘等人重新炒作鄭譯、何妥樂論談起。牛弘等人的樂議分別見於不同地方，《隋書．牛弘傳》載：

> （開皇）九年，詔改定雅樂，又作樂府歌詞，撰定圓丘五帝凱樂，並議樂事。弘上議云：「謹案《禮》，五聲、六律、十二管還相爲宮……」上曰：「不須作旋相爲宮，且作黃鍾一均也。」弘又論六十律不可行……上甚善其義，詔弘與姚察、許善心、何妥、虞世基等正定新樂，事在《音律志》。〔註 107〕

《隋書．音樂志下》載：

> 開皇九年，平陳，獲宋、齊舊樂，詔於太常置清商署以管之。……牛弘遂因鄭譯之舊，又請依古五聲六律，旋相爲宮。雅樂每宮但一調，唯迎氣奏五調，謂之五音。縵樂用七調，祭祀施用。各依聲律尊卑爲次。高祖猶憶妥言，注弘奏下，不許作旋宮之樂，但作黃鍾一宮而已。……於是牛弘及秘書丞姚察、通直散騎常侍許善心、儀同三司劉臻、通直郎虞世基等，更共詳議曰……其奏大抵如此。帝並從之。故隋代雅樂，唯奏黃鍾一宮，郊廟饗用一調，迎氣用五調。舊工更盡，其餘聲律，皆不復通。或有能爲蕤賓之宮者，享祀之際肆之，竟無覺者。〔註 108〕

參與開皇九年議樂之人，《隋書》所載前後不同：《文帝紀》牛弘、許善心、姚察、虞世基；《牛弘傳》爲牛弘、姚察、許善心、何妥、虞世基：《律曆志上》爲牛弘、辛彥之、鄭譯、何妥；《音樂志下》爲牛弘、姚察、許善心、劉臻、虞世基。參與議樂之人究竟是哪一些，還需要進一步考證。傳、志所載

〔註 107〕《隋書》卷四十九，中華書局，1973 年，第 1305～1308 頁。
〔註 108〕《隋書》卷十五，中華書局，1973 年，第 351 頁。

議樂內容有交叉，也有不同，當是史源出於多端的結果。《音樂志下》的敘述順序存在混亂，牛弘因鄭譯之議上之後，文帝「注弘奏下」，牛弘、姚察等人「更共詳議」的內容，其實就是他們原先的奏議，《音樂志下》也採取了「總論——分說」的敘述方式，造成了夾纏的問題。

牛弘等人的奏議最有價值的內容是復原了此前鄭譯、何妥爭議的主題，比如旋相爲宮、六十律、隨月用調等。因爲他們的主要觀點是從鄭譯的舊說中生發出來的，表面來看應該與何妥之說相左，但事實是並非如此。牛弘、姚察、許善心、劉臻、虞世基樂議說：「今梁、陳雅曲，並用宮聲。」後詳舉古代文獻尊宮聲的記載，這正是何妥「黃鍾者，以象人君之德」的闡釋。牛弘等人又說：「荀勗論三調爲均首者，得正聲之名，明知雅樂悉在宮調。」他們突出雅樂「宮調」與何妥「取黃鍾之正宮」核心理念是一致的。牛弘等人尊「宮」的依據是「雅樂少」，與何妥用「黃鍾正宮」取「簨簴不繁」意思也是一致的。牛弘等人「迎氣奏五調……縵樂用七調，祭祀施用」，與何妥雅樂「用黃鍾一宮」（《牛弘傳》作「黃鍾一均」）的觀點一致，不同的是牛弘等人還主張雅樂要用「旋宮」（「以宮爲本，歷十二均而作，不可分配餘調」，亦即「每宮一調」。）

何妥「用黃鍾一宮（均）」的看法也並非是自出心裁，據唐楊收論樂云：「漢祭天則用商，而宗廟不用，謂鬼神畏商之剛。西京諸儒惑圜鍾、函鍾之說，故其自受命，郊祀、宗廟樂，唯用黃鍾一均。章帝時，太常丞鮑業始旋十二宮。」〔註 109〕可見不用旋宮、用黃鍾一均曾是漢代郊廟雅樂的一種形態，何妥、鄭譯等人都是老調重彈。宋皇祐二年論明堂樂，主樂者奏：「明堂酌獻五帝《精安之曲》，並用黃鍾一均聲，此乃國朝常祀、五時迎氣所用舊法。」〔註 110〕而「舊法」實際上就是牛弘「迎氣奏五調」之舊說。陳暘在《樂書》中對此進行了批評：「聖朝五郊迎氣之樂，並用黃鍾一均而已，不亦失順天道之旨邪？」「黃鍾一均」問題的起源正如楊收所言，與古人對於《周禮·春官·大司樂》中「圜鍾爲宮，黃鍾爲角」不用商聲的理解有關，即「爲調式」的問題，而其實質是音樂與陰陽五行說的附會〔註 111〕。

〔註 109〕《新唐書》卷一百八十四，中華書局，1975 年，第 5393 頁。
〔註 110〕《宋史》卷一百二十七，中華書局，1977 年，第 2964 頁。
〔註 111〕參考楊蔭瀏：《中國古代音樂史稿》，人民音樂出版社，1981 年，第 429～431 頁；又黃翔鵬：《溯流探源——中國傳統音樂研究》，人民音樂出版社，1993 年，第 109～127 頁。

綜上所述，在「非十二律旋相爲宮」這個問題上，何妥的觀點可以分爲兩層：第一層是律的問題，重點是非旋宮，包括兩個方面，一方面是生律，他反對旋宮主要是因爲經典的「旋相爲宮」只是一種理論模型，作不到眞正的周而復始。另一方面是用律，他反對旋宮隨月用律，主要是因爲這種用律方法在歷史上實踐的失敗。第二層是聲的問題，重點是要尊宮，也包括兩個方面，一方面是尊正聲音階而不用下徵調；另一方面是尊黃鍾一宮（均）七調。這兩個層面的意思是聯繫在一起的。

（四）

近代書記所載，縵樂鼓琴吹笛之人，多云三調。三調之聲，其來久矣。請存三調而已。

《樂志中》說這一段是何妥非鄭譯七調說的，但鄭譯之「七調」與何妥所謂「縵樂鼓琴吹笛」之「三調」有何關係呢？《樂志下》載開皇九年平陳之後：

> 牛弘遂因鄭譯之舊，又請依古五聲六律，旋相爲宮。雅樂每宮但一調，唯迎氣奏五調，謂之五音。縵樂用七調，祭祀施用。各依聲律尊卑爲次。高祖猶憶妥言，注弘奏下，不許作旋宮之樂，但作黃鍾一宮而已。〔註 112〕

前面已經說過，「雅樂每宮但一調，唯迎氣奏五調，謂之五音」當爲牛弘等人奏議「錯簡」至此者。牛弘議「七調」的背景是：「開皇九年，平陳，獲宋、齊舊樂，詔於太常置清商署以管之。求陳太樂令蔡子元、於普明等，復居其職。」牛弘縵樂之議是因新獲陳朝清商樂而發的，其中實保存的鄭譯縵樂「七調」之說的片段。而何妥「縵樂鼓琴吹笛」是與「三調」相關的。清商樂與三調其實是有差異的，這個問題頗有爭議，但何妥、牛弘顯然是將二者視爲同一類的。何妥本傳，開皇二年何妥上三調、四舞表：

> 臣少好音律，留意管絃，年雖耆老，頗皆記憶。及東土克定，樂人悉返，問其逗遛，果云是梁人所教。今三調、四舞並皆有手，雖不能精熟，亦頗具雅聲。若令教習傳授，庶得流傳古樂。然後取其會歸，撮其指要，因循損益，更製嘉名。歌盛德於當今，傳雅正於來葉，豈不美歟！謹具錄三調四舞曲名，又製歌辭如別。其有聲曲流宕，不可以陳於殿庭者，亦悉附之於後。

〔註 112〕《隋書》卷十，中華書局，1973 年，第 351 頁。

書奏，別敕太常取妥節度。於是作清、平、瑟三調聲，又作八佾、《鞞》《鐸》《巾》《拂》四舞。〔註 113〕

上表與非七調中「縵樂鼓琴吹笛之人，多云三調」本爲同一事，而《本傳》《樂志》所見資料不同而割裂之。何妥上議三調、四舞早在開皇二年之後不久。從其奏文後的效果來看，應該是三調、四舞已定型。但從開皇九年平陳後牛弘以鄭譯舊說縵樂「七調」奏上來看，何妥之議在開皇初可能也並未得到實質的「成立」，當時鄭譯有「七調」之說。鄭譯之縵樂七調，可以推測與其雅樂七調相同，同爲「下徵調法」，而清商樂自有其調法。牛弘先是贊成鄭譯之說，其後文帝不許用鄭譯之「旋宮」（轉調），意即否認下徵調法，也就否定了縵樂「七調」。牛弘遂迎合文帝說「今梁、陳雅曲，並用宮聲」，附會正聲調。但其實南朝清商樂，並不用正聲調，而自有其調，所以牛弘等人的議中又說「及古有清角、清徵之流，此則當聲爲曲」，爲「正聲樂」之外的其他樂調「辯解」，但其實是越抹越黑。

清、平、瑟三調，雖然非「正聲」，但經過魏氏三祖的文人創作，以及「因絃管金石造歌以被之者」之後，已發展經成爲清商樂，成爲南朝雅樂之「正聲」。《樂府詩集・清商曲辭》載：

清商樂，一曰清樂。清樂者，九代之遺聲。其始即相和三調是也，並漢魏已來舊曲。其辭皆古調及魏三祖所作。自晉朝播遷，其音分散，苻堅滅涼得之，傳於前後二秦。及宋武定關中，因而入南，不復存於內地。自時已後，南朝文物號爲最盛。民謠國俗，亦世有新聲。故王僧虔論三調歌曰：「今之清商，實由銅雀。魏氏三祖，風流可懷。京洛相高，江左彌重。而情變聽改，稍復零落。十數年間，亡者將半。所以追餘操而長懷，撫遺器而太息者矣。」後魏孝文討淮漢，宣武定壽春，收其聲伎，得江左所傳中原舊曲，《明君》《聖主》《公莫》《白鳩》之屬，及江南吳歌、荊楚西聲，總謂之清商樂。至於殿庭饗宴，則兼奏之。遭梁、陳亡亂，存者蓋寡。及隋平陳得之，文帝善其節奏，曰：「此華夏正聲也。」乃微更損益，去其哀怨、考而補之，以新定律呂，更造樂器。因於太常置清商署以管之，謂之「清樂」。開皇初，始置七部樂，清商伎其一也。〔註 114〕

〔註 113〕《隋書》卷七十五，中華書局，1973 年，第 1714～1715 頁。
〔註 114〕《樂府詩集》卷四十四，中華書局，1979 年，第 638 頁。

「清、平、瑟三調聲」，本何妥在梁時所習見、習聞、習樂者。今《樂府詩集》中三調之下，俱錄有梁武帝、梁簡文帝、梁元帝、沈約、庾信、王褒的作品。何妥表中說「具錄三調四舞曲名，又製歌辭如別」。《樂府詩集》卷四十「瑟調曲」有何妥《門有車馬客行》一篇：

門前車馬客，言是故鄉來。故鄉有書信，縱橫印檢開。

開書看未極，行客屢相識。借問故鄉人，潺湲淚不息。

上言離別久，下道望應歸。寸心將夜鵲，相逐向南飛。〔註115〕

《藝文類聚》卷四十一引作爲何遜作；《文苑英華》卷一百九十五亦作何遜；《古詩紀》卷百二十一注引《樂府》亦作何妥。今人多從何遜說，但是考慮到何妥曾爲三調「製歌辭」，那這一首《門有車馬客行》作何妥之可能性更大。《樂府詩集》引諸家解題云：

《古今樂錄》曰：「王僧虔《技錄》云：『《門有車馬客行》歌東阿王置酒一篇。』」《樂府解題》曰：「曹植等《門有車馬客行》皆言問訊其客，或得故舊鄉里，或駕自京師，備敘市朝遷謝，親友凋喪之意也。」按曹植又有《門有萬里客》，亦與此同。〔註116〕

從此題本意來看，頗疑此詩爲何妥入周或隋之作品。即便這首詩不是何妥入隋作，也可能是在梁時之舊作，而借著此番上三調四舞的機會，將舊作一併呈上。何妥還有其他樂府詩，可能也是在南朝時期的舊作。

三調之外，四舞也是漢魏以來南朝流行之舊樂舞。據《隋書・樂志下》載：

始開皇初定令，置《七部樂》：一曰《國伎》，二曰《清商伎》，三曰《高麗伎》，四曰《天竺伎》，五曰《安國伎》，六曰《龜兹伎》，七曰《文康伎》。又雜有疏勒、扶南、康國、百濟、突厥、新羅、倭國等伎。其後牛弘請存《鞞》《鐸》《巾》《拂》等四舞，與新伎並陳。因稱：「四舞，按漢、魏以來，並施於宴饗。《鞞舞》，漢巴、渝舞也。至章帝造《鞞舞辭》云『關東有賢女』，魏明代漢曲云『明明魏皇帝』。《鐸舞》，傅玄代魏辭云『振鐸鳴金』，成公綏賦云『《鞞鐸》舞庭，八音並陳』是也。《拂舞》者，沈約《宋志》云：『吳舞，吳人思晉化。』其辭本云『白符鳩』是也。《巾舞》者，《公莫舞》也。伏滔

〔註115〕《樂府詩集》卷四十，中華書局，1979年，第586頁。
〔註116〕《樂府詩集》卷四十，中華書局，1979年，第585頁。

云:『項莊因舞,欲劍高祖,項伯紓長袖以扞其鋒,魏、晉傳爲舞焉。』檢此雖非正樂,亦前代舊聲。故梁武報沈約云:『《鞞》、《鐸》、《巾》、《拂》,古之遺風。』楊泓云:『此舞本二八人,桓玄即眞,爲八佾。後因而不改。』齊人王僧虔已論其事。平陳所得者,猶充八佾,於懸內繼二舞後作之,爲失斯大。檢四舞由來,其實已久。請並在宴會,與雜伎同設,於西涼前奏之。」帝曰:「其聲音節奏及舞,悉宜依舊。惟舞人不須捉鞞拂等。」〔註 117〕

「作八佾、《鞞》、《鐸》、《巾》、《拂》四舞」,本來是何妥上三調、四舞奏文中的內容,但《樂志下》卻編入牛弘奏中,而且也是在開皇初。這種「雷同」令人疑惑。據牛弘本傳,開皇九年之前的履歷如下:

(1)開皇初,遷授散騎常侍、秘書監。弘以典籍遺逸,上表請開獻書之路。

(2)一二年間,篇籍稍備。進爵奇章郡公,邑千五百戶。

(3)三年,拜禮部尚書,奉敕修撰《五禮》,勒成百卷,行於當世。

(4)弘請依古制修立明堂。

(5)六年,除太常卿。

(6)九年,詔改定雅樂,又作樂府歌詞,撰定圓丘五帝凱樂,並議樂事。

從這一履歷來看,在開皇六年之前,牛弘是不太可能參與論「四舞」的,上面的內容很可能是何妥之文〔註 118〕。造成這種情況的原因,還是因爲《樂志》編撰者採編資料時,所見文籍已混亂,各有所取,前文已經多處指出其中的「謬誤」。《樂志中》將何妥論三調四舞混入非鄭譯旋宮、非鄭譯七調之後,完全是一種「別有用心」的安排,目的是突出何妥與鄭譯的「爭」。當時的實際情況可能是,何妥在開皇二年之後就陸續就大隋雅樂、樂舞建設的問題上奏,當時鄭譯等人也各有議論,其間雖然可能有一些「爭議」,但沒有像《樂志中》所說那樣的人品和道德攻擊。這是我們反覆指出的問題。

另外,有一種觀點認爲隋文帝不信梁朝舊臣而重要北周親信,並舉開皇二年顏之推上議雅樂,文帝不用梁代樂府事爲例。但事實上,隋代文化淵源於梁者固不少,而何妥以梁舊臣,對於保存有梁一代文化,功不可沒。

〔註 117〕《隋書》卷十五,中華書局,1973 年,第 376~377 頁。

〔註 118〕也可能是開皇九年之後牛弘可能重新奏何妥之議,但時間不對。開皇七部樂創作的時間是什麼時候?

三、《隋書・樂志》編撰過程與史料辨析

（一）《隋書》撰過程

綜前所引《隋書・樂志》對開皇樂議的記載之所以會出現這樣邏輯混亂的問題，與《隋書》「志」類文獻的編輯的過程有關。《史通》外篇「古今正史」條云：

> 隋史，當開皇、仁壽時，王劭爲書八十卷，以類相從，定其篇目。至於編年、紀傳，並闕其體。煬帝世，惟有王胄等所修《大業起居注》。及江都之禍，仍多散逸。皇家貞觀初，敕中書侍郎顏師古、給事中孔穎達共撰成《隋書》五十五卷，與新撰《周書》並行於時。初，太宗以梁、陳及齊、周、隋氏並未有書，乃命學士分修。事具於上。仍使秘書監魏徵總知其務，凡有贊論，徵多預焉。始以貞觀三年創造，至十八年方就，合爲《五代紀傳》，並目錄凡二百五十二卷。書成，下於史閣。惟有十志，斷爲三十卷，尋擬續奏，未有其文。又詔左僕射于志寧、太史令李淳風、著作郎韋安仁、符璽郎李延壽同撰。其先撰史人，唯令狐德棻重預其事。太宗崩後，刊勒始成。其篇第雖編入《隋書》，其實別行，俗稱爲《五代史志》。〔註 119〕

《隋書》紀傳先成，而「志」爲後續，且前後所修之人已大不同。《新唐書・藝文志》記載《隋書》八十五卷：「有《志》三十卷，顏師古、孔穎達、于志寧、李淳風、韋安化、李延壽與德棻、敬播、趙弘智、魏徵等撰。」此處所錄人物更詳。宋天聖二年《隋書》刊本原跋，又進一步明確各人分工，是《隋志》其自多人之手的明確證據。又據《唐會要》：「顯慶元年五月四日，史官修梁陳齊周隋五代史三十卷，太尉無忌進之。」長孫無忌所上者即《五代史志》，其成書在《隋書》紀傳十二年之後，若算上紀傳從貞觀三年起修，則更是已相隔三十七年之久。這麼長的間隔時間，不僅史料的來源已經發生了相當的變化，而人事、社會、文化、政治也已經有了很大的變動。而且《五代史志》獨立成書，別自流傳，這很自然造成《隋書》「傳」、「志」不僅文風的不統一，而且史料之間也沒有相互照應。除了前文所多處提及有關何妥的例子之外，又如開皇九年牛弘定雅樂、定律呂的內容，本同一史料被分割在三個地方中。前引《樂志中》說：

〔註 119〕劉知幾撰，浦起龍釋，王煦華整理：《史通通釋》卷十二，上海古籍出版社，2009 年，第 344～345 頁。

> 妥恐樂成，善惡易見，乃請高祖張樂試之。遂先說曰：「黃鍾者，以象人君之德。」及奏黃鍾之調，高祖曰：「滔滔和雅，甚與我心會。」妥因陳用黃鍾一宮，不假餘律，高祖大悅，班賜妥等修樂者。

《律曆志》上：

> 至開皇初，詔太常牛弘議定律呂。於是博徵學者，序論其法，又未能決。遇平江右，得陳氏律管十有二枚，並以付弘。遣曉音律者陳山陽太守毛爽及太樂令蔡子元、於普明等，以候節氣，作《律譜》。時爽年老，以白衣見高祖，授淮州刺史，辭不赴官。因遣協律郎祖孝孫就其受法。弘又取此管，吹而定聲。既天下一統，異代器物，皆集樂府，曉音律者，頗議考核，以定鍾律。更造樂器，以被《皇夏》十四曲，高祖與朝賢聽之，曰：「此聲滔滔和雅，令人舒緩。」〔註 120〕

《樂志》《律志》，各取所需，各伸所說，造成史料的切割，今人多從《樂志中》之說，批評何妥迎合隋文帝符瑞心理提倡用黃鍾一宮，還引導「不懂樂」的文帝得出「滔滔和雅」之論，殊不知這一說法《隋書》諸志的編者也有異說。而對於這一件事，何妥本傳的評價是：

> 先是，太常所傳宗廟雅樂，數十年唯作大呂，廢黃鍾。妥又以深乖古意，乃奏請用黃鍾。詔下公卿議，從之。〔註 121〕

何妥認為宗廟雅樂唯作大呂而廢黃鍾不符合「古意」，所以才奏用黃鍾，這這與《樂志中》的描述完全是兩種不同的態度。而「黃鍾一宮」說本來是唐人的概念，前面已經辨析之。

（二）《隋書・樂志》的史源與編撰者的態度

《隋書・音樂志》開皇樂論的主要史料淵源，即開皇中鄭譯、何妥、牛弘等人的著述及文集。鄭祖襄先生曾撰文概述過《隋書・經籍志》音樂志書，並做將之分為樂府歌辭、宮廷雅樂、音樂思想、琴學、樂律學五類〔註 122〕。下面根據姚振宗《隋書經籍志考證》〔註 123〕，將隋開皇樂論有關著述列舉如下。

〔註 120〕《隋書》卷十六，中華書局，1973 年，第 391～392 頁。

〔註 121〕《隋書》卷七十五，中華書局，1973 年，第 1715 頁。

〔註 122〕鄭祖襄：《〈隋書・經籍志〉音樂書述略》，《中央音樂學院學報》，2006 年第 3 期。

〔註 123〕姚振宗：《隋書經籍志考證》卷五，《二十五補編》第四冊，中華書局，1955 年，第 5121～5128 頁。

1、《樂論》一卷，蕭吉撰。《北史》本傳載其在隋文帝受禪之後，「每被顧問」，另有《樂譜》二十卷，亦著錄於後，他可能也參與了開皇樂議。

2、《樂要》一卷，何妥撰。鄭祖襄先生認爲何妥並不懂音樂，此書「恐不足論」。筆者疑該書是何妥樂論的彙編，是《隋書・音樂志》等書史料的主要淵源之一。

3、《樂府聲調》六卷本、三卷本，鄭譯撰。姚氏認爲三卷本「或從岐州召還定樂太常時所作」。據鄭譯墓誌，該書應該是開皇六年作，原本爲八篇。

4、《新雜漆調弦譜》一卷，不詳撰人。姚氏考「乃隋時太樂署典授樂器之程式」。

5、《樂譜》四卷，不詳撰人。姚氏疑爲萬寶常《樂譜》六十四卷。

6、《樂簿》十卷，不詳撰人。姚振宗疑即蘇夔所作。

7、《大隋總典簿》一卷，不著撰人。《通志・藝文略》「典」作「曲」。

8、《推七音》二卷並尺法，不著撰人。姚氏疑爲鄭譯之作。

9、《樂論事》一卷，《樂事》一卷，皆不提撰人。《舊唐書・經籍志》《新唐書・藝文志》作《論樂事》二卷。姚氏認爲：「似即蘇（夔）、何（妥）二人與夫鄭譯、牛弘諸家之議。見於《隋書樂志》者，或皆出於是書。」若誠如姚氏所考，則此書爲開皇樂議史料彙編。

10、《歌曲名》五卷，《歷代樂名》一卷。並不著撰人。姚氏認爲二書「大抵亦隋時太常所掌」。

11、《樂懸》一卷，何晏等撰議。《樂懸圖》一卷。《通志・藝文略》沒有何晏等撰的文字，姚振宗考「疑是何妥」。

12、《黃鍾律》一卷，不著撰人。姚振宗考《隋書・律志》「和聲篇」開皇九年平陳後牛弘、辛彥之、鄭譯、何妥等人議黃鍾之律，「大抵取於是書」。

除了上述樂學著作，《隋書・經籍志》中還著錄《國子祭酒何妥集》十卷，《吏部尚書牛弘集》十二卷。二人爲開皇樂議前後的主將，其文集理應爲《隋書・音樂志》編撰者所參考。

唐初史臣編撰《隋書・音樂志》面對的上述文獻，存在下面一些問題。首先，這些文獻的具體作者或不詳，或題名有誤，這勢必會造成諸人樂議混亂的情況。其次，這些文獻存在散佚和分合，如《隋書》何妥本傳說「其餘文多不載」，可見何妥文集在唐初已不全。又如《隋書》牛弘本傳載其集十三卷，而《經籍志》著錄十二卷，也有散佚。這一情況在鄭譯身上尤爲突出。

鄭譯墓誌載：「建德二年，奉詔聘齊……因撰《行記》及《齊地圖》，還以陳奏。」但二書不見於《隋書．經籍志》及其他後來書目，當很早就散佚了。墓誌又云：「早擅辭采，文義精新，勒成卷軸，凡廿卷。」但《經籍志》集部未著錄鄭譯之集，說明已經散佚。墓誌說又云「《樂府聲調》八篇」，但《經籍志》所載鄭譯《樂府聲調》被分成六卷和三卷的兩種版本，也有散佚。史料的散佚和缺失，是《隋書・音樂志》對於開皇樂議的敘述和人物評價失實的主要原因。

唐初史臣在《隋書・音樂志》中責難何妥，還有一個原因可能是唐初祖孝孫重定雅樂，恢復了鄭譯等人之樂學，廢棄「用黃鍾一宮」。據《舊唐書・祖孝孫傳》：

> 武德七年，始命孝孫及秘書監竇璡修定雅樂。孝孫又以陳、梁舊樂雜用吳、楚之音，周、齊舊樂多涉胡戎之伎，於是斟酌南北，考以古音，作《大唐雅樂》。以十二月各順其律，旋相爲宮，製十二樂，合三十二曲、八十四調。事具《樂志》。旋宮之義，亡絕已久，世莫能知，一朝復古，自孝孫始也。〔註 124〕

祖孝孫是開皇九年之後議樂的重要人物，唐初他制定雅樂的觀念主要即源於鄭譯。後周世宗顯德六年張昭評說：「唐太宗爰命舊工祖孝孫、張文收整比鄭譯、萬寶常所均七音八十四調，方得絲管並施，鍾石俱奏，七始之音復振，四廟之韻皆調。」〔註 125〕因而他的樂論觀念和實踐顯然與何妥相對。另外，《唐會要》載：「（武德）五年十二月二十六日詔：……中書令封德彝、中書舍人顏師古、可修隋史。……太子詹事裴矩、吏部郎中祖孝孫、前秘書丞魏徵，可修齊史。」〔註 126〕祖孝孫與魏徵一組，可見他在唐初修史中具有一定「話語權」。《魏鄭公諫錄》卷一有《諫科祖孝孫罪》，是魏徵爲祖孝孫「教曲多不諧韻」的辯解，他們之間的關係可見一斑。《隋書》爲魏徵總纂，「傳」「志」都有魏徵參與，其中對於與祖孝孫樂學相悖的何妥樂學有所非議，或許也有這一層原因。

〔註 124〕《舊唐書》卷七十九，中華書局，1975 年，第 2709～2710 頁。
〔註 125〕《舊五代史》卷一百四十五，中華書局，1976 年，第 1940 頁。
〔註 126〕《唐會要》卷六十三，中華書局，1955 年，第 1091 頁。

四、何妥樂論的重新評價

古今學者多以爲何妥非議鄭譯之說，是其不懂樂或者人格問題所致。但何妥上表所說：「臣少好音律，留意管絃，年雖耆老，頗皆記憶。」可見他並非不懂樂之人。另外，在古代樂學是隸屬於經學的，何妥是一位「以學聞」的經學家，對樂學知識應該是諳熟的。再者，何妥家世出於粟特胡人，本善於音樂之民族，中古時期外來音樂多源於此，前賢論之甚詳〔註127〕。何妥家族在隋唐之際還保存著濃厚的民族文化，自然會「遺傳」民族音樂的「基因」。何妥樂論飽受批評，主要原因在於他迎合隋文帝的心理，但這不過是古代樂論服從君權的普遍現象。牛弘等人先用鄭譯舊說，後隨轉而贊成何妥說，變節如此，也是這個原因。

單就樂學和樂理而言，何妥的樂論確實存在一些問題。前引鄭祖襄先生文中說：「只用『黃鍾一宮』，在音樂實踐中是行不通的；即便是西周雅樂，也是用旋相爲宮的（《周禮・大司樂》）。用『清商三調』來否定『七調』，在邏輯上是講不通的。因爲清商三調，並不是僅指樂學意義上的『調』；每個『調』還包含著樂器組合、表演形式等方面的不同特點。但這兩條意見都投了隋文帝的『所好』。『黃鍾一宮』迎合了隋文帝的符瑞思想；『請存三調』迎合了隋文帝平陳後的政治謀略。」鄭先生這一評論可以說最爲中肯，但也還有可以商議之處。

我們前面已經辨析了何妥所反對的「旋宮」包括的兩層意思。鄭譯、盧賁、牛弘等人都尊「正聲音階」和「宮調」，他們的觀點與何妥「用黃鍾一宮（均）」在很多方面是契合的。此外，「用黃鍾一宮」並非何妥的師心自用，而有特殊的淵源，滿足了有隋一代承南北文化一統的需要以及隋文帝即位後政治合法性的訴求。宋代復古主義樂學集大成這陳暘之所以高揚何妥，也是基於這一點。將「黃鍾一宮」說歸罪於何妥一人，非知人論世之說。後世對

〔註127〕馮承鈞先生已指出，唐代《教坊記》中有《何滿子》《康老子》《曹大子》《安公子》以人名爲曲名，這些人皆爲粟特胡人。而唐代有名歌者樂工，經《樂府雜錄》記錄者，多半是粟特胡人，參見其《何滿子》一文，收入《西域南海史地考證論著匯輯》，中華書局，1957年，第176～183頁。楊蔭瀏先生列舉唐五代傑出燕樂藝人，爲粟特人者有：米嘉榮（歌唱方面）；曹妙達、康崑崙、曹保、曹善才、曹剛、米和、史從、安萬善、史敬約（樂器方面）；曹叔度、康迺、石寶山（散樂方面），參見其《中國古代音樂史稿》，人民音樂出版社，1981年，第239～244頁。

於何妥「用黃鍾一宮」之說的批判，一方面是受《音樂志》攙帶私見的影響，另一方面批判者也存在「工具」上的目的。

另外，再從隋代雅樂的實踐來看，何妥「黃鍾一宮」說成立之後，並非像《音樂志》所說「不假餘律」，或者一般理解那樣完全排斥鄭譯等人的學說。楊蔭瀏先生指出：「隋朝僅用黃鍾一宮，但在這一宮中間，卻也運用了八聲音階。音階有八聲，一宮中間就可以有八個調式。大業元年所修《雅樂》104曲，就用全了這八個調式。」〔註128〕另外，《音樂志下》載開皇樂議雅樂「用黃鍾一宮」成立之後，樂工「或有能爲蕤賓之宮者，享祀之際肆之，竟無覺者」，說明當時雅樂的實踐並沒有僵化。

再就何妥「三調」之說而言，是否針對鄭譯「七調」也值得商榷。《隋書・音樂志》將何妥「立議非十二律旋相爲宮」和「非其七調之義」連在一起，而據《隋書》何妥本傳，所謂「非其七調之義」其實是何妥開皇二年時上書請存三調、四舞的內容，其中並沒有直接針對鄭譯「七調」的問題。他所論「縵樂」三調，乃當時宮廷宴饗之燕樂，而非宗廟祭祀之雅樂，二者根本不是一個層面的問題，《隋書・音樂志》預設了何妥與鄭譯的矛盾，遂誤將二人的樂議捆綁，誤導了後人。何妥縵樂三調、四舞論的其背景是當時朝廷輾轉獲得了梁代樂人教習的清商三調，這並非是平陳以後（鄭祖襄先生受《隋書》何妥本傳的錯誤所誤導。）何妥生長於梁代，薰習南朝文化至深，三調、四舞正是他所諳熟的，而正好又得到了梁代樂舞，所以促成了他在平陳之前的「先知先覺」。

陳寅恪曾指出隋唐禮樂典章制度之三個淵源：其一爲北魏、北齊所傳承的漢魏舊制，其二爲梁、陳於南朝後期新發展的制度，其三爲西魏、北周整合關隴文化與鮮卑文化之混合品。就音樂制度而言，「隋制雅樂，實採江東之舊，蓋雅樂系統實由梁陳而傳之於隋也。其中議樂諸臣多是南朝舊人。」這些「南朝舊人」有顏之推、姚察、劉臻等，皆「江左士族，梁陳舊臣」〔註129〕。事實上，這幾個人在開皇樂議中的貢獻甚微，反而是何妥代表了南朝尤其是梁代學術的精華，這是北朝後期稀缺的新知識，而且何妥又自南入北，這一特殊的經歷也是其他南、北儒學群體所不具備的。何妥樂論成爲有隋一代雅樂典型，應該放到這學術背景中來理解。

〔註128〕楊蔭瀏：《中國古代音樂史稿》，人民音樂出版社，1981年，第259頁。
〔註129〕陳寅恪：《隋唐制度淵源略論稿》，三聯書店，2001年，第3～4、130頁。

第九章　王珪「不營私廟」考

第一節　問題的提出

一、王珪「不營私廟」之異常

王珪是唐初名臣，也是著名的文人、學者，通常以禮法士族目其家族。然而就在這樣一位看似奉禮守法之人物身上，卻有一個令人費解的舉動。據王珪本傳載：

> 珪通貴漸久，而不營私廟，四時蒸嘗，猶祭於寢。坐爲法司所劾，太宗優容，弗之譴也，因爲立廟，以愧其心。珪既儉不中禮，時論以是少之。〔註1〕

「私廟」即家廟，是存放先祖靈像以備祭祀的地方。所謂「蒸嘗」，即祭祀。王珪此事發生的具體時間，《南部新書》中也有載：「貞觀六年，王珪任侍中，通貴漸久，不營私廟，四時猶祭於寢，爲有司所彈。文皇優容之，特爲置廟於永樂坊東北角。」〔註2〕家廟祭祀是古代禮法之家的文化標記，也是禮制的強制性要求。《禮記・王制》：「天子七廟，諸侯五廟，大夫三廟，士一廟，庶人祭於寢。」唐代家廟制度也有明確的要求。《通典》：「大唐制，凡文武官二品以上，祠四廟。三品以上須兼爵，四廟外有始封祖，通祠五廟。五品以上，祠三廟。牲皆用少牢。六品以下，達於庶人，祭祖禰於正寢。」〔註3〕侍中爲正三品，家廟之制等級特高，而王珪竟依庶人之禮祭於寢，這無疑是違背禮

〔註 1〕《舊唐書》卷七十，中華書局，1975年，第2530頁。
〔註 2〕錢易撰，黃壽成點校：《南部新書》卷七，中華書局，2002年，第10頁。
〔註 3〕《通典》卷四十八，中華書局，1984年，第1344頁。

制的，所以才會遭到「法司所劾」。《通典》亦特地舉王珪爲例，足見唐代家廟禮法之嚴。唐人以創立家廟爲隆重之事，而以無家廟爲恥，這有很多旁證，《唐摭言》載：

> 顏標，咸通中鄭薰下狀元及第。先是徐寇作亂，薰志在激勸勳烈，謂標魯公之後，故擢之巍峨。既而問及廟院。標曰：「寒素，京國無廟院。」薰始大悟，塞默久之。時有無名子嘲曰：「主司頭腦大冬烘，錯認顏標作魯公。」〔註4〕

可見家廟是一種身份、門第的象徵。唐代士族競相以在京立家廟爲榮耀，《兩京城坊考》中記錄了大量的家廟。士大夫家廟之制，不僅宣於口筆，還銘於金石。白居易《李紳家廟碑》云：「王建侯，侯建廟，廟有器，器有銘。所以論撰先德，明著後代，或書於鼎，或文於碑，古今之通制也。」〔註5〕裴度撰《李夷簡家廟碑》云：「禮之《中庸》曰：子爲大夫，祭以大夫。故作廟之制，考室之數，視官品之高下，觀祖德之厚薄也。」〔註6〕現存《全唐文》中的不少家廟碑，皆是通過金石宣揚「祖德」。家廟之崇重，在國家封賜褒獎典禮中亦可以得到印證，如陸贄《貞元九年冬至大禮大赦制》：

> 應九廟配享功臣，及武德以來將相，名節特高，有封爵廢絕，祠廟無主者，宜許子孫一人紹封，以時享祀。自今以後，應有家廟，子孫但傳襲封爵者，並許享祔於廟。其有毀賣私廟及買之者，各以犯教義贓論。〔註7〕

家廟不能轉讓買賣，受到律法之約束。而朝廷追贈功臣祖先，一般連帶爲建家廟，作爲定制。由此可見家廟制度之重要性。

唐代家廟等級嚴格依據官爵本位，並且以一種強制的方式執行，這是不同於以往士族社會的地方。唐初，以關隴胡漢集團建立的新政權，雖然在政治上佔據了統治地位，但在文化上則爲所謂「山東士族」所輕，所以唐太宗以「今朝冠冕」來重新定義各種社會文化地位，比如重修《氏族志》。家廟制度的重新擬定也是在此背景之下。王珪家族無論在南朝、北朝，皆有立家廟之充分必要條件。北齊「河清定令」：

〔註4〕《唐摭言》卷十三，收入《唐五代筆記小說大觀》，上海古籍出版社，2000年，第1698頁。

〔註5〕朱金城：《白居易集箋校》，上海古籍出版社，1988年，第3790頁。

〔註6〕吳鋼主編：《全唐文補遺》第五輯，三秦出版社，1998年，第6頁。

〔註7〕《全唐文》卷四百六十一，中華書局，1983年，第4711頁。

> 王及五等開國，執事官、散官從三品已上，皆祀五世。五等散品及執事官、散官正三品已下從五品已上，祭三世。三品已上，牲用一太牢，五品已下，少牢。執事官正六品已下，從七品已上，祭二世，用特牲。正八品已下，達於庶人，祭於寢，牲用特肫，或亦祭祖禰。諸廟悉依其宅堂之制，其間數各依廟多少爲限。其牲皆子孫見官之牲。〔註8〕

唐代家廟制度的官本位即淵源於北齊。王珪之父王顗爲「北齊樂陵太守」，符合立家廟之條件，但沒有立；王珪本人按唐制必須立家廟，還是沒有立。在太宗重新定義文化規則的關頭，王珪不營造私廟，可謂公然「對抗」新禮法秩序，這需要冒極大的政治風險。但史載太宗優容王珪，特地爲其建家廟，是爲了「愧其心」，用意之深，可見一斑。這也證明，王珪家族不營私廟必然有不得已之原因。

再就史實而言，王珪家族表面上無疑符合禮法之家的標準，也不至於對家廟之制置若罔聞。史載王神念「少好儒術，尤明內典」。王僧辯「學涉該博，尤明《左氏春秋》。言辭辯捷，器宇肅然，雖射不穿札，而有陵雲之氣。」〔註9〕王僧辯子孫中多爲儒者，如王珪叔父王頍，「遍通五經，究其旨趣，大爲儒者所稱。……高祖親臨釋奠，國子祭酒元善講《孝經》，頍與相論難，詞義鋒起，善往往見屈。……撰《五經大義》三十卷，有集十卷，並因兵亂，無復存者。」〔註10〕王珪本人也以明禮著稱，貞觀十一年曾與諸儒正定《五禮》。其本傳特別記錄了另一段故事：

> 珪子敬直尚南平公主。禮有婦見舅姑之儀，自近代公主出降，此禮皆廢。珪曰：「今主上欽明，動循法制。吾受公主謁見，豈爲身榮，所以成國家之美耳。」遂與其妻就席而坐，令公主親執笲行盥饋之道，禮成而退。是後公主下降有舅姑者，皆備婦禮，自珪始也。〔註11〕

〔註8〕《隋書》卷七，中華書局，1973年，第135頁。

〔註9〕《南史》卷六十三，中華書局，1975年，第1536頁。

〔註10〕《隋書》卷七十六，中華書局，1973年，第1731頁。《舊唐書》卷七十《王珪傳》云：「季叔頗，當時通儒，有人倫之鑒，嘗謂所親曰：『門戶所寄，唯在此兒耳。』」按此王頗當即王頍，字形訛。

〔註11〕《舊唐書》卷七十，中華書局，1975年，第2530頁。

「婦見舅姑之儀」，是王珪踐行禮法的直接體現，後世亦奉爲美談。王珪既然對禮制如此諳熟，又爲何違背禮之大端呢？綜上所述，從各個角度來的看，王珪不營私廟，寢祭祖先，必然有待發之覆。

二、王珪家族之族屬

王珪家族爲烏丸族裔，本姓烏丸氏（即烏桓）。烏丸在魏晉時期已有改爲王氏者〔註 12〕，如《三國志．牽招傳》之烏丸歸義侯王同、王寄，《晉書．慕容盛載記》之烏丸王龍之。北朝時期，烏丸王氏人物眾多，不少以「賜姓」方式在北周復姓，如《周書》卷十七有傳之王德、卷十四有傳之王軌。《永樂大典》輯本宋項安世《項氏家說》卷八《說事篇》王氏條云：「柳芳《唐曆》言，王珪曾祖神念在魏爲烏桓氏，仕梁爲將；祖梁太尉王僧辯遂爲王氏，至珪始爲儒。」〔註 13〕《舊唐書》王珪本傳即採《唐曆》之說。《金石錄》著錄《後周溫州刺史烏丸僧修墓誌》，趙明誠跋尾云：

> 僧修本姓王氏，梁南城侯神念之子，太尉僧辨之弟。後歸周，仕爲溫州刺史，卒。《元和姓纂》及《唐史．宰相世系表》皆云：神念父同爲護烏丸校尉，因號烏丸王氏。今《墓誌》乃云：「僧修歸周，賜姓烏丸。」〔註 14〕

宋人董逌對《烏丸僧修志》亦有考證：

> 烏丸本北部大姓，神元世氏改爲桓，附入族官。大統十五年，雖詔太和改姓者復舊，然桓氏非神元所命，知未嘗復也。……僧修賜氏烏丸，蓋非魏舊姓，今姓皆不著烏丸別姓，然誤謬相襲，其可勝考邪。〔註 15〕

據此愈可明確王珪家族本姓烏丸。《新唐書．宰相世系表》對「烏丸王氏」有另外一說：

> （前文：太原王氏出自離次子威，漢揚州刺史，九世孫霸，字

〔註 12〕《魏書．官氏志》：「烏丸氏改爲桓氏。」姚薇元先生以爲桓、王音近，疑志文原作王。

〔註 13〕《項氏家說》卷八《說事篇一》，叢書集成初編本，商務印書館，1935 年，第 94 頁。

〔註 14〕趙明誠著，金文明校證：《金石錄校證》，廣西師範大學出版，2005 年，第 380 頁。

〔註 15〕董逌《廣川書跋》卷六，盧輔聖主編：《中國書畫全書》（修訂本）第 2 冊，上海書畫出版社 2009 年版，第 71 頁。

> 儒仲，居太原晉陽。）霸長子殷，後漢中山太守，食邑祁縣。四世孫寔，三子：允、隗、懋。懋，後漢侍中、幽州刺史。六世孫光，後魏并州刺史。生同，度支尚書、護烏丸校尉、廣陽侯，因號「烏丸王氏」。生神念。北齊亡，徙家萬年。〔註16〕

此以烏丸王氏爲太原王氏之後，其荒謬自不待言，然而其中世系攀附過程卻非常複雜。總之，王珪本爲烏丸之說無疑義。烏丸本塞外民族，正如洪邁所說「烏丸、高車，不知禮法」（《容齋隨筆》卷第十三）。王珪家族雖從表面上看似禮法之家，但距離漢人禮法世家尚有一間，況且種族文化之影響，也非一朝一夕能「稀釋」。

烏丸即烏桓，其先爲東胡之一支，公元前三世紀末匈奴破東胡後，遷至今遼河上游西喇木倫河以北之烏桓山，通常認爲其以山名爲族號。烏丸與漢人之接觸歷史悠久，漢文獻對其記載也持續不斷。民族史專家馬長壽先生說：「烏桓跟所有鮮卑族比較起來，漢化最早、最深，並且很早就遷徙到中原各地。」〔註17〕善騎射這是烏丸突騎的顯著特點，也是烏丸種族文化特徵最直接的體現〔註18〕。「三郡烏丸突騎」的名號，曾響徹於漢魏北朝時期中原大地。烏丸內附、內徙的歷史悠久，早在秦漢之前，烏桓與燕國之間已有密切之交通。漢武帝置護烏桓校尉，羈縻烏丸。漢光武中興，內附烏桓有留宿衛封爲侯王君長者八十一人，這是第一批正式合法入華烏桓群體，開啓了漢化的早期歷程。東漢末，各方軍閥競相爭取三郡烏丸突騎爲己用。官渡之戰敗後，其中以袁紹父子據河北爲強。建安十二年，曹操親征烏桓，破蹋頓於柳城，「其餘遺迸皆降。及幽州、并州柔所統烏丸萬餘落，悉徙其族居中國，帥從其侯王大人種眾與征伐。由是三郡烏丸爲天下名騎。」〔註19〕此役是對烏丸的發展是一次重要轉折，由此開啓了族群大規模內徙的序幕。《通典》稱曹操此番俘獲二十餘萬人及其餘眾萬餘落「悉徙居中國爲齊人」（《通典·邊防·烏桓》），即編戶齊民，但其實只有一小部分成爲農民，從事農業生產，承擔租

〔註16〕《新唐書》卷七十二中，中華書局，1975年，第2632～2643頁。

〔註17〕馬長壽：《烏桓與鮮卑》，上海人民出版社，1962年，第11頁。

〔註18〕近代東北地區少數民族依舊以驍勇善射聞名。《呼瑪縣志》：「鄂倫春人，勇武尚射，狩獵山林，不事務農，氈幕而處，逐水而居，食獸衣皮。」《黑龍江志稿》：「民國以來，俄人覬覦興安嶺中林礦，而懼鄂倫春人，以遣其國最勇之哥薩克兵一千人來剿襲之，不半年，死八百人，俄人乃深驚鄂倫春人雄強焉。」

〔註19〕《三國志》卷三十，中華書局，1959年，第835頁。

調，如牽招所統轄之雁門烏丸。而大部分進入軍隊成為所謂「烏丸突騎」，直至兩晉北朝時期，各胡漢政權內都有烏丸突騎的存在。

北魏早期，降附的烏丸族人有很大的勢力。穆帝末年，拓跋六修之逆，國內大亂，晉人及烏丸驚懼：「衛雄、姬澹率晉人及烏丸三百餘家，隨劉遵南奔并州。」〔註 20〕北魏都平城之後，烏丸依然有強大實力，太祖天興元年九月，「烏丸張驤子超，收合亡命，聚黨三千餘家，據勃海之南皮，自號征東大將軍、烏丸王，抄掠諸郡。詔將軍庾岳討之。」〔註 21〕勃海張氏為烏丸大姓，族落勢力龐大，有「黨三千餘家」，而之前襄國有烏丸展廣、劉哆部落三萬餘戶，可知烏丸內附的深化。北魏中期以後，作為整體的烏丸族群漸次淡出歷史舞臺。

北朝以來烏丸族群混合程度已很高，這從「烏丸」被視為雜胡的代稱可以看出。「其諸方雜人來附者，總謂之『烏丸』，各以多少稱酋、庶長。」〔註 22〕鐵弗劉虎、獨孤部劉可泥都曾被視為烏丸，可見烏丸成為「雜人」「雜類」的泛稱，與其內附已久、種族混合程度高有關〔註 23〕。但是，從前文的描述中我們可以看到：自漢末以來，內附的烏丸部族，無論內遷塞內還是遠徙中原，一直保持相對的完整性，由此其族群文化也得以較大程度的保全，「烏丸突騎」就是一個鮮明的代表。從族群融合原理來看，這種族群的完整性是阻礙族群融合重要「逆向力」。

隋唐以來，入華烏丸族裔以王珪家族一系最為顯赫。王珪之先祖王神念、祖王僧辯，皆以武力起家，種族遺風猶勁。王僧辯所謂尤明《左氏春秋》，其實為修習兵法之另外一種表述，此在胡姓家族中為常見。董逌《廣川書跋》引用《烏丸僧修志》說：「及執贄來朝，奉璋謁帝，天子以公世仕魏朝，戮力

〔註 20〕《魏書》卷一，中華書局，1974 年，第 6～9 頁。

〔註 21〕《魏書》卷二，中華書局，1974 年，第 33 頁。

〔註 22〕《魏書》卷一百一十三，中華書局，1974 年，第 2971～2972 頁。田餘慶先生以為：「其諸方雜人來附者，總謂之『烏丸』，各以多少稱酋長、庶長」共二十一字，是插入語，理當句斷。其下「分為南北部，復置二部大人以統攝之」云云，與烏丸無涉，而與上文「置內侍長」之文相貫。這樣斷句，內容才比較清楚。這二十一字大概屬於竄簡。在北朝諸史中，像這類竄簡由點校本校勘出注者，不在少數，但此處都未有說。（參《代北地區拓跋與烏桓的共生關係上——〈魏書 序紀〉有關史實解析》，《中國史研究》2000 年第 3 期，85 頁腳註。）如此，則「烏丸」成為雜胡之統稱的時間可能更早。

〔註 23〕參考唐長孺《魏晉雜胡考》，《魏晉南北朝史論叢稿》，三聯書店，2011 年，第 414～417 頁。

梁國，有命加禮異，賜以強族，授使持節驃騎大將軍，出牧溫部。」烏丸僧修即王僧辯之弟，在梁亡後入北周，周主「賜以強族」，這是北周復興鮮卑部落兵制之手段，也從側面說明王僧修家族保持武力強宗之風。縱然王珪之叔父所謂大儒王頍，亦「少好遊俠」，「又曉兵法，益有縱橫之志」。入華胡姓家族的漢化或者融合，是一個漫長而複雜的過程，在微觀層面尤其如此。禮法、風俗這些外在的文化標誌，可以短期習得，或者刻意造成「文化表象」，孝文帝改胡姓、易胡服正是如此。但深層的文化精神，具體而微的文化實踐，可能一直以「外漢內胡」的形態存在。王珪因家世遺傳與入華薰習之緣故，於華夏禮法與種族文化之間難免有取捨之困難。《項氏家說》云王珪家族「至珪始爲儒」，或正因此故。

關於王神念、王涯的烏丸族屬，也有學者提出了質疑。《舊唐書・王珪傳》載「在魏爲烏丸氏，曾祖神念，自魏奔梁，複姓王氏」。和慶鋒據此認爲：「很明顯，王神念本姓王氏，因魏時局的原因而改姓烏丸，後奔梁，恢復了原來的王姓。」〔註 24〕按，王神念奔梁在天監初，其時已經經歷大和改姓，而且烏丸氏改姓王氏本來就在魏晉時期已是如此，王神念並不需要從烏丸「復姓」王。《舊唐書》所謂「復姓」者，並不是說其本姓王，而是說其原本姓烏丸。和氏又指出：「此外，値得注意的一點是，《魏書》中的《官氏志》並未將祁縣王神念子孫列入胡姓中，之所以會出現這種情況恐怕不在於《魏書》失收，而在於時人並未以胡人視王神念子孫。」按《官氏志》明確載：「烏丸氏改爲桓氏。」姚薇元先生已桓、王音近，疑志文原作王。此《官氏志》承魏晉以來烏丸氏改王氏之慣例。烏丸、王互稱，在墓誌中也有明證〔註 25〕。史傳和王珪家族墓誌，都稱太原祁人，而「烏丸王氏」稱號最早出現於《宰相世系表》「太原王氏」條，和氏認爲「烏丸王氏是歐陽修以後史家對王冏子孫的稱呼」。其隱含的意義是否認「烏丸」爲王冏家族的族屬。但《宰相世系表》所

〔註 24〕和慶鋒《隋唐太原王氏的變遷與影響》，上海師範大學博士論文，2013 年，第 39 頁。

〔註 25〕大唐西市博物館藏墓誌有《大周使持節驃騎大將軍開府儀同三司大都督上黃郡開國公烏丸光夫人曲梁縣君叱羅氏墓誌》及《周故使持節驃騎大將軍開府義同三司大都督侍中上黃郡開國公王君之誌銘》，爲烏丸光夫婦墓誌，其中烏丸光在後面墓中中單稱王氏，太原祁人。王光之子王軌，《周書》卷四十有傳，亦稱太原祁人，又云賜姓烏丸氏。而實際上其家族原本爲烏丸族裔，參考王素《大唐西市博物館新藏北朝墓誌疏》，《故宮學刊》2014 年第 1 期。

載「烏丸王氏」譜系，其實已經附著了後人建構的因子，而「烏丸」一詞作爲王罔家族種族出身的「歷史記憶」則被保留下來。

第二節　北方民族宗廟、祖廟與薩滿因素

北方民族原本無宗廟之制，其祭神、祭祖之儀亦迥異漢人。入華之後，雖久染漢儀，但種族文化之影響猶存，無論是上層統治階層還是一般胡姓家族，都存在「胡俗」與「漢儀」之爭。就宗廟或祖廟而言，也是如此。

一、拓跋鮮卑宗廟之薩滿因素

拓跋鮮卑在未入主中原之前，崇拜部落祖先神及其他自然神，並沒有祖廟、宗廟的形式。自入主中原之後，其祭祖之俗有一些變化。史載太武帝拓跋燾時：

> 破梁州、黃龍，徙其居民，大築郭邑。截平城西爲宮城，四角起樓，女牆，門不施屋，城又無塹。南門外立二土門，内立廟，開四門，各隨方色，凡五廟，一世一間，瓦屋。其西立太社。〔註 26〕

拓跋王室此時雖習得漢人宗廟之制，但平城之建築實爲胡、漢文化之混合〔註 27〕，其舊制中西郊祭天即爲明證〔註 28〕。北魏宮中鮮卑胡俗之「褪色」是漸變的，拓跋珪定都平城即皇帝位時就曾「親祀上帝於南郊」雖一遵漢人之禮，但其中亦雜有鮮卑舊俗，杜佑對此評論道：

> 後魏道武帝西平姑臧，東下山東，足爲雄武之主。其時用事大

〔註 26〕《南齊書》卷五十七，中華書局，1972 年，第 984 頁。

〔註 27〕馬長壽認爲太武帝此次所徙之民爲漢族和鮮卑徒何百工伎巧，參見《烏桓與鮮卑》，上海人民出版社，1962 年，第 49 頁。陳寅恪疑「梁州」爲「涼州」，指北涼沮渠氏；「黃龍」指北燕馮氏。北魏前期徙四方之民於代京，其中河西涼州之民頗多。涼州爲漢魏禮制保存較爲完整之地，爲北魏前期禮制淵源重要一支派。平城建築受涼州影響，宗廟制度之構建，即爲河西文化影響之結果。參見《隋唐制度淵源略論稿》，三聯書店，2001 年，第 72 頁。

〔註 28〕《資治通鑒》卷一百三十七齊永明十年二月條：「魏舊制，每歲祀天於西郊，魏主與公卿從二千餘騎，戎服繞壇，謂之蹹壇。明日，復戎服登壇致祀，已又繞壇，謂之繞天。」朴漢濟認爲：「建在平城西郊的祀天壇，應該看作是游牧文化使中國的都市構造發生變更的重要例證之一。」關於北魏平城、洛陽城所體現的胡漢體制問題，其文亦詳。參考朴漢濟著，朱亮譯《北魏洛陽社會與胡漢體制》，《中原文物》1998 年第 4 期。

> 臣崔浩、李順、李孝伯等，誠皆有才，多是謀猷之士，全少通儒碩學。所以郊祀，帝后六宮及女巫預焉。餘制復多參夷禮，而違舊章。〔註 29〕

《通典》所說之「夷禮」即道武帝郊祀中：「女巫執鼓，立於陛東、西面。選帝七族子弟七人執酒，在巫南，西面北上。女巫升壇，搖鼓。帝拜，后肅拜，內外百官拜。」這一環節在漢代、梁代南郊祀典中皆無，故謂之「夷禮」。此「女巫」或即鮮卑薩滿。

在太武帝拓跋燾時期還有一件重要的事情，就是派李敞到鮮卑發源地告祭：

> 魏先之居幽都也，鑿石爲祖宗之廟於烏洛侯國西北。自後南遷，其地隔遠。眞君中，烏洛侯國遣使朝獻，雲石廟如故，民常祈請，有神驗焉。其歲，遣中書侍郎李敞詣石室，告祭天地，以皇祖先妣配。……敞等既祭，斬樺木立之，以置牲體而還。後所立樺木生長成林，其民益神奉之。咸謂魏國感靈祇之應也。石室南距代京可四千餘里。〔註 30〕

所謂鮮卑「石室」，即嘎仙洞，已爲考古所發現，據考古報告稱：

> （洞內）「大廳」地面當中，有一塊不規則天然石板，長 3.5、寬 3 米，下面有大石塊托起約 0.5 米高，群眾稱之爲「石桌」。整個洞內，石壁平整，穹頂渾然。「大廳」氣勢雄偉，斜洞曲徑幽邃，充滿一種威嚴的宗教氣氛。難怪後世把它稱之爲祖廟。〔註 31〕

據此，《魏書》所謂「祖廟」者，不過是祖先生活的洞穴。但既然遣使致祭，則當時其中或供奉有祖先神靈活其他神靈。從「敞等既祭，斬樺木立之，以置牲體而還」，與滿族立杆祭（索倫杆）完全相同，可見這種風俗淵源之久。直到孝文帝改革前夕，北魏宮廷中雖然學習漢人廟制，但多是形式化，如太和六年十一月孝文帝將親祀七廟，群臣議論曰：「大魏七廟之祭，依先朝舊事，多不親謁。」而儀注闕如，遂臨時重修，此後方成定制〔註 32〕，由此可見北魏鮮卑上層對於漢禮的態度。孝文帝禮制改革亦從此後漸趨深化，太和十三

〔註 29〕《通典》卷四十二，中華書局，1984 年，第 1179 頁。
〔註 30〕《魏書》卷一百八，中華書局，1974 年，第 2738～2739 頁。
〔註 31〕米文平《鮮卑石室的發現與初步研究》，《文物》1981 年第 2 期。
〔註 32〕《魏書》卷一百八，中華書局，1974 年，第 2740～2741 頁。

年有禘祫之議，從禮之的本質上作了先行的討論。太和十五年四月改建明堂、太廟，從禮制踐行上作了垂範。至八月，頒發了多道詔書：

戊午詔曰：「國家自先朝以來，饗祀諸神，凡有一千二百餘處。今欲減省群祀，務從簡約。」……又詔曰：「明堂、太廟，並祀祖宗，配祭配享，於斯備矣。白登、崞山、雞鳴山廟唯遣有司行事。馮宣王誕生先後，復因在官長安，立廟宜異常等。可敕雍州，以時供祭。」又詔曰：「先恒有水火之神四十餘名，及城北星神。今圓丘之下，既祭風伯、雨師、司中、司命，明堂祭門、户、井、灶、中霤，每神皆有。此四十神計不須立，悉可罷之。」〔註 33〕

這一年是北魏禮制史上重要的一年，孝文帝對鮮卑舊俗做了一次全面的改革，完成了鮮卑舊俗向漢人新禮的過渡。首先，「裁減」冗雜部落自然神。如詔文中所說「饗祀諸神，凡有一千二百餘處」，其中主要部分或是部族薩滿教崇拜的對象，如「水火之神四十餘名及城北星神」。「城北星神（廟）」本是部族舊俗，孝文帝曾親爲之，此番亦痛革之〔註 34〕。其次，規範祭祀制度，各得其所。太和改制之後，北魏禮制的問題不再是「胡習」與「漢儀」之爭，而轉到「漢儀」本身上。以廟制爲例，神龜初因爲靈太后父胡國珍之薨引發的廟制爭議，主要議題是太祖之確定、廟數、遷祧制度等問題，皆漢人禮制之核心議題。

北齊、北周文化承北魏，漢化與鮮卑化兩股潮流亦並行，所以禮制中亦雜有胡俗。如宗廟祭祀都有「皇后亞獻」之儀。正如杜佑批評北魏郊祀「帝后六宮及女巫預焉」爲「夷禮」一樣，「皇后亞獻」之制，或淵源於北

〔註 33〕《魏書》卷一百八，中華書局，1974 年，第 2748～2749 頁。

〔註 34〕據《魏書·禮志》：「太和二年，旱。帝親祈皇天、日月五星於苑中，祭之夕大雨，遂赦京師。三年，上祈於北苑，又禱星於苑中。」可見北魏別有星神（廟）於北苑，而漢人郊祀祭星在城南，其他單獨星祭亦如此。北魏宮廷中城北祭星可能爲當時部落早期星辰崇拜之遺跡。前引朴漢濟研究認爲，北魏洛陽城「北宮後庭」的區劃始於北魏洛陽，這種設置的一個重要原因便於游牧民族的遷徙，這是洛陽「胡漢體制」的一種體現。孝文帝在北苑祭星極有可能就是部落遺留之習俗。另外，平城時代也有祭星之俗，《南齊書》卷五十七《魏虜傳》：「自佛狸至萬民，世增雕飾。正殿西築土臺，謂之白樓。萬民禪位後，常遊觀其上。臺南又有伺星樓。正殿西又有祠屋，琉璃爲瓦。宮門稍覆以屋，猶不知爲重樓。並設削泥採，畫金剛力士。胡俗尚水，又規畫黑龍相盤繞，以爲厭勝。」平城祭星之所，在正殿之西南。可能也是「胡俗」。

方民族重母族之觀念〔註 35〕。隋唐以後此儀轉而影響漢人祭禮，成爲爭議之問題。

二、突厥祖先祭祀之薩滿因素

北朝隋唐時期的突厥，亦深受薩滿文化影響。拜占庭史學家狄奧菲特拉在《歷史》中曾記載突厥達頭可汗自述突厥風俗：「突厥崇拜火，尊敬空氣和水，頌揚大地和水，但僅奉天地爲唯一造物主爲神，用牛馬羊祭祀他，並有祭司預言未來。」〔註 36〕此「祭司」當即薩滿巫師。突厥火葬之俗，從頡利可汗死後，其國人「焚屍於霸水之東」可見一斑。關於突厥人葬俗和祭祀之俗，《北史．突厥傳》有一段記載：

> 死者，停屍於帳，子孫及親屬男女各殺羊、馬，陳於帳前祭之，繞帳走馬七匝，詣帳門以刀剺面且哭，血淚俱流，如此者七度乃止。擇日，取亡者所乘馬及經服用之物，並屍俱焚之，收其餘灰，待時而葬。春夏死者，候草木黃落；秋冬死者，候華茂，然後坎而瘞之。葬日，親屬設祭及走馬、剺面如初死之儀。表爲塋，立屋，中圖畫死者形儀，及其生時所戰陣狀，嘗殺一人，則立一石，有致千百者。又以祭之羊、馬頭，盡懸之於標上。是日也，男女咸盛服飾，會於葬所，男有悅愛於女者，歸即遣人聘問，其父母多不違也。……敬鬼神，信巫覡，重兵死，恥病終，大抵與匈奴同俗。〔註 37〕

突厥「敬鬼神，信巫覡」，是其信薩滿教的直接說明，其葬俗「取亡者所乘馬及經服用之物，並屍俱焚之」與烏丸「並取亡者所乘馬、衣物、生時服飾，皆燒以送之」相同。值得注意的是突厥葬俗中「表爲塋，立屋，中圖畫死者形儀」現象。這是否說明突厥祭祀有類似漢人的「宗廟」呢？文獻中提供了一些線索。《舊唐書．突厥上》：

〔註 35〕《三國志．烏桓鮮卑傳》裴注引王沈《魏書》載烏丸習俗：「貴少賤老，其性悍驁，怒則殺父兄，而終不害其母，以母有族類，父兄以己爲種，無復報者故也。」關於北魏母系家族勢力的強大，宿白以孝文帝祖母文明太皇太后馮氏之陵墓爲例子有過經典的說明，參考《盛樂、平城一帶的拓跋鮮卑、北魏遺跡——鮮卑遺跡輯錄之二》，《文物》1977 年第 11 期，第 43 頁。

〔註 36〕轉引自沙畹著，馮承鈞譯《西突厥史料》，商務印書館，1935 年，中華書局，1958 年，第 222 頁。

〔註 37〕《北史》卷九十九，中華書局，1974 年，第 3288～3289 頁。

（開元）二十年，闕特勤死，詔金吾將軍張去逸、都官郎中呂向齎璽書入蕃弔祭，並爲立碑，上自爲碑文，仍立祠廟，刻石爲像，四壁畫其戰陣之狀。二十年，小殺爲其大臣梅錄啜所毒，藥發未死，先討斬梅錄啜，盡滅其黨。既卒，國人立其子爲伊然可汗。詔宗正卿李佺往申弔祭，並冊立伊然，爲立碑廟。仍令史官起居舍人李融爲其碑文。無幾，伊然病卒，又立其弟爲登利可汗。〔註 38〕

唐廷爲闕特勤「立祠廟」，又爲毗伽可汗（本蕃號爲小殺）「立碑廟」，看來並非事出偶然。《闕特勤碑》亦載唐廷爲建石碑之事，其南面第 11～12 行：

我把所有的話都刻寫在（這）永久的石碑上。願你們看到這些（話後）都知道。突厥現在的人民（和）諸官，你們服從汗位的諸官，難道（還）要犯錯誤？！我（讓建造永久的石碑），我從唐朝皇帝那裡請來了畫工，讓他們裝飾了（陵墓）。他們沒有拒絕我的請求（直譯：話）。

他們派來了唐朝皇帝的宮內畫匠。我令他們建造了宏偉的建築物，我讓他們在（建築物）內外都繪上動人的畫。我令他們打造了石碑，讓他們刻寫下了我心中（要說）的話。〔註 39〕

闕特勤「祠廟」（碑廟）所畫壁畫，讓人很容易聯想到漢人的壁畫墓和祠廟。《後漢書．趙岐傳》載：「先自爲壽藏，圖季札、子產、晏嬰、叔向四像居賓位，又自畫其像居主位，皆爲讚頌。」〔註 40〕漢代祠墓壁畫，則有武梁祠這樣的典範。學者們認爲，武梁祠東壁縣功曹向牛車中處士致敬圖，該處士就是武梁本人〔註 41〕。

突厥墓葬之前有類似漢人宗廟的建築，還有其他的旁證。蒙古發現的布古特碑遺址：「碑上方雕有表現突厥王族阿史那家族圖騰的母狼浮雕。碑下爲中國內地流行的龜趺座。此外，碑四周地面上還清理出六個柱洞和零星瓦礫，表明此碑原來還按內地習俗建有碑亭。」〔註 42〕據碑上所記年代，立於公元

〔註 38〕《舊唐書》卷一九四上，中華書局，1975 年，第 5177 頁。按：據《闕特勤》碑，其卒年開元十九年；據《資治通鑒》，毗伽可汗卒、李佺弔祭在開元二十二年，《舊唐書》此處行文有誤。

〔註 39〕耿世民：《古代突厥文碑銘研究》，中央民族大學出版社，2005 年，第 120 頁。

〔註 40〕《後漢書》卷六十四，中華書局，1965 年，第 2124 頁。

〔註 41〕參見巫鴻著，柳楊、岑河譯：《武梁祠：中國古代畫像藝術的思想性》，三聯書店，2015 年，第 227 頁。

〔註 42〕林梅村《布古特所出粟特文突厥可汗紀功碑考》，《民族研究》1994 年第 2 期。

577至580年間。劉永連先生認爲：「無庸置疑，這明顯是一塊在漢文化影響下已較成熟的墓地碑刻。」〔註43〕另外，新疆昭蘇縣小洪那海突厥墓葬遺跡發現了刻有粟特文的石人，根據釋文，墓主爲泥利可汗，石人即模仿其形象而立。在石人下發掘出了一些陶片灰瓦，與洛陽隋唐磚瓦窯出土板瓦厚度相同，林梅村先生認爲「這個發現說明小洪那海石人原來建有漢式碑亭或宗廟」〔註44〕。趙海燕也認爲：

> 迄今爲止，像這種在墓地石人周圍上面建造祠廟的做法，在新疆地區尚屬首次發現。……小洪那海草原石人周圍有建築遺址的發現，爲印證有關突厥人埋葬習俗「立屋其中」的史料記載提供了資料。這個「屋」有可能就是墓地石人周圍建立的祠廟建築遺址。同時，此次小洪那海石人的建築遺址要早於闕特勤墓地的祠廟建築遺址的年代。〔註45〕

但將上述這些突厥墓葬建築遺址視爲漢人祠廟，尚有可商榷之處。首先，布古特碑和小洪那海泥利可汗墓廢棄的建築的年代，漢人宗廟文化是否已經滲透到突厥中？唐太宗曾說「其俗死則焚之，今起墳墓，背其父母之命」，在貞觀二年（628），是漢人葬俗確流播突厥，但未必漸染已深。況且《突厥傳》所載云云本爲其風土之俗，不應以漢俗視之。其次，所謂突厥「祠廟」或「碑廟」，可能源於漢人文獻對於突厥文化的「誤讀」，這種情況不僅僅出現在突厥中〔註46〕。前引劉永連論文將突厥墓地立碑、墓起封堆、改姓土葬、陵園祠墓一系列過程視爲突厥葬俗逐漸漢化的表現。陳凌也認爲，儘管突厥陵墓前立「廟」這種做法的普遍性存疑，認爲可能只適用於突厥可汗，但其碑亭、

〔註43〕劉永連《試析突厥喪葬風俗漢化的歷程》，《貴州民族研究》2005年第1期。

〔註44〕林梅村《小洪那海突厥可汗陵園調查記》，《松漠之間：考古新發現所見中外文化交流》，三聯書店，2007年，第214頁。

〔註45〕趙海燕《新疆昭蘇縣小洪那海草原石人新發現及初步研究》，載羅宏才編《從中亞到長安》，上海大學出版社，2011年，第421頁。

〔註46〕如《隋書》卷八十三《石國傳》載：「石國，居於藥殺水，都城方十餘里。其王姓石，名涅。國城之東南立屋，置座於中，正月六日、七月十五日以王父母燒餘之骨，金甕盛之，置於床上，巡繞而行，散以花香雜果，王率臣下設祭焉。」此「屋」亦多被漢人理解爲祖廟，但事實上這是波斯新年的祭祖活動，以漢人祖廟迥異。撒馬爾罕阿弗拉西阿卜遺址出土大使廳南牆壁畫，正是表現撒馬爾罕國主拂呼縵在波斯新年祭祖的場景。參考意大利學者康馬泰著，毛銘譯：《唐風吹拂薩馬爾罕：粟特藝術與中國、波斯、印度、拜占庭》，灕江出版社，2016年，第8～11頁。

陵園、獻殿、石刻等設計則受中原漢文化影響〔註 47〕。他們都強調了突厥葬俗中的漢文化成分。但從淵源上看，突厥墓葬前面所表木、立石，可能來自南阿爾泰民族的葬俗，而其「屋」亦非漢人之廟，黃文弼先生對此已有辨析〔註 48〕。事實上，突厥祭法與其他北方民族一樣深受薩滿教影響，僅從外在的形式如「灑祭」、「燔祭」及其祭品類型上就可以顯見。另外，木刻人偶爲薩滿祭祀所常見，是祖先崇拜的一種方式；突厥的石刻祖先或爲其變體。至於所謂的突厥宗廟建築和壁畫，可能也是某種薩滿信仰的映像，只是這些建築和圖像已經不存在，難以推知。

三、遼、金、元宗廟之薩滿因素

史載契丹之俗，「死者不得作冢墓，以馬駕車送入大山，置之樹上，亦無服紀。」(《舊唐書・契丹傳》) 據此葬法，當無所謂宗廟之說。但自五代以後，契丹建立政權，漢化日深，開始採納漢人宗廟之制，但其中尚有「誤會」之處。《遼史・禮志》載遼代冊封皇帝的「柴冊儀」云：

> 拜先帝御容，宴饗群臣。皇帝出冊殿，護衛太保扶翼升壇。奉七廟神主置龍文方茵。北、南府宰相率群臣圜立，各舉氈邊，贊祝訖，樞密使奉玉寶、玉冊入。有司讀冊訖，樞密使稱尊號以進，群臣三稱「萬歲」，皆拜。宰相、北南院大王、諸部帥進赭、白羊各一群。皇帝更衣，拜諸帝御容。〔註 49〕

羅新先生認爲冊封儀式中「奉七廟神主置龍文方茵」的做法，「與北魏天賜時期祀天儀中立於方壇上的七木主，至少在形式上似有某種聯繫」。〔註 50〕柴冊儀本爲北方民族舊俗，而所謂「七廟神主」與漢人宗廟祖先迥異。據北魏天賜二年夏四月西郊祭天儀式：

〔註 47〕陳凌：《突厥汗國與歐亞文化交流的考古學研究》，上海古籍出版社，2013 年，第 81～87 頁，第 100 頁。

〔註 48〕黃文弼先生注意到一個問題：《隋書突厥傳》記載突厥「表木爲塋，立屋其中」之「屋」可能是一個錯字，因爲「按漢語法『屋』不能言立，且當時游牧民族尚住氈帳，由上文『停屍帳內』可證，此處言屋顯然是史書作者不知實際情形妄改。」至於「屋」字原來是什麼字，他又引用蘇聯學者波塔波夫《南阿爾泰民族起源概述》及新疆文物調查組的調查資料，認爲「屋」當爲「木」之誤。見《新疆考古發掘報告（1957～1958）》，文物出版社，1983 年，第 21 頁。

〔註 49〕《遼史》卷四十九，中華書局，1974 年，第 836 頁。

〔註 50〕羅新：《黑氈上的北魏皇帝》，海豚出版社，2014 年，第 27 頁。

為方壇一，置木主七於上。東為二陛，無等；周垣四門，門各依其方色為名。……選帝之十族子弟七人執酒，在巫南，西面北上。女巫升壇，搖鼓。帝拜，后肅拜，百官內外盡拜。祀訖，復拜。拜訖，乃殺牲。執酒七人西向，以酒灑天神主，復拜，如此者七。禮畢而返。自是之後，歲一祭。〔註 51〕

「木主」即「天神主」，而非部落祖先。南朝的史料對北魏平城西郊祭天木主有更具體的信息：

城西有祠天壇，立四十九木人，長丈許，白幘、練裙、馬尾被，立壇上，常以四月四日殺牛馬祭祀，盛陳鹵簿，邊壇奔馳奏伎為樂。〔註 52〕

此時祭天木人（即木主）已增加為四十九。羅新認為「這種增加可能是歷代遞增的結果，也可能是某時期一次性變化的結果。」其實《魏書・禮制》中已明確載：

（延興四年）六月，顯祖以西郊舊事，歲增木主七，易世則更兆，其事無益於神明。初革前儀，定置主七，立碑於郊所。」〔註 53〕

可見「西郊舊事」木主之數為每歲遞增七，但此規律是否得到徹底遵行則存疑。孝文帝以西郊祭天七木主為定制是「返初」，但七木主之制淵源為何呢？

北魏末孝武帝元修即位洛陽時，《北史》載其儀：「即位於東郭之外。用代都舊制，以黑氈蒙七人，（高）歡居其一。帝於氈上西向拜天訖，自東陽、雲龍門入。」〔註 54〕另外，據亞美利亞修士海敦口述之《東方史之花》所載成吉思汗立汗儀式：

韃靼人設好寶座，在地上鋪一張黑氈，讓成吉思坐上去。七個部族的首領們齊舉黑氈，把成吉思抬到寶座上，稱他為汗，向他跪拜效忠。〔註 55〕

〔註 51〕《魏書》卷一百八，中華書局，1974 年，第 2736 頁。

〔註 52〕《南齊書》卷五十七，中華書局，1972 年，第 985 頁。

〔註 53〕《魏書》卷一百八，中華書局，1974 年，第 2740 頁。

〔註 54〕此材料《魏書》不載，羅新以為其史源出於隋代魏澹《後魏書》，而卜弼德在《北朝史旁注》中已將這一儀式與後來突厥和契丹的類似儀式相聯繫。詳羅新《黑氈上的北魏皇帝》第 5～8 頁。

〔註 55〕轉引自羅新《黑氈上的北魏皇帝》，第 31 頁。原文為法文，1307 年譯為拉丁文，Ron Sela《*Ritual and Authority in Central Asia: The Khan's Inauguration Ceremony*》（Papers on Inner Asia no. 37（Bloomington: RIFIAS, 2003））一書中從法文譯為英文，羅新據之轉譯為漢語。

成吉思汗的立汗儀式七人舉氈與北魏孝武帝即位儀式、契丹冊封皇帝的柴冊儀驚人的巧合。「七」在祭天、即位諸儀式中的意義究竟如何解釋，其淵源究竟為何呢？雖然羅新等人將舉氈立汗視為「內亞草原古老且富有強韌生命力的政治文化傳統」，但進一步追問這一古老傳統古老到什麼時候則無解，內亞傳統淵源論從某種意義上的看只是一種方法論或者闡釋學。從時間上看，漢人宗廟祭祀七廟之制有更為悠久歷史，內亞或北方民族祭天、立汗（即位）典禮對「七」的崇拜是否淵源於此呢？抑或二者有更為古老的共同淵源呢？從文獻記載看，在內亞早期文明中，未曾找到與「七」相關的典禮或儀式，我們毋寧相信這是漢人文化的一種影響，或者漢人文獻對於北方民族文化的一種「自我想像」。祭天木主、木人，在今日北方民族中還有傳承，而這又與漢人宗廟神主或者靈位牌異曲同工。所以，當我們審視北方民族宗廟制度時，漢人禮制形式包裹下的胡俗舊制是應該注意的問題。

金初無宗廟。史載：「金初無宗廟。天輔七年九月，太祖葬上京宮城之西南，建寧神殿於陵上，以時薦享。自是諸京皆立廟，惟在京師者則曰太廟。……或因遼之故廟，安置御容，亦謂之廟。……皇統三年，初立太廟，八年，太廟成，則上京之廟也。貞元初，海陵遷燕，乃增廣舊廟，奉遷祖宗神主於新都，三年十一月丁卯，奉安於太廟。正隆中，營建南京宮室，復立宗廟，南渡因之。」〔註 56〕可見金之宗廟制度是逐漸建立起來的。

至於元，其祭祀之禮則種族文化痕跡更為明顯。明代史官總論元之禮制云「舊禮初未嘗廢」，此「舊禮」即蒙古民族禮俗也。在談到元代郊廟祭祀時，史臣對於元代君主無意親祀解釋道：

> 豈以道釋禱祠薦禳之盛，竭生民之力以營寺宇者，前代所未有，有所重則有所輕歟。或曰，北陲之俗，敬天而畏鬼，其巫祝每以為能親見所祭者，而知其喜怒，故天子非有察於幽明之故、禮俗之辨，則未能親格，豈其然歟？……夫郊廟，國之大祀也，本原之際既已如此，則中祀以下，雖有闕略，無足言者。〔註 57〕

元代君王不重親祀，史家提出「道釋」和「巫祝」兩種解釋，揭示了元代漢人禮制之形式包裹著的本民族文化內容。以宗廟祭祀為例：「其祖宗祭享之禮，割牲、奠馬湩，以蒙古巫祝致辭，蓋國俗也。」此「國俗」蓋本民族文

〔註 56〕《金史》卷三十，中華書局，1975 年，第 727 頁。
〔註 57〕《元史》卷七十二，中華書局，1976 年，第 1779～1780 頁。

化。受佛教的影響，元代宗廟祭祀一度於聖安寺舉行，所謂「寓祀」，直到至元元年十月太廟建成，初定太廟七室之制，神主才遷至太廟。元代大臣之家廟制度，亦頗「荒廢」，《元史．禮制》在「大臣家廟」一節中只有「大臣家廟，惟至治初右丞相拜住得立五廟，同堂異室，而牲器儀式未聞」一句話，足可見元代對宗廟祭祀制度之淡漠。

第三節　王珪「不營私廟」的薩滿文化淵源

一、烏丸與薩滿文化

薩滿教是一種以萬物有靈論爲基礎的原始宗多神教，帶有很強的巫術特點，曾在中國古代北方民族中普遍流行。東北亞地區是薩滿教發育的搖籃，也是傳播和遺存的中心，古代東胡、烏桓（烏丸）以及此後的契丹、女眞，近世以來阿爾泰語系諸民族，無不深受其影響，並且至今仍有鮮活的遺存形態。正如有學者所說：「數千餘年來北方諸民族文化史的核心史觀，便是薩滿文化的傳承史。薩滿教是民族文化和民俗形態的母源。」〔註 58〕所以北方民文化的研究，不能繞過薩滿教。「在中國歷史上活躍一時的匈奴、突厥、高車、丁零、鮮卑、肅愼、挹婁、契丹、女眞、高句麗、勿吉、夫餘、蒙古、滿洲等北方民族，幾乎都信仰過薩滿教，如果不研究薩滿教，就很難透闢地研究上述諸民族的政治、歷史與文化。」〔註 59〕

烏丸之薩滿信仰在晉王沈《魏書》中有記載，其書已佚，裴松之注《三國志．烏丸傳》引用之，是有關烏丸習俗最重要的史料。據內田吟風考證：「因爲王沈一家與北方少數族關係至深，所以王沈的《魏書》中關於烏桓、鮮卑族的詳細記述，恐怕在很大程度上是他家族成員的見聞。因此，應該是十分可信的。」〔註 60〕王沈對烏丸的記載爲《後漢書》《通典》等一系列史書所承襲。在傳中，王沈提到不少烏丸部族崇信薩滿教之遺跡。如「有病，知以艾灸，或燒石自熨，燒地臥上，或隨痛病處，以刀決脈出血，及祝天地山川之

〔註 58〕富育光：《薩滿教與神話》，遼寧大學出版社，1990 年，第 1 頁。
〔註 59〕色音《論薩滿教對中國古代少數民族宮廷祭祀的影響》，《西北民族研究》，2000 年第 1 期。
〔註 60〕內田吟風：《烏桓、鮮卑的習俗》，李步嘉摘譯自日本《北亞細亞史研究》鮮卑柔然篇第四節，《民族譯叢》1985 年第 1 期，第 46 頁。

神，無針藥。」〔註 61〕烏丸人信薩滿教，跳神治病是最基本的方法。曹廷傑曾考察東北松花江兩岸之黑斤人：

> 無醫藥，惟事跳神祈禳。按：跳神之俗，通松花、黑龍、烏蘇里三江至東北海口皆然，高麗人亦從之。其俗於有病時，請叉媽至家。……叉媽先做祝語，旋自作狐鼠諸山精言，爭顯道法，或遂以利刃入病人患處，甚有截身爲兩斷者，刀出即愈。〔註 62〕

這與烏丸人「祝天地山川之神」治病類似。至於具體的治療方法，內田吟風認爲「烏桓族所流行的溫熱瀉血療法，在匈奴中也盛行。」並舉《漢書·蘇建傳》傳衛律召巫醫「鑿地爲坎，置煴火，覆武其上，蹈其背以出血」，爲蘇武治病之法爲例。可見這是北方薩滿醫術的共同方法。烏丸人的治療方法，今日北方少數民族之薩滿治療依舊在使用。有學者對「薩滿療術」做過總結，有十二種之多〔註 63〕，其中如火療、熱療、艾灸、放血等方法，與烏丸人治療方式相同。如熱療法，今日呼倫貝爾達斡爾薩滿用燒熱大塊石板讓患者臥其上治療腰腿痛等疾病的方法即於烏丸如出一轍。薩滿治療與薩滿教靈魂觀念有關，王沈也記錄了烏丸人的葬俗和靈魂觀念：

> 貴兵死，斂屍有棺，始死則哭，葬則歌舞相送。肥養犬，以彩繩嬰牽，並取亡者所乘馬、衣物、生時服飾，皆燒以送之。特屬累犬，使護死者神靈歸乎赤山。赤山在遼東西北數千里，如中國人以死之魂神歸泰山也。至葬日，夜聚親舊員坐，牽犬馬歷位，或歌哭者，擲肉與之，使二人口頌呪文，使死者魂神徑至，歷險阻，勿令橫鬼遮護，達其赤山，然後殺犬馬衣物燒之。〔註 64〕

烏丸人注意葬俗在已發現的鮮卑墓葬中有直接的反映。北票西北將軍山東麓北燕馮素弗夫婦墓，雖爲漢人，但遺存了較多鮮卑習俗，據宿白先生所說：

> 馮素弗夫婦墓兩壙並列，相距最近處只 20 釐米，可知原埋在同一墓冢下。這種同冢異穴的葬式，與當時中原地區漢族葬俗不同。壙內圍疊石塊，砌東西向的長方形槨室，更是這一帶的古老傳統。槨壙之間塡土夯實，槨內壁墁石灰，繪壁畫，槨頂畫天象，具日、

〔註 61〕《三國志》卷三十，中華書局，1959 年，第 832 頁。

〔註 62〕曹廷傑：《西伯利亞東偏紀要》，黑龍江教育出版社，2014 年，第 128 頁。

〔註 63〕參見郭淑云：《原始活態文化：薩滿教透視》，上海人民出版社 2001 年版，第 357～369 頁。

〔註 64〕《三國志》卷三十，中華書局，1959 年，第 832～833 頁。

月、星座，四壁畫墓主人家居、出行等內容。棺位槨內東側，首西向，棺外塗朱漆，前繪羽人，後繪雲氣，兩側繪墓主人生活圖像。壁畫、漆棺是當時漢族上層統治階級墓葬所必備，但棺的形制前高、寬，後低、窄，爲以前所未見。壁畫內多繪狗，素弗妻墓殉犬二隻，應是「肥養一犬……使護死者神靈歸赤山」(《後漢書．烏桓傳》)的東胡舊俗。〔註 65〕

烏丸人靈魂歸山之觀念，在契丹人身上亦有表現。張舜民《使遼錄》載：「虜中黑山，如中國之岱宗，云虜人死魄皆爲此山。每歲五京進入馬紙各萬餘事，祭山而焚之，其禮甚嚴，非祭不敢進山。」〔註 66〕這與烏丸習俗如出一轍。薩滿教靈魂觀念認爲「初魂易伏，久魂爲神」，靈魂游離於神靈世界，或依附於親昵之人，或漂浮於原來生活的地方，所謂「魂縈故里」〔註 67〕。靈魂找到理想的歸宿（昇天、入地、歸山）是一個艱難的過程，途中還有險阻，這在《尼山薩滿》中有精彩故事描述。爲了使靈魂能夠順利到達歸宿地，不再驚擾在世親人，薩滿會舉行送魂儀式以安魂慰魂。烏丸人送葬時「或歌哭者」，「使二人口頌咒文」的做法，正是薩滿送魂儀式，有學者認爲：「靈魂歸山觀念反映了古代一些狩獵民族對山林的強烈依賴感和歸宿感。」〔註 68〕安葬過程中燒殺犬馬衣服，是北方民族的常見之習俗，如拓跋鮮卑：「死則潛埋，無墳壟處所。至於葬送，皆虛設棺柩，立冢槨，生時車馬器用皆燒之以送亡者。」〔註 69〕金、元等民族中亦盛行，即所謂「燒飯」，也是安魂慰魂的方式。薩滿教是一種多神教，《魏書》中記載烏丸人「敬鬼神，祠天地日月星辰山川，及先大人有健名者」，正是薩滿教多神崇拜的表現。

北朝後期，內附烏丸族群漸漸融合於漢人中，但在烏丸發祥地，其族群尚有遺存，並且成爲近代北方民族的淵源之一。據《舊唐書》載，唐代室韋之西有烏丸部落：

烏羅護之東北二百餘里，那河之北有古烏丸之遺人，今亦自稱

〔註 65〕宿白《東北、內蒙古地區的鮮卑遺跡——鮮卑遺跡輯錄之一》，《文物》1977 年第 5 期，第 44 頁。

〔註 66〕李勇先，付昊星，高順祥主編：《宋元地理史料彙編》第一冊，四川大學出版社 2007 年版，第 145 頁。

〔註 67〕參見富育光：《薩滿教與神話》，遼寧大學出版社，1990 年，第 306～307 頁。

〔註 68〕郭淑雲《薩滿教靈魂觀及其哲學思想》，《雲南社會科學》2001 年第 3 期。

〔註 69〕《宋書》卷九十五，中華書局，1974 年，第 2322 頁。

烏丸國。武德、貞觀中，亦遣使來朝貢。其北大山之北有大室韋部落，其部落傍望建河居。〔註 70〕

《新唐書》亦載：

室韋，契丹別種，東胡之北邊，蓋丁零苗裔也。地據黃龍北，傍猺越河，直京師東北七千里，東黑水靺鞨，西突厥，南契丹，北瀕海。……其語言，靺鞨也。……猺越河東南亦與那河合，其北有東室韋，蓋烏丸東南鄙餘人也。〔註 71〕

「烏丸國」，即烏丸故地，其部族已混入室韋、靺鞨，爲後代女眞以及東北民族的淵源之一。《魏書》載鮮卑石室的位置在烏洛侯（即烏羅護）之西北，而《新唐書》所載古烏丸在烏洛侯之北。鮮卑石室嘎仙洞的發現，進一步明確了烏洛侯、鮮卑、室韋等東北族群分佈的關係。《唐書》所載「烏丸國」，正好據於鮮卑發源地嘎仙洞一代〔註 72〕。嘎仙洞所代表的鮮卑祖先崇拜，可以說代表了烏丸等其他周邊族群薩滿教信仰的典型形態。由此可見，從古至今東北地區的薩滿教與族群關係之間有密切的傳承關係，印證了薩滿教起源和傳播的典型性問題。

二、薩滿祭祖之特點

信奉薩滿教的北方民族，雖然也祭祀祖先神，但與漢族相比，有一個非常顯祖的不同，就是沒有家廟或宗廟，前人於此已有通識。比如滿族，「祭祖之禮，漢與滿、蒙不同。漢人世家大族，皆立宗祠，歲時致祭，備牲宰，陳俎豆，獻帛、侑食如儀。至庶人，則奉木主或宗譜而祭於寢，不過薦其時食已耳。滿人則設神版、神竿，祭以特豕。」〔註 73〕「祭祀典禮，滿洲最重：一祭星，一祭祖。……民間多因事故始刑牲祀神，或先人誕辰忌日，設祭於家，鮮有立祠廟者。」〔註 74〕東北地區的其他民族也如此：

〔註 70〕《舊唐書》卷一百九十九下，中華書局，1975 年，第 5357～5358 頁。

〔註 71〕《新唐書》卷二百一十九，中華書局，1975 年，第 6176～6177 頁。

〔註 72〕參考米文平《鮮卑石室所關諸地理問題》，《民族研究》1982 年第 4 期。

〔註 73〕《（民國）遼陽縣志》卷十五《祭祖》，《中國地方志集成・府縣志輯・遼寧省》第 3 冊，鳳凰出版社，2006 年，第 352～353 頁。

〔註 74〕《（光緒）吉林通志》卷二十七《風俗》，《中國地方志集成・省志輯・吉林省》第 1 冊，鳳凰出版社，2009 年，第 469 頁。

又蒙人無祀祖禮，唯於屋內西牆供奉佛爺，每值陰曆迎春日及婚嫁時均焚香奠酒行跪拜禮，婚嫁時由新夫婦主祭，迎春日則家屬同祭之。

又達呼爾種族，供銅佛一尊，高約八寸。索倫、蒙古、錫伯、巴爾虎各種族，亦供銅像高約三寸。錫伯並祀綢條，俱不祀祖先。

又瓜爾察種族，家供木佛一尊，高約三寸，配以豕皮靰鞡一雙，長二寸，高逾二分之一，不祀祖先。

又額魯特種族，有祭祖者，先以木瓢掛牆上，畫耳目口鼻狀如人面，時以牲酒塗其所畫之口，口邊油脂積愈高，以爲祖宗享食者多，必將賜福；否，則不祥。牲用豕或羊，薦時用整牲。祭畢，置大釜中煑之，親友受胙者拔刀割肉而食，餕餘則埋之。每祭必，延喇嘛誦經以祈福焉。

又達呼爾家，父子兄弟若干人其西壁草人亦如其數，微其眉目，囊其半身，死去之，生增之，歲時祭祀，所謂祖宗也。

赫哲人刻其祖宗之像，截木長尺許，其上刻圓如頭顱，畫成眉目，略似人形，置於犄角處。〔註 75〕

由此看來，「不營私廟」，甚至「不祀先祖」，是北方少數民族的常態，而「祭於寢」也是北方民族祭祖之普遍方式，都是受薩滿教影響所致。隨著佛教影響以及漢文化的漸染，北方民族的祖先崇拜也有一些「變質」，甚至發展出類似「家廟」性質的儀式建築〔註 76〕，但其原始精神則並未改變，這可以從滿清「堂子祭」的特徵中看出。「堂子」祭祀與漢人祠堂祭祀相似，但其本來意義並非如此：

「堂子」一詞，按滿族眾多姓氏所珍藏的譜冊及薩滿神諭中可以證實，係滿族詞彙，早在女眞時期就通用了，係滿語「Dangse」（檔澀）演變而來。「檔澀」譯漢意爲檔子、檔案。往昔凡滿族各姓主持者總穆昆處設有「恩都力包」（神堂）或「檔澀包」（檔子堂），做爲恭放闔族譜牒及本氏族神祇神位、神諭、神器、祖神影像之所。

〔註 75〕《（民國）黑龍江志稿》卷六《地理風俗》，《中國地方志集成．省志輯．黑龍江》第 1 冊，鳳凰出版社，2009 年，第 181 頁。

〔註 76〕郭淑雲《原始活態文化——薩滿教透視》中，還附錄了「滿族家廟」圖，第 213 頁。

所謂「神堂」，並不一定早期都是神祇樓舍。這與北方民族先民長期以遊獵移居有關，神隨人遷，宿營即設神位，便於攜帶。祖先神偶、影像或神冊、神器等多放入樺皮匣、木匣、柳編匣、骨質匣、石或泥罐中，後來多放在長方形上抽蓋的木匣內，俗稱「神匣」。這是北方民族固有的習俗，滿族諸姓皆然。……堂子一詞正式載用是乾隆十四年編修《太祖高皇帝實錄》中，以前多用漢語詞「廟」替代，改用「堂子」一詞，恰當體現堂子祭祀內容與性質，可算貼切不過了。古代，生活在北方的少數民族，堂子祭祀內容也完全一致。過去，遼金以前均興野祭，部落遊獵就地而祭，當時出現女眞火祭、樹祭、天祭、水祭、海祭、星祭等諸習俗，後來部落定居，才安設堂祭總祀諸神。名姓堂祭被逐漸固定並傳襲下來。可以說堂祭形式是隨著滿族及其先民在長期社會生活與信仰崇拜中日趨完備起來的。〔註77〕

由此可見，滿人堂子祭祀之形式、內容皆與漢人家廟、宗廟祭祀迥異。薩滿教文化中的祭祖與漢人祭祖的差異還可以從祖先神的形態看出。漢人家廟中供奉的直系祖先塑像（後起的宗廟供奉刻有祖先名諱的靈位牌），而崇信薩滿教的北方民族，無論野祭還是寢祭，其祖先神或則爲祖宗板、神偶、影像。如滿族祖宗板平時懸掛在正室西牆上，祭祖時請下，放於西炕之上。鄂倫春族之祖先神「阿嬌儒博如坎」，多用松木刻成神偶，供奉於「斜仁柱」內，其他神偶、神像則裝在樺皮神匣。鄂溫克祖先神「敖教勒」畫在神布上，懸掛在「仙人柱」圓木的柱頂端；滿族石姓薩滿家族的祖先薩滿神畫在神圖上，每個祖先在畫中都住在神樓中〔註78〕。更重要的是，不少北方民族的供奉的祖先神，其實並非血緣上的歷代祖先，而是一些代表性的具有民族性和地區性的神靈，〔註79〕類似神靈萬花筒一般，這與漢人祭祖的本質完全不同。

文獻中對「廟」的誤用造成對非漢人祭祀形式的誤解，還可以舉如下一例。《魏書》載康國習俗：「婚姻喪制與突厥同。國立祖廟，以六月祭之，諸

〔註77〕富育光：《薩滿教與神話》，遼寧大學出版社，1990年，第133～134頁。

〔註78〕薩敏娜，吳鳳玲：《達斡爾族斡米南文化的觀察與思考——以沃菊芬的儀式爲例》，民族出版社，2011年，第203頁。

〔註79〕孟慧英《中國東北部地區少數民族薩滿教信仰中的巫祖祖先神》，《民族研究》2009 年第6期，

國皆助祭。」〔註 80〕倘據此說，則康國人祭祖有「廟」，但事實上，信奉祆教的康國並無祖廟之制，所謂「祖廟」本爲祆教祭祀之神廟。中亞粟特古城品治肯特遺址發現了有彩色壁畫、木製圓柱以及雕刻品的拜火教廟宇遺址，在城外又發現了拜火教徒墓地，蘇聯學者加富羅夫認爲，「粟特拜火教的特點是它保留了當地古代祭祀的部分（包括祭祀祖先和天體——太陽與月亮）。」〔註 81〕可見康國粟特人之祭祖並非宗廟祭祀。

三、王珪家族的薩滿文化之傳承

薩滿信仰在中古時期的宮廷中甚爲流行，薩滿巫師往往兼有帝王公族政治謀臣及精神寄託的雙重身份，影響及當時的政治、文化。張鷟在《朝野僉載》卷二中多記巫師「厭禱」之事，其中崇仁坊阿來婆名甚著，「談琵琶卜，朱紫塡門」，張鷟曾親觀其卜，韋庶人又據以行魅，後爲平王所誅。又《開天傳信記》載：

> 車駕次華陰，上見嶽神數里迎謁。上問左右，左右莫之見。遂詔諸巫問神安在，獨老巫阿馬婆奏云：「三郎，在路左，朱發紫衣，迎候陛下。」上顧笑之，仍勒阿馬婆敕神先歸。上至廟，見神櫜鞬，俯伏庭東南大柏樹下。又召阿馬婆問之，對如上見。上加敬禮，命阿馬婆致意，而旋降詔先諂嶽，封爲金天王，仍上自書製碑文以寵異之。其碑高五十餘尺，闊丈餘，厚四五尺，天下碑莫比也。其陰刻扈從太子、王公以下百官名氏，製作壯麗，鐫刻精巧，無倫比焉。〔註 82〕

唐玄宗封禪攜從的「諸巫」，其中有「阿馬」（疑即「薩滿」之別音）。薩滿巫師有溝通神人之術，所以獨有她們能看到嶽神的形象，並帶皇帝致意。

王公貴族借助薩滿巫師之力進行政治謀劃的例子也不鮮見，而正好就在

〔註 80〕《魏書》卷一百二，中華書局，1974 年，第 2281 頁。《隋書》《北史》皆承其文。有學者云：「《北史．康居傳》中記載，康居人每年的王日聚集在祖先的墳墓前祭祀祖先的靈魂。」（阿布都力江．賽依提《哈薩克人信仰中的薩滿教遺跡》，《西域研究》2005 年第 3 期。）以傳文之「祖廟」爲祖先墳墓，亦爲誤解。

〔註 81〕轉引自許序雅《〈新唐書．西域傳〉所記中亞宗教狀況考辨》，《世界宗教研究》2002 年第 4 期。

〔註 82〕鄭綮撰，吳企明點校：《開天傳信記》，中華書局，2012 年，第 81 頁。

同出烏丸王神念的王仁皎家族中可以找到印證。王仁皎出自王僧修系，入唐爲外戚世家。王仁皎一女爲玄宗皇后，其傳載：

玄宗廢後王氏，同州下邽人，梁冀州刺史神念之後。上爲臨淄王時，納后爲妃。上將起事，頗預密謀，贊成大業。先天元年，爲皇后，以父仁皎爲太僕卿，累加開府儀同三司、邠國公。后兄守一以后無子，常懼有廢立，導以符厭之事。有左道僧明悟爲祭南北斗，刻霹靂木書天地字及上諱，合而佩之，且祝曰：「佩此有子，當與則天皇后爲比。」事發，上親究之，皆驗。〔註83〕

傳中王守一與左道僧明悟所行之事甚爲奇怪，但若聯繫到王仁皎家族先世烏丸之種族身份，及當時宮廷內薩滿巫術之盛行，則可以得到解釋。所謂「左道僧明悟」者，即薩滿也。其「祭南北斗」爲王皇后求子事，在漢人風俗中罕見，但在崇信薩滿教之北方民族中則常見。薩滿教的星辰崇拜在古代北方民族中多有痕跡，《後漢書》載烏丸「祠天地日月星辰」，又高句麗「好祠鬼神、社稷、零星」，前述鮮卑王室在北苑祭星等等。星祭在近世以來北方民族依然廣泛存在，如滿洲祭祀最重第一即祭星。北斗七星爲北方最重要的標記星座，在不少民族中都有致祭的情況。《欽定滿洲祭神祭天典禮》記載清宮「復有夜祭七星者謂之禳祭」。鄂倫春族把北斗七星稱爲「奧倫博如坎」（意爲倉庫神），每年農曆十二月二十三日、除夕、正月初一和八月十五晚上祭祀〔註84〕。錫伯族每年八月十五的薩滿節，薩滿之家都要舉行祭祀北斗七星的儀式和跳神活動。北方民族星神眾多，且爲女性英雄神，如滿族布星女神臥勒多赫赫與天神阿布卜赫赫、地母巴那姆赫赫爲創世三姐妹；又如那丹那拉呼，或稱七女星、七姊妹星、七仙女，爲東天頜星神，司命女祖神〔註85〕。這或許正是王皇后「與則天皇后爲比」而「祭南北斗」的「英雄」心理？「蒙古族稱北斗七星爲『七老翁星』，奉爲主司繁殖的生命之神。人們祭祀七星，祈求人丁興旺，牲畜繁殖。」〔註86〕王皇后請左道僧明悟（即薩滿的角色）

〔註83〕《舊唐書》卷五十一，中華書局，1975年，第2177頁。《新唐書》卷七十六《王皇后傳》爲「浮屠明悟教祭北斗」，文字不準確。

〔註84〕關小雲，王宏剛編著：《鄂倫春薩滿文化遺存調查》，民族出版社，2010年，第126～128頁。

〔註85〕富育光：《薩滿教與神話》，遼寧大學出版社，1990年，第107～110頁。

〔註86〕郭淑雲《薩滿教星辰崇拜與北方天文學的萌芽》，《世界宗教研究》2003年第1期，第122～131頁。又參見色音《東北亞的薩滿教》第36頁有關論述。

祭北斗，正是爲了求子的緣故，這也與薩滿行祭驚人的吻合〔註 87〕。

左道僧明悟「刻霹靂木，書天地字及上諱，合而佩之」爲王皇后求子，也可以在薩滿教儀式中找到對應。《資治通鑒》載王皇后事，胡三省注云：「霹歷木者，霹靂所震之木。今爲張道陵之術者，用霹靂木爲印，云有雷氣，可以鎮服鬼物。」〔註 88〕這是將此事從道教中作解釋，但其實道教與霹靂木扯上關係可能是比較後起的觀念〔註 89〕，僧明悟所刻霹靂木是否爲「印」還存疑。霹靂木的原始用途與薩滿教雷神崇拜有關〔註 90〕。據十種古逸書本《淮南萬畢術》，其中有以霹靂木擊鳥之術：

> 人面擊地，飛鳥自下（《御覽》卷九百十四）。取蘖木爲人，形似鳥，而血塗人面，以擊地，飛鳥自下。（同上）（案《博物志》周日用注云：物類皆有所感，以霹靂木擊鳥影，其鳥應時落地，則霹靂木可下飛鳥也。萬畢術云蘗木，黃木也，恐字形訛脱。）

《萬畢術》中所記的刻霹靂木下鳥這種法術，正是薩滿巫術所常見者，而此法術需要「血塗人面」，也是薩滿教崇尚血觀念的體現。有意思的是，周日用

〔註 87〕唐代宮廷中巫師祈禱星神的案例，張鷟《朝野僉載》卷三中也有所載：「載初年中，來俊臣羅織，告故庶人賢二子夜遣巫祈禱星月，咒咀不道。……浮休子張鷟曰：下里庸人，多信厭禱；小兒婦女，甚重符書。蘊慝崇奸，構虛成實。」

〔註 88〕《資治通鑒》卷二百一十二，中華書局，1956 年，第 6761 頁。

〔註 89〕霹靂木作爲道教信物是比較後起的，或也是源於薩滿教。《隋書》卷三十五《經籍志》「道教類」提要：「又以木爲印，刻星辰日月於其上，吸氣執之，以印疾病，多有愈者。」宋人李新《開穴祭北斗文》：「竊惟相視宅兆，制昉《周官》。若堂若斧之封，必愼視厥陰陽，非求利益，祈魂魄之安寧也。人子臨親喪，敢不自盡。某躬走萬山，還至西郭，渴甚，下取水飲，見馬鞍西丘有佳氣，象躊躇四顧，探腰間霹靂木以定四維，遂卜西丘正兑，當酉屬辛，畚土爲宅，將奉亡父母以歸藏。」（《跨鼇集》卷二十八）此霹靂木爲定四維的工具，類似羅盤，亦非印章。

〔註 90〕薩滿教雷神崇拜在今日的北方民族中還有遺存，如鄂倫春族之雷神爲「阿路狄達力」，其神偶爲扁形，滿身刻有魚鱗，尾部有圓柄，有小孔。（參見關小雲，王宏剛編著：《鄂倫春薩滿文化遺存調查》，第 114 頁。）「在一些民族信仰中，雷是薩滿的親族或薩滿領神、保護神。……鄂溫克人的氏族祖先神多是被雷擊死的先人靈魂變成的。」達斡爾族一位薩滿解釋：「雷電被認爲是最高騰格里布爾汗的命令執行者，被雷電擊中代表騰格里附體，如果氏族祖先神是被雷擊而死的，那就是天神委託雷神與氏族溝通。」達斡爾族中有各種被雷劈的神靈造形。（參見薩敏娜，吳鳳玲：《達斡爾族斡米南文化的觀察與思考——以沃菊芬的儀式爲例》，民族出版社，2011 年，第 203～205 頁。）

之注還揭示了薩滿術這種法術的本質。「物類皆有所感」正是原始宗教和巫術的基本因果模式，即弗雷澤所說的「接觸律」。「接觸律」即是通過交感作用，實現神靈與自然的聯繫。薩滿常常以木質神偶作為降神、娛神、送神的法物，明悟所用之霹靂木，疑即薩滿神偶，用於求子者。近世北方民族中，薩滿神偶中亦有「柳祖」、「木祖」，皆為木質神偶，與生殖崇拜有關，〔註 91〕這或許正是明悟用霹靂木刻「書天地字及上諱」為王皇后求子的依據。

王珪與王皇后，雖分房略疏遠，但同出烏丸，二人身上同時出現烏丸文化之遺存，益可證種族文化之「消釋」，非一朝一夕之事，亦非表層文化可以掩蓋。

更有可論者，王珪家族的醫學傳統，或亦與其家世傳承之薩滿文化有關。王珪曾孫王燾，編撰了中醫史上的名著《外臺秘要》四十卷。在《明堂序》中他論述人體經脈之規律及其治療的原理：

> 經脈陰陽，各隨其類，故湯藥攻其內，以灸攻其外，則病無所逃，知火艾之功，過半於湯藥矣。其針法古來以為深奧，今人卒不可解。《經》云：針能殺生人，不能起死人。若欲錄之，恐傷性命，今並不錄針經，唯取灸法。〔註 92〕

晁公武《郡齋讀書志》為王燾此書解題云：

> 燾在臺閣二十年，久知洪文館，得古方書數千百卷，因述諸病證候，附以方藥、符禁、灼灸之法，凡一千一百四門。天寶中，出守房陵及太寧郡，故以「外臺」名其書。孫兆以燾謂「針能殺生人，不能起死人，取灸而不取針」，譏其為醫之蔽。予獨以其言為然。〔註 93〕

前人注意到了王燾的一個觀點「取灸而不取針」，重視「符禁、灼灸之法」。而前引《三國志．烏丸傳》：「有病，知以艾灸，或燒石自熨，燒地臥上，或隨痛病處，以刀決脈出血，及祝天地山川之神，無針藥。」這正與王燾的醫學思想、藥學實踐相一致。又前舉近代以來北方民族之薩滿療法如火療、熱療、艾灸、放血，也大量見諸《外臺秘要方》，下面各舉數例為證。「符禁」之方，如卷五「攘瘧法六首」引《崔氏纂要方》「書瘧法」，畫符療瘧疾；卷

〔註 91〕參考富育光：《薩滿教與神話》，遼寧大學出版社，1990 年，第 73～75 頁。
〔註 92〕王燾著，高文柱校注：《外臺秘要方校注》卷三十九，學苑出版社，2011 年，第 779 頁。
〔註 93〕晁公武撰，孫猛校證：《郡齋讀書志校證》卷十五，上海古籍出版社，1990 年，第 726 頁。

三十三「胞衣不出方二十首」引《小品方》和《崔氏產書》，亦有呑符之方，還附錄了各式各樣的符圖。「燒石」療法，如卷十五「風毒方五首」引《千金方》「石膏湯方」燒石熨令汗出。「燒地」之法，如卷一「崔氏方一十五首」之「療傷寒，阮何南蒸法」：「薪火燒地良久，掃除去火，可以水小灑，取蠶沙、若桃葉、桑柏葉、諸禾糠及麥麩皆可。……以此等物著火處，令厚二三寸，布席臥上溫覆，用此發汗。」「放血」療法，如卷二十二引《備急千金要方》「療急喉咽舌病者方」：「隨病所近左右，以刀鋒裁刺手大指甲後爪中，令出血即愈。」〔註94〕至於「艾灸」，爲王燾療法之重點，例子更多，不一一枚舉。王燾雖然是彙集前人和時人之藥方，但他的選取角度卻透露了他的醫學、藥學思想。傳統華夏醫學中本來就有薩滿療法的因素，而王燾家族之薩滿文化傳承更讓他與此「一拍即合」。

王燾之外，王珪玄孫王冰（又作「王砅」）〔註95〕，注《黃帝內經素問》二十四卷傳世，另有《天元玉策》三十卷、《玄珠密語》十七卷等重要的醫學著作，在中國醫學史、醫學理論史上具有重要的地位。如此重要的兩位醫藥學家、醫學理論家，同出於烏丸王珪家族，這究竟是巧合還是必然呢？薩滿醫學在醫學史上本身具有特殊的地位，是當今醫學史研究的熱門話題。即便在家族的演進中，薩滿文化痕跡王燾、王冰身上已經相當微弱，但與漢民族之傳統醫學的「契合」中，他們遙遠的民族記憶被「喚醒」，這或許是解釋他們醫學成就的一個原因。

四、關中地區薩滿遺跡對王珪家族之影響

正如中古時期入華粟特胡人爲保持本民族的拜火教信仰，在長安建立了爲數不少的祆祠一樣，內附北方民族也將薩滿文化帶入漢人社會，這是我們應該注意的。色音先生注意到了近世以來薩滿教在演變過程中的「歷史變容」問題，認爲薩滿教在外來宗教衝擊下，雖然衰落了，但是通過一些靈活的策略得以存活至今，這些「變容」方式主要有：習合化（與其他宗教相融合成

〔註94〕以上諸方分別見於《外臺秘要方校注》第91頁，第673～674頁，第279頁，第13頁，第431頁。

〔註95〕王砅爲王珪之玄孫，據杜甫《送重表侄王砅評事使南海》詩：「我之曾祖姑，爾之高祖母。爾祖未顯時，歸爲尚書婦。隋朝大業末，房杜俱交友。」據宋人陳岩肖《庚溪詩話》之說，詩中之「高祖母」就是王珪之妻，據此知王砅爲王珪玄孫。參見《四庫全書總目》卷一百三《黃帝素問》提要。

一種混合宗教)、科學化、藝術化、民俗化等〔註96〕。其實在古代，薩滿教也同樣是以不同的「變容」遺存於胡、漢文化中。王珪先世從塞外入中原，轉遷南朝梁，又北歸齊、周，其里籍有太原、京兆萬年、郿縣諸說，萬方、陶敏曾著文辨析之〔註97〕，以爲郿縣之說不可信。但《太平寰宇記》《新唐書》等文獻既然提出郿縣說，似有依據。史載王珪因爲叔父王頍「坐漢王諒反事被誅，珪當從坐，遂亡命於南山，積十餘歲」。萬方等人文以爲此南山爲終南山，在萬年縣南。但郿縣南界之太白山亦稱南山。《長安志》卷十四太白山條引《周地記圖》云:「太白山上常積雪，無草木，半山有橫雲如瀑布則澍雨，常以爲候，故語曰:南山瀑布，非朝即暮。」〔註98〕據此，南山當時亦習稱太白山，王珪家郿縣而逃太白山亦可能。無論郿縣還是萬年，都在關中。關中地區是華夏文明的早期發祥地，原始信仰的痕跡源遠流長，祠祀系統異常豐富。而關中自古以來有是北方民族內附聚落彙集之地，薩滿文化亦源源不斷地輸入。這兩種文化本來能夠很自然地融合在一起。王珪家族以家世傳承之故，又蒙地域薰習之便，故有可能深受薩滿文化影響。

關中地區北方民族輸入之薩滿文化遺跡與漢文化混融之後，頗難辨析。例如《辨正論・十代奉佛》篇中載:「周開府威遠將軍王靜(供養烏丸寺)。」王靜當爲烏丸人，其所奉旨「烏丸寺」疑非佛教寺院，或烏丸祠廟之「變容」。元文宗天曆二年，關中大旱，翰林學士普顏實立奉旨入關祈祀，虞集《詔使禱雨詩序》詳細記載了這一次祈雨活動〔註99〕，從中可以看到漢人的、北方民族的，古代的、當代的祠廟系統的融合情況，文云:

> 陝右比歲以旱饑告。……翰林直學士普顏實立以誠愨精敏，將命直指，乃四月己亥受旨幄殿，陰雲低回，肹蠁孔邇。學士乃召驛傳、謹齋戒，不留宿於家。乙卯，祀西嶽。五月丁巳，朔雲電雷，雨大作。辛酉，與行省、臺臣共禱於城中之群祀。壬戌，與左丞亦

〔註96〕色音《論北方少數民族薩滿教的歷史變容》,《內蒙古社會科學》(漢文版),1999年第4期;又《論複合形態的薩滿教》,《世界宗教研究》2001年第3期;孟慧英《在其他宗教影響下的薩滿教命運》(《滿族研究》2001年第1期)對從古至今薩滿教與其他宗教的交流、衝突、融合亦有分析。

〔註97〕萬方、陶敏《王燾家世里籍生平新考》,《山東中醫學院學報》,1988年第3期。

〔註98〕宋敏求著，辛德勇、郎潔點校:《長安志》卷十四，三秦出版社，2013年，第437頁。

〔註99〕羅鷺:《虞集年譜》，鳳凰出版社，2010年，第101～105頁。

> 憐眞禱於太一元君廟，即大雨。其日，又詣高山太白峽靈湫廟。湫在絕頂，峽隘石險，炎暍喘汗，牽掖僅至，親致上命，下即祠宮幾數十里。祠故唐作，積蕪不治，牆毀瓦墮，妥歆無所。祠者俟命，門下上無庇蓋，踞蹐中夜，並見雲興於湫，頃而滃合。明日，又禱，大澍連日。於是，東自陝州，西至鳳翔，南達興元，北暨鞏昌，皆來告足。甲戌，至鳳翔，與憲使、郡守祀於雅臘滿神之廟。雅臘滿者，高昌部大山有神，高昌人留關中者移祀於此云。既祠又雨。丁丑，祀西鎮之吳嶽，亦雨。〔註 100〕

其中入「西嶽」「城中之群祀」「太一元君廟」「靈湫廟」「吳嶽」等，自古以來皆入漢人之祀典；而「雅臘滿神之廟」則爲內遷高昌回鶻帶入鳳翔之山神廟，爲重要的薩滿遺跡，這是典型的胡、漢群祀。而其中的太白山「靈湫廟」，爲唐時作所，足可見這些祠廟之源遠流長。普顏實立等人祈雨之主要地區在郿縣、鳳翔一帶，這與當地古今、胡漢祠祀集中有關，而當地正好是王珪家族曾經占籍的地方。《(乾隆）鳳翔府志》卷三「寺觀」類載鳳翔有西域寺，在城西北三里〔註 101〕，或即高昌回鶻之雅臘滿神廟。無論王珪是否是郿縣人，其寓居關中是無疑的。傳承烏丸族裔的薩滿信仰，又薰習關中地區內遷北方民族帶傳入之薩滿文化，王珪以禮法之家而不營私廟、寢祭祖先可謂淵源有自。

第四節　結　論

「不營私廟」並非是發生在王珪身上的單一的事件，北朝隋唐時期出身北方民族的上層貴族對於宗廟、祖廟的態度夾雜著種族文化的痕跡，不營私廟、不祀先祖的現象，在入華胡姓家族中爲常見。家廟、宗廟之禮，在塞外異族本爲格格不入，至入主中華，漸習漢人禮儀，才模仿行之，而往往以種族文化並存。《梁書》卷五十六《侯景傳》載侯景篡位之後：

> 其左僕射王偉請立七廟，景曰：「何謂爲七廟？」偉曰：「天子祭七世祖考，故置七廟。」並請七世之諱，敕太常具祭祀之禮。景

〔註 100〕虞集撰，王颋點校：《虞集全集》，天津古籍出版社，2007 年，第 518～519 頁。

〔註 101〕西域寺不見載於《(康熙）重修鳳翔府志》以及《(雍正）鳳翔縣志》，或毀，或更名。

曰：「前世吾不復憶，惟阿爺名標。」眾聞咸竊笑之。景黨有知景祖名周者，自外悉是王偉製其名位，以漢司徒侯霸爲始祖，晉徵士侯瑾爲七世祖。於是追尊其祖周爲大丞相，父標爲元皇帝。〔註 102〕

侯景以羯胡而不知七廟爲何物，乃其種族文化之常態。在漢人文化中視爲崇敬之家廟之禮，於胡族卻以爲咄咄怪事，《南史》記侯景原話：「唯阿爺名摽，且在朔州，伊那得來啖是？」可見一斑。又如《魏書．寇贊傳附寇治傳》：

治兄弟並孝友敦穆，白首同居。父亡雖久，而猶於平生所處堂宇，備設幃帳几杖，以時節開堂列拜，垂淚陳薦，若宗廟然。吉凶之事必先啓告，遠出行反亦如之。〔註 103〕

寇贊家族爲漢人官宦世家，寇治兄弟皆官至太守、刺史，有立家廟的資格卻不置，其「設幃帳几杖」於亡父生前堂宇，亦是禮制的一種變形。考慮到寇贊一系早徙馮翊萬年胡漢彙集之地，而寇治之弟寇俊「恭帝三年，賜姓若口引氏」（《北史》二七本傳），則其不立家廟，或亦漸染胡俗之故。

即便到了唐代中晚期，入華已久、薰習既深的胡姓家族，也有不營家廟，不祀先祖的情況，如劉蛻。《北夢瑣言》卷三「劉蛻舍人不祭先祖」條載：

唐劉舍人蛻，桐廬人。早以文學應進士舉，其先德戒之曰：「任汝進取，窮之與達，不望於汝。吾若沒後，愼勿祭祀。」乃乘扁舟以漁釣自娛，竟不知其所適（原注：不審是隱者，爲復是漁師，莫曉其端倪也。）。紫微歷登華貫，出典商於，霜露之思，於是乎止，臨終亦戒其子如先考之命。蜀禮部尚書纂，即其息也。嘗與同列言之。君子曰：名教之家，重於喪祭。劉氏先德，是何人斯？苟同隱逸之流，何傷菽水之禮？紫微以儒而進，爵比通侯，遵乃父之緒言，紊先王之舊制，以時（一作報本）之敬，能便廢乎？大彭通人，抑有其說，時未喻也。〔註 104〕

劉蛻不祭先祖之原因，陳寅恪已發其覆，究其根源在於劉蛻家族非華夏舊族〔註 105〕。劉蛻雖爲胡族，而入華既舊，薰習漢化極深，尚遺存如此風習，則文化融合之課題非一蹴而就可知。

〔註 102〕《梁書》卷五十六，中華書局，1973 年，第 859～860 頁。

〔註 103〕《魏書》卷四十二，中華書局，1974 年，第 948 頁。

〔註 104〕孫光憲撰，賈二強點校：《北夢瑣言》卷三，中華書局，2002 年，第 58 頁。

〔註 105〕陳寅恪《劉復愚遺文中年月及其不祀祖問題》，收入《金明館叢稿二編》，三聯書店，2001 年，第 365～366 頁。

當然，我們也要看到一些北朝以來胡姓家族尊禮制、立家廟的情況，這是漢化進程中正面的情況。如《魏書》卷二十七《穆崇傳附穆紹傳》：「莊帝立，尒朱榮遣人征之，紹以爲必死，哭辭家廟。」穆紹家族本爲鮮卑丘穆陵氏，但亦尊漢人之制立家廟，這與其家族漢化程度有關。穆紹家族爲外戚世家，較早接受上層文化之教育及薰陶，漢化極深。據其本傳所載，穆紹高祖穆觀，「少以文藝知名，選充內侍，太祖器之。」穆紹父穆亮曾參議律令，孝文帝因文明太后崩居喪過禮，穆亮以禮諫，可見其深諳禮法。穆紹則「居喪以孝聞」。據出土《穆紹墓誌》（普泰元年）：

> 公陶漸楨和，生而内美。克岐表乎初載，成化茂乎立年。體局閒嚴，風情簡曠，伏膺雅道，敦好經術。鑽六藝之膏腴，遊文章之苑囿。由是風流藉甚，朝野傾屬。爰初立節，崖涘莫窺。乘迅風而遐舉，負清天而一息。〔註 106〕

雖然存在溢美之詞，但也一定程度上反映他漸習漢人禮法之深。又如與王珪家族同出烏丸之王涯一系，至中唐時已建家廟。劉禹錫撰《唐興元節度使王公先廟碑》記其事。又有烏重允，官河陽軍節度使兼御史大夫，封張掖郡開國公，因建家廟，韓愈爲作《烏氏廟碑銘》。據姚薇元先生考證，烏氏本烏洛侯國胡人，後遷張掖。烏洛侯與烏丸相鄰，皆東胡之族。同屬內遷華夏之東胡族裔，王珪外崇儒教，內習族風，不營私廟，而至烏重允、王涯則並立家廟，種族文化之褪變過程可見。

陳寅恪在《唐代政治史述論稿》上編卷首引朱子「唐源流出於夷狄，故閨門失禮之事不以爲異」，解曰：「朱子之語頗爲簡略，其意未能詳知。然即此簡略之語句亦含有種族及文化二問題，而此二問題實李唐一代史事關鍵之所在，治唐史者不可忽視者也。」〔註 107〕「種族與文化」二端貫穿於陳寅恪之學說，如今依然還是中古文史研究的主線，王珪「不營私廟」亦題中之義。

〔註 106〕毛遠明：《漢魏六朝碑刻校注》第六冊，線裝書局，2009 年，第 340 頁。
〔註 107〕陳寅恪：《唐代政治史述論稿》，三聯書店，2001 年，第 183 頁。

附圖 1：唐代長安城圖 1

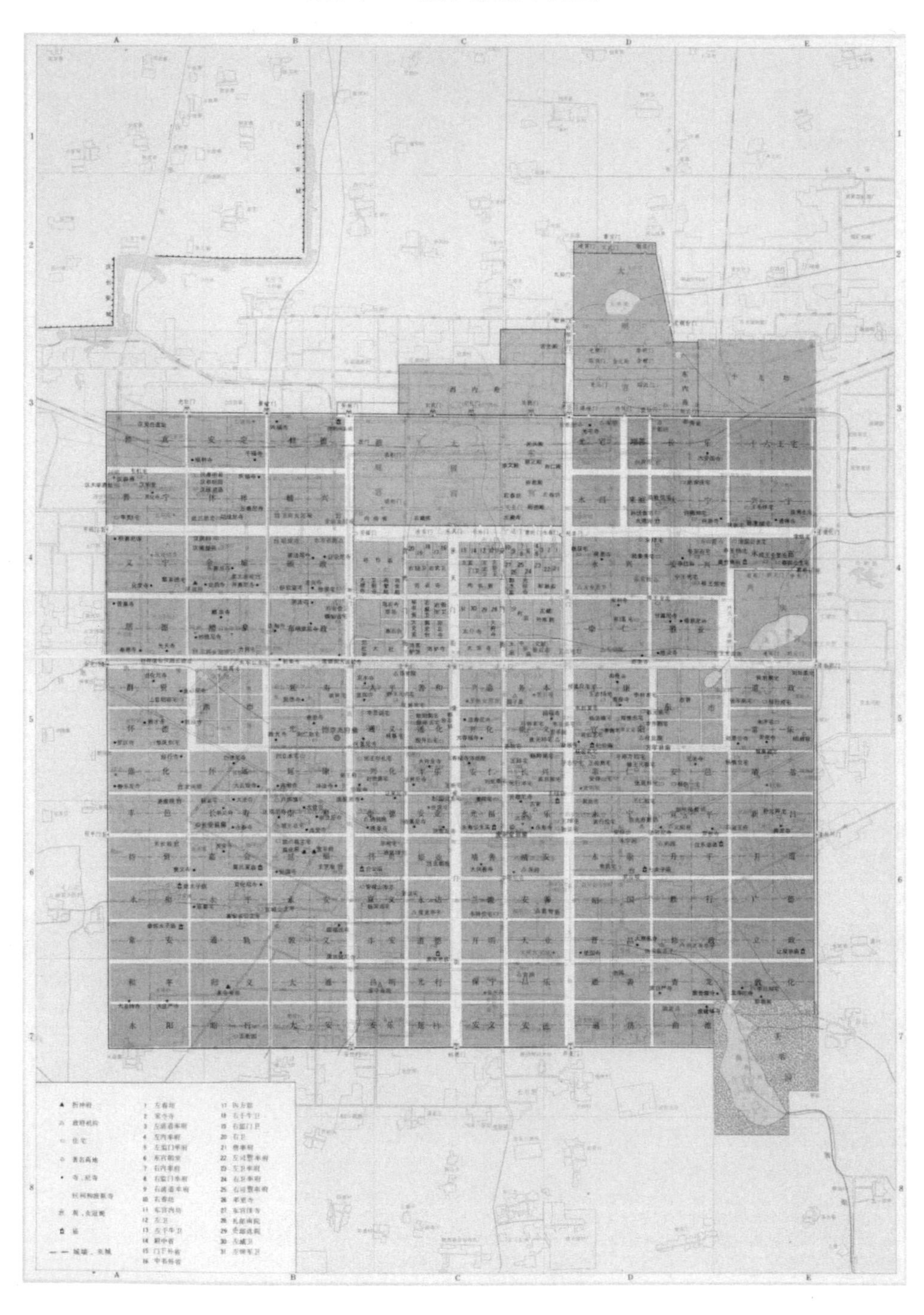

注：資料來源史念海編《西安歷史地圖》第 80～81 頁。時間：唐初—唐玄宗天寶十四年。

附圖 2：唐代長安城圖 2

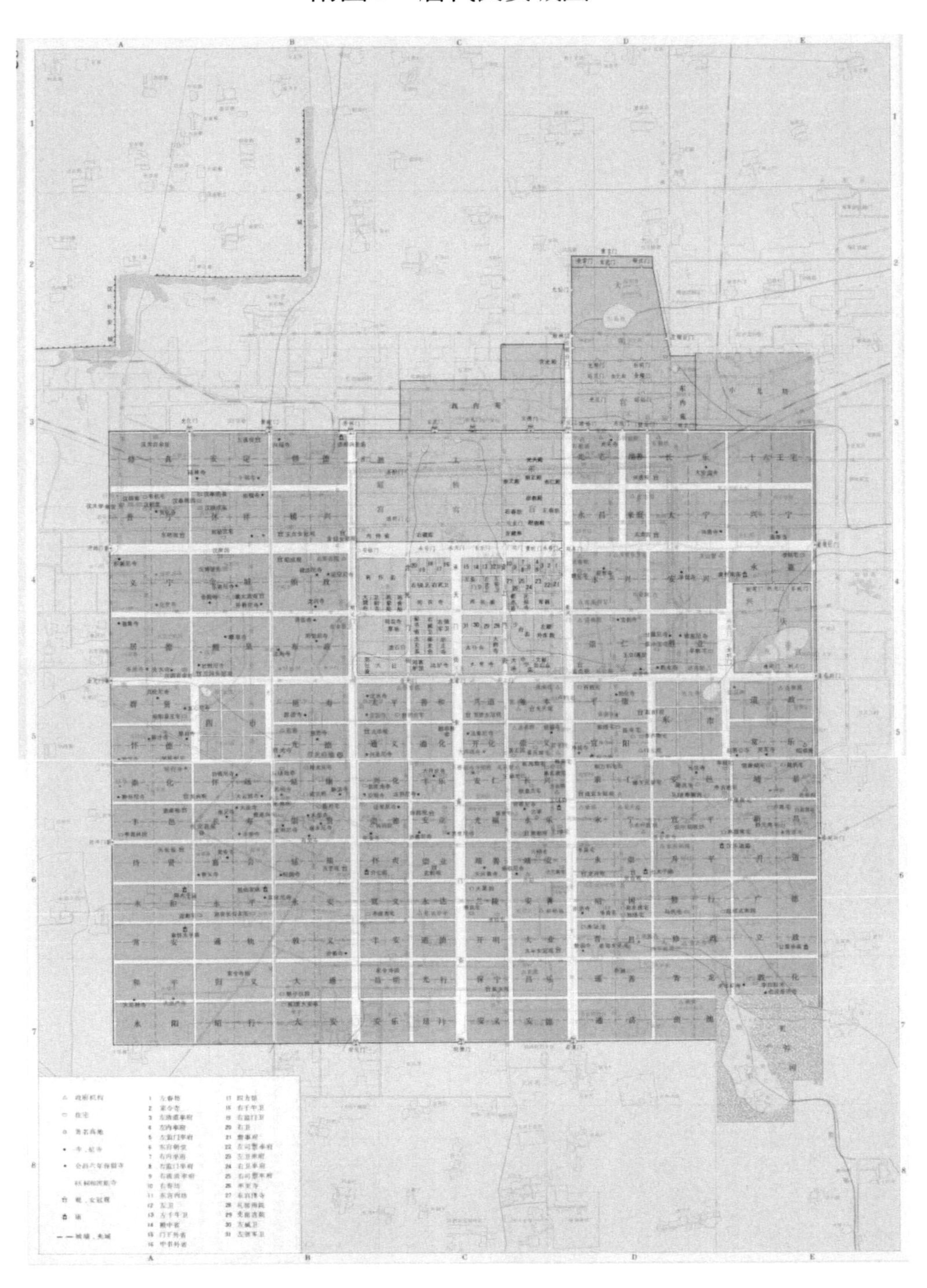

注：資料來源史念海編《西安歷史地圖》第 82～83 頁。時間：唐肅宗至德元年—唐末。

附圖 3：唐長安城圖 3

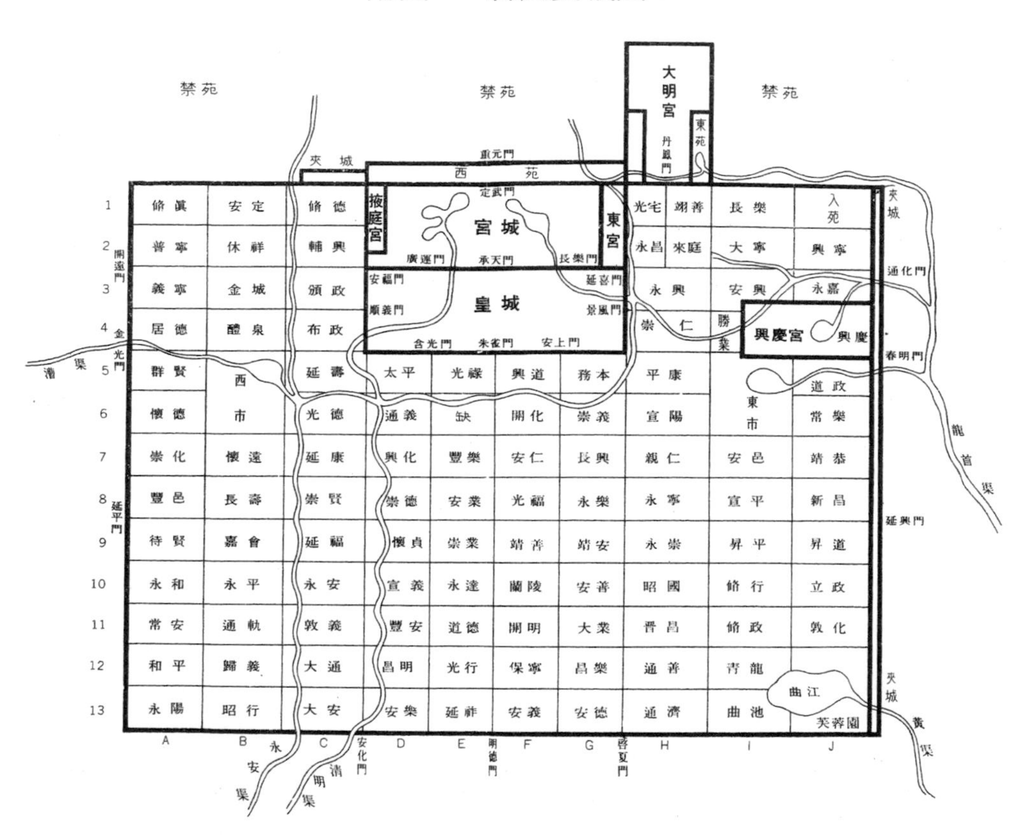

注：資料來源平岡武夫著，楊勵三譯《長安與洛陽．地圖》，陝西人民出版社，1957 年。圖 3。原圖據徐松《唐兩京城坊考》。按，該圖中朱雀門南光祿坊，當爲善和坊；缺名坊，當爲通化坊。徐圖誤。

附圖4：唐長安城住宅圖

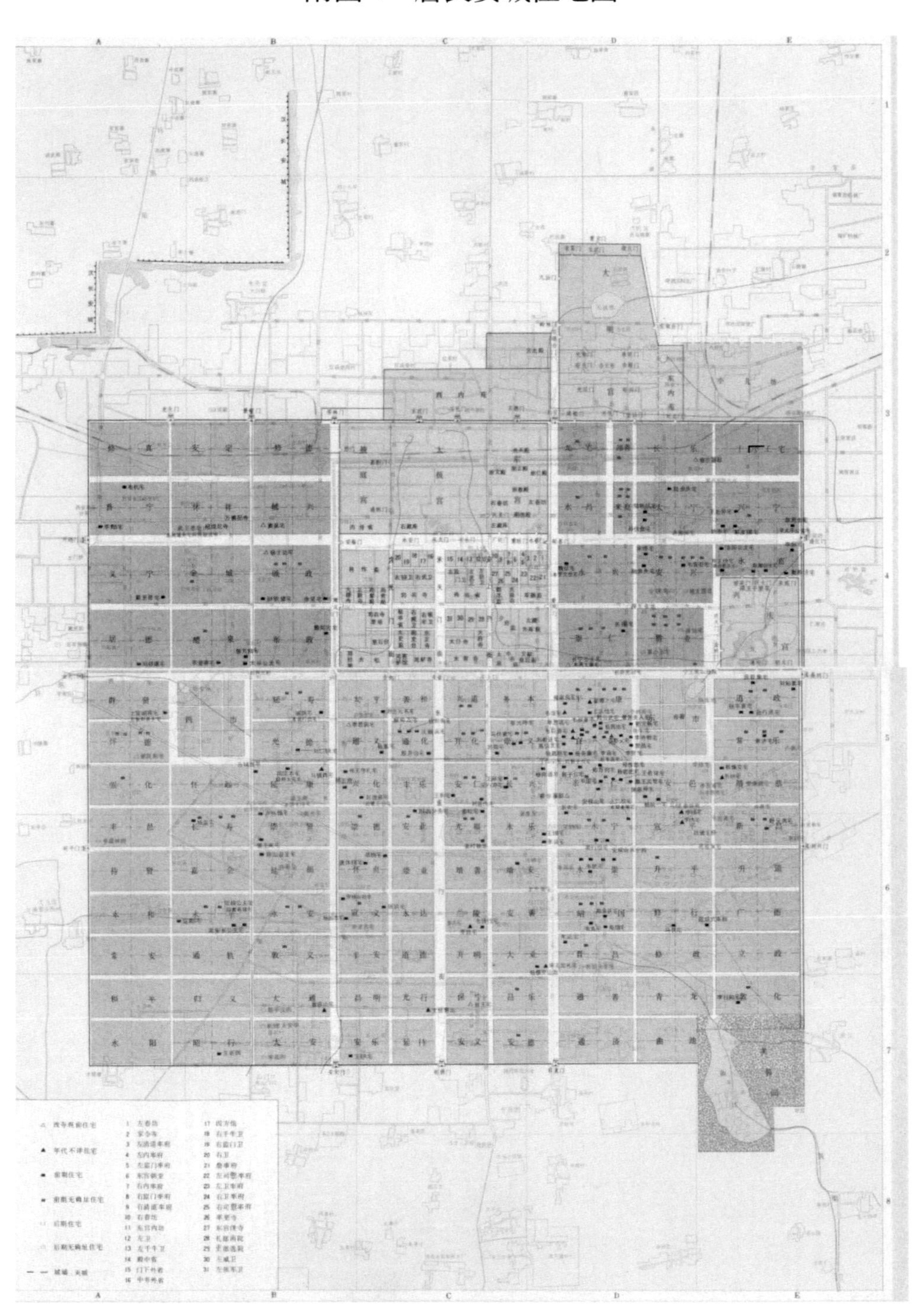

注：資料來源史念海編《西安歷史地圖》第92～93頁。

附圖 5：唐洛陽城圖

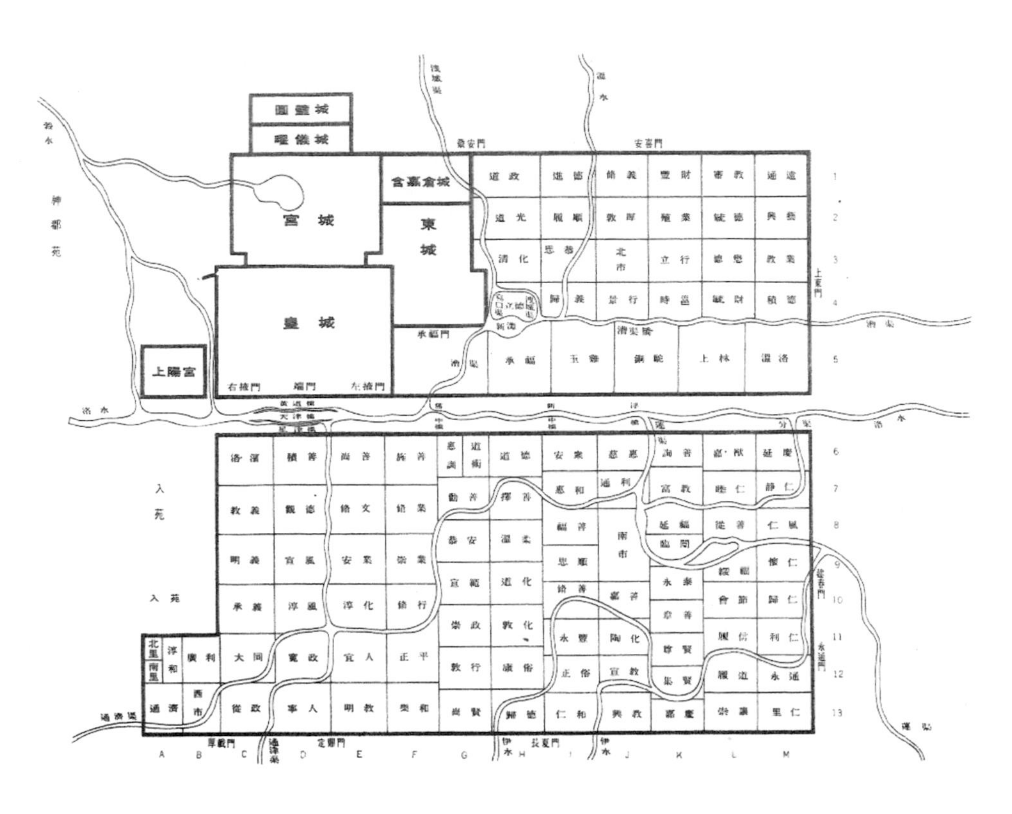

注：資料來源平岡武夫著，楊勵三譯《長安與洛陽．地圖》，陝西人民出版社，1957 年，圖 40。原圖據徐松《唐兩京城坊考》

後　記

本書是在我的博士論文基礎上修改而成的。2016 年 6 月我從武大博士畢業時，已經在那裡呆了整整十年，所以離開的時候感慨繫之，在博士論文的後記中已敘。畢業以後，很快就陷入了工作和生活的汪洋大海，再沒有讀書時期那份閒靜了。所以我那本「磚頭」一樣的博士論文就被扔在一邊，再沒有翻閱過，更未曾想出版。去年四月得尙師信，博論有在臺出版的機會。欣喜之餘，憂亦繼之。當時博論寫作過程中遺留了不少問題，本來是想留待日後增修續補的，而如今學校和家中事務繁雜，一時難以系統修訂，匆匆拿出來示人恐怕貽笑大方，更辱沒尙師諄諄之誨。在與老師通信中，他建議先拿出博論中成熟的、信心的部分來出版，以彰影響，其餘部分可日後續作修正。得老師指點，如釋重負，也稍有信心考慮出書這件事。

自去年冬天以來，陸續開展博論局部的修改工作，但總覺力不從心。以前習慣在圖書館泡上一天解決一個小問題，哪怕找一則材料。但工作以後，時間支離破碎，尤其難以集中精力。新稿刪去了原論中相當一部分內容，但爲了統一性和整體性，還是保留了各章節的主體部分，所以工作量絲毫不下於當時博士論文後期的修改。在楊先生第一次交稿通知下來之時，僅僅改完緒論而已，所以又推遲到下一交稿日期。今年一月，我的小孩出生，論文修改的事情一度中斷，直至他三個月以後，我才漸漸抽出一整段的時間來繼續這項工作，這當然得感謝我的母親和愛人辛勤的付出。

此番修改，吸收了尙師的指導意見還有博士論文答辯時諸位評委老師提出的建議，在此一併致謝。論文中一些部分已經以單篇論文的形式發表，但作了較多的刪節、拆分。爲了不辜負當時文字搬運工的辛苦，這一稿還是保留了原來的樣子。語云文章經國之大業，不朽之盛事，但得失寸心之間而已；家有敝帚，非求千金之享，但殷勤灑掃之際而已。回顧當時寫論文時候之艱難，今日出版，其無悔乎？